红线女艺术研究丛书

红线女年谱
(1925—2013)

红线女艺术中心 编著

毛小雨 执笔

学苑出版社

图书在版编目（CIP）数据

红线女年谱 / 红线女艺术中心编著；毛小雨执笔．－－北京：学苑出版社，2017.12

ISBN 978－7－5077－5390－5

Ⅰ．①红… Ⅱ．①红… ②毛… Ⅲ．①红线女－年谱 Ⅳ．① K825.78

中国版本图书馆 CIP 数据核字（2017）第 312164 号

责任编辑：周　扬
出版发行：学苑出版社
社　　址：北京市丰台区南方庄 2 号院 1 号楼
邮政编码：100079
网　　址：www.book001.com
电子信箱：xueyuanpress@163.com
联系电话：010-67601101（销售部）　67603091（总编室）
印　刷　厂：北京画中画印刷有限公司
开本尺寸：787×1092　1/16
印　　张：27.25
字　　数：402 千字
版　　次：2019 年 4 月第 1 版
印　　次：2019 年 4 月第 1 次印刷
定　　价：98.00 元（简装）

《红线女艺术研究丛书》编委会

总策划：陈建华

总顾问：黎子流

顾　问：马鼎昌　　马鼎盛

编委会主任：徐咏虹

编委会执行主任：陆志强　　朱小燚

编委会副主任：马鼎盛

主　编：陆志强

副主编：刘宛子　　朱红兵

编　委：易红霞　谭志湘　毛小雨　黄　斌　谢彬筹　谢友良
　　　　邓　原　陆键东　梁郁南　郭凤女　欧凯明　黎骏声
　　　　苏春梅　琼　霞　蒙　菁　练行村　黄　芳

编　务：冯汉华　李　满　彭翠英　马　俊　郭伟聪　周奕青
　　　　畅　快　刘尔娴　杨晟昕　马　嫕　周荣俊　梁引章

《红线女年谱》编写组

执　笔：毛小雨

撰　写：红线女　莫汝城　何杰章　谢友良　谢彬筹　毛小雨
　　　　蒙　菁　练行村　马鼎昌　黄　芳　余楚杏　何　虹
　　　　冯汉华　郭伟聪

资料统筹：马旭苒

目 录

序 /1

1925 年（出生）/1
1926 年至 1936 年（2 岁—12 岁）/6
1937 年（13 岁）/8
1938 年（14 岁）/9
1939 年（15 岁）/12
1940 年（16 岁）/15
1941 年（17 岁）/18
1942 年（18 岁）/20
1943 年（19 岁）/24
1944 年（20 岁）/31
1945 年（21 岁）/35
1946 年（22 岁）/38
1947 年（23 岁）/41
1948 年（24 岁）/45
1949 年（25 岁）/48
1950 年（26 岁）/50

1951 年（27 岁）/55
1952 年（28 岁）/63
1953 年（29 岁）/68
1954 年（30 岁）/77
1955 年（31 岁）/80
1956 年（32 岁）/87
1957 年（33 岁）/97
1958 年（34 岁）/107
1959 年（35 岁）/116
1960 年（36 岁）/121
1961 年（37 岁）/126
1962 年（38 岁）/129
1963 年（39 岁）/134
1964 年（40 岁）/139
1965 年（41 岁）/144
1966 年（42 岁）/150
1967 年（43 岁）/154
1968 年（44 岁）/155

1969年（45岁）/156

1970年（46岁）/157

1971年（47岁）/158

1972年（48岁）/159

1973年（49岁）/160

1974年（50岁）/163

1975年（51岁）/166

1976年（52岁）/167

1977年至1978年（52岁—54岁）/168

1979年（54岁）/169

1980年（56岁）/173

1981年（57岁）/180

1982年（58岁）/183

1983年（59岁）/188

1984年（60岁）/190

1985年（61岁）/193

1986年（62岁）/196

1987年（63岁）/199

1988年（64岁）/201

1989年（65岁）/205

1990年（66岁）/208

1991年（67岁）/212

1992年（68岁）/216

1993年（69岁）/220

1994年（70岁）/223

1995年（71岁）/226

1996年（72岁）/230

1997年（73岁）/234

1998年（74岁）/238

1999年（75岁）/246

2000年（76岁）/252

2001年（77岁）/258

2002年（78岁）/263

2003年（79岁）/268

2004年（80岁）/273

2005年（81岁）/279

2006年（82岁）/287

2007年（83岁）/300

2008年（84岁）/310

2009年（85岁）/323

2010年（86岁）/355

2011年（87岁）/374

2012年（88岁）/391

2013年（89岁）/401

主要参考书目/421

后记/423

序

郭汉城

得知《红线女年谱》即将出版，我感到非常欣慰。红线女作为粤剧名伶，一代粤剧大师，她的一生极富传奇色彩。《红线女年谱》如实地记录了红线女的生活道路及艺术历程，见证了她一生中在艺术领域不断进取的坚实足迹。从这里，读者可以看到一位卓越的艺术家的成长史，也可以窥见近现代以来，粤剧艺术发展变化的历程。《年谱》是红线女艺术研究的又一硕果，对国内外的戏曲研究者及喜爱红线女的普通观众，有着重要的参考价值。

20世纪20年代，红线女出生于广州西关，十几岁时便拜舅母何芙莲为师，刻苦学艺，成名较早。抗日战争时期，与粤剧名演员、马派创始人马师曾合作，在广东、广西一带演出。马师曾是位粤剧革新家，颇有艺术成就，马师曾、红线女合作，红线女的唱、做、念、舞能得到观众的认可，是很不容易的。红线女与马师曾合作时间较长，她的代表剧目《刁蛮公主戆驸马》《苦凤莺怜》《搜书院》《关汉卿》等，亦是马师曾的代表剧目，她与马师曾分别饰演男女主角，达到了珠联璧合的程度，这对红线女来说每一次创作都是一次挑战，稍有不慎，就会产生失衡。在磨炼中，红线女逐渐成长为一位出色的粤剧演员。她年轻时还在香港拍过不少电影，也非常热爱电影艺术。1955年12月，她毅然选择回到内地发展，回到内地之后，她始终坚持在粤剧这块民族艺术的土壤之中耕耘，终于在粤剧界开创了一片新天地，创立了以她名字命名的"红腔"，形成了"红派"。

我和红线女相识比较早，20世纪五六十年代就有了了解，可是由于没有固定的工作联系，见面的机会不多，理解也不够深。但那时，红线女就给我留下了深刻的印象。我看过红线女的《搜书院》，后来也看了这出戏拍成的戏曲艺术片。当时给我的感觉，剧中人物翠莲是个妙龄少女，演员似乎也是个妙龄女子，但从演技看，这是个相当成熟的演员。20世纪60年代，我又看了红线女与马师曾联合主演的《关汉卿》，应该说这出戏的主角是关汉卿，而红线女饰演的朱帘秀很有光彩，又不抢戏，起到了烘云托月的作用，一曲"蝶双飞"唱得回肠荡气，让人久久难忘，成了生、旦并重的双主角戏。"文革"以后，经过磨难的红线女又进京，演出了《昭君出塞》《昭君公主》《刁蛮公主》等戏，其中还有现代戏《白燕迎春》。而"红线女独唱音乐会"则创造了一个奇迹，她一人支撑起一场两个多小时的晚会，一次又一次出场，根据不同的曲目，还要抢着换装，几乎是喘口气的时间都没有。从我和她的接触中，我感觉到，是艺术理想支撑着她的精神大厦，是对艺术孜孜不断地追求，使她忘记了疲惫。她真是视戏如命，粤剧是她生命中最重要的部分。经历了岁月的风霜雪雨，走过了坎坎坷坷的生活之路和艺术之路，红线女克服重重困难，为着理想执着追求，塑造了一大批具有深刻社会意义的舞台形象，不但在南方影响很大，在整个中国乃至世界舞台上，都成绩斐然。

红线女创造的"红腔""红派"都颇具艺术特色。"红腔"如行云流水般的顺畅，似高天闲云般的舒展，像七彩云霞般的美妙。"红腔"并不是纯粹的技术问题，而是在表现人物感情变化基础上的创造。观众从中感受到的是艺术之美，为之动情，与人物同悲喜，为之心醉。"红派"的艺术风格也很鲜明，看红派戏，我有一种感觉——极新，却又极熟；极奇，却又极稳；雅不伤俗，俗不失雅；初听，有新奇之感，悦耳、动听，但不失粤剧传统格局，有些唱段甚至是很传统的，难怪新观众喜欢红派，老观众也喜欢红派，不似有的所谓创新，新得没谱，奇得没边，随心所欲，主观随意性太强，没了章法。红线女之所以能够自创流派，是因为其中有一点就是对极不易把握的创作分寸她把握得极好。创新需要学习、借鉴、吸收，学习、借鉴并不十分困难，难就难在一个吸收，也就是"化"的功夫，化作自身肌肤，全然不见焊接的疤痕，达到和谐统一的高度。红线女的吸收可以说是极杂的，从东方艺术到西方艺术，从民间的"下里巴人"到红氍毹上的"阳春白雪"，但她做到了一般人难于做到的杂多之中的统一，杂多之中的和谐，各种各样的因素在她那里都能化作粤剧因素，这是一个艺术家成熟的标志。

回溯红线女一生的艺术历程，她在艺术上是很谦虚的，她虚怀若谷，向一切人、一切艺术学习；她在艺术上又是很"固执"的，她不趋时，不媚俗，不去赶时髦，从未失落了自我。她的理想与追求成就了她的事业，不管是顺境还是逆境，她始终坚持着发展粤剧的信念，孜孜不倦地求索，为粤剧艺术的发展、为粤剧人才的培养呕心沥血。红线女的艺术成就和艺术精神，需要一代又一代的粤剧人发扬光大。

1925年（出生）

12月

25日晚9点左右，邝健廉（艺名红线女）出生于广州西关，她的家在今天的广州市荔湾区梯云东路昌善大街昌善北街2号。[1]

关于红线女的出生日期，在1986年版的《红线女自传》第一部分"我到了人间"中，红线女这样写道："1927年的冬天，广州这个城市下着毛毛冻雨，西关的一条小巷尽头处……此刻是晚上9时左右，偏屋二楼发出呀呀婴孩的哭声，夹杂几声烦躁不安的讥讽谩骂'又是生的一个臭女包''哪会有福气得个仔呀！'……"[2]

但是，根据红线女本人晚年亲笔订正，她的出生日期应为1925年12月25日[3]。红线女与马师曾的次子马鼎盛，在《父母婚事》一文中也有回忆："父母都属牛。"[4]1925年恰为乙丑牛年，本书采信此一说。

红线女的父亲邝奕渔，原名为邝敬保[5]，早年曾在澳大利亚悉尼做洗衣工人，后来在广州黄沙车站附近经营一间药铺，药铺名为"邝广济"，生意相当

---

[1] 邓琼. 更文明广州人成新景[N]. 羊城晚报. 2011.01.07.
[2] 红线女（邝健廉）. 红线女自传：1927—1956[M]. 香港：星辰出版社. 1986：1.
[3] 马鼎昌. 马师曾与红线女[M]. 香港：中华百科出版社. 2016：6.
[4] 马鼎盛. 马鼎盛自述：我和母亲红线女[M]. 广州：花城出版社. 2015：61.
[5] 谢彬筹，谢友良主编. 红线女从艺七十年访谈录[M]. 广州：广州出版社. 2009：2.

不错。"那个时候广州西关没什么三层楼的房屋，但邝广济却有三楼，我还上去过呢。下面是药材铺，有医生常驻在此……每年过年的时候，我爸爸总会在铺头那里大摆宴席，足有七八席之多呢，反正给我的印象是生意很兴旺，人丁很兴旺，看来父亲是将它打理得很好的。"[1] "药铺既有自己的膏丹丸散，也有代理的中国名酒，产品远销南洋、新金山以及旧金山，生意尚算不俗。"[2]

邝奕渔娶有一大两小三位妻子，红线女的母亲谭银（约1891—1996）是第三位太太，在家中的地位很低。"我的母亲是妾侍，她在14岁的年纪，因家贫难以过活，被送给我父亲做妾。可是我母亲生的三个都是女孩，在当时'有仔为妾，无仔为奴'的风气中，我母亲的身份就被视作奴婢了。"[3] 不过，据红线女回忆，她的母亲爱唱歌，音色很漂亮，若非家贫，从小离开父母，兴许也会当上演员的。"我还在小孩的时候，看到母亲十分忧虑的时候就唱歌，有时高兴也会唱起来，到现在她老人家还经常唱几句……"[4]

红线女兄弟姐妹12人，其中男孩4个，女孩8个，她排行第十，是女孩中最小的，因此也被家人称作"十姑娘"或"阿廉"。

红线女的伯公[5]是邝新华（原名邝殿卿），据《粤剧史》记载：

> 邝新华（1850—1923），又名邝殿卿，字敬偕，著名武生。广东开平县人。他出身梨园世家，父名邝明，工大净。新华幼年在庆上元童子班学艺，后落班演武生，并能编剧，作品有《苏武牧羊》《太白和番》《李密陈情》等剧。李文茂起义失败粤剧被迫停演后，他就立志恢复粤剧戏班。经他和勾鼻章等人的努力，终于由瑞麟出面奏准粤剧戏班复演。于是，新华和其他粤剧领袖人物如独脚英等，号召粤剧艺人群策群力，在广州黄沙建立新的梨园会馆，命名"八和会馆"。会馆成立后，锐意复

---

1 谢彬筹，谢友良主编. 红线女从艺七十年访谈录[M]. 广州：广州出版社. 2009：2.
2 马鼎昌. 马师曾与红线女[M]. 香港：中华百科出版社. 2016：153.
3 红线女（邝健廉）. 红线女自传：1927—1956[M]. 香港：星辰出版社. 1986：2.
4 红线女（邝健廉）. 红线女自传：1927—1956[M]. 香港：星辰出版社. 1986：3-4.
5 指祖父的哥哥。

兴粤剧，健全制度，完善组织，根据行当分工设立兆和堂、庆和堂、福和堂、新和堂、永和堂、德和堂、慎和堂、普和堂等八个组织，同时继续保留专门负责按戏、卖戏的吉庆公所。后来，还组织和益公司，经营戏班衣箱业务，以对抗戏箱老板对艺人的压迫剥削。

八和会馆建立后不久，两广总督瑞麟即调任，因而八和会馆和粤剧艺人失去官府的支持，并引起接任清朝官员的疑忌，下令逮捕新华。于是，他被迫走避香港演出。清朝广东官府又利用外交关系，把新华引渡回广州投入监狱，后因缺乏确凿证据而释放。此后，他曾北上与京、汉等兄弟剧种交流，并吸收他们的艺术长处，回来后对粤剧进行变革发展。

新华不仅在组织建设上对粤剧有卓越的贡献，而且在艺术上对粤剧的发展也颇有建树。他的首本戏特别多，如《苏武牧羊》《太白和番》《太白醉倒骑驴》《六郎罪子》《四郎探母》《晴雯补裘》等，均驰誉梨园。他的艺术造诣精深，唱、做、念、打均擅胜场，并有所创造。

新华的艺术思想比较开明，容易接受新事物。清末民初时，资本主义国家的唱片公司到香港和广州邀请粤剧艺人唱曲录制唱片，当时不少艺人仍有迷信保守思想，认为灌制粤曲唱片，嗓音被录去后会引起倒嗓而唱不成戏，因而大多不愿参加灌制唱片。新华却敢于破除封建思想，勇敢地带头录制了《甘露寺诉情》《李密陈情》等名曲。

新华还重视培养粤剧的接班人，经他培养成才的艺人为数甚众，可谓满门桃李、人才辈出，成绩显著……[1]

红线女的外祖父声架南（本名谭杰南）是驰名东南亚的武生。

红线女的舅父靓少佳（本名谭春田、谭少佳），历任人寿年、胜寿年等省港大班的正印小武，在中国两广和港澳地区、东南亚、美洲均享有声誉。

靓少佳（1907—1982），粤剧演员，原名谭少佳，南海平洲人。幼

---

1 赖伯疆，黄镜明. 粤剧史[M]. 北京：中国戏剧出版社. 1988：173-174.

年随父亲谭杰南（艺名声架南）在新加坡学戏，习小武。12岁入普长春班，艺术上受英雄水、靓元亨的熏陶。民国十二年（1923）回国入乐荣华、梨园乐班，民国十六年（1927）后在人寿年、胜寿年等大班担任正印小武达20余年。在省、港、澳以及美国、东南亚均享有声誉。1949至1957年，先后主持胜寿年、新世界剧团。1958年入广东粤剧院，任艺术指导兼二团团长。1960年任广州粤剧团总团长。先后当选为中国剧协广东分会副主席、广东省文联副主席。靓少佳的表演艺术熔冶南、北于一炉，尤善于武戏文做，长靠、短打、蟒袍、官衣等行均能胜任。基本功深厚扎实，身段动作刚健利索，并善于在传统的基础上进行革新。例如《西河会》传统演出的处理是：主角赵英强用【大地锦】锣鼓出场，接着念一段口白交代家庭变故和要去救妻等事；靓少佳改用【披星头】锣鼓出场，先'跳大架'，再用一段【披星】(【醉花阴】)牌子连唱带做把要交代的均说清楚。比之传统表演无论音乐性、舞蹈性都大大加强，赵英强的形象更加威武，舞台气氛也更加强烈。靓少佳一生在舞台上塑造了许多光彩的艺术形象，其中《西河会》的赵英强，《拦江截斗》的赵云，《夜战马超》的马超，《孙成骂殿》的孙成，《三帅困崤山》的先轸尤为同行及观众所称道。[1]

红线女的舅母何芙莲，也是著名花旦。

莲姐从小就会唱粤曲，人家都赞她是金嗓子，声音响亮甜润。莲姐性格豪爽，对人很讲友情义气，她虽然没有怎样读过书，但是很聪明。在舅父组成的胜寿年班到美国演戏的时候，莲姐才正式穿上红裤，当上演员。在美洲经过几年的舞台实践，她的表演艺术十分长进，所以从美洲回香港重新组成的胜寿年剧团，莲姐就跃居为第二花旦了。[2]

---

1 中国戏曲志编辑委员会.中国戏曲志.广东卷[M].北京:中国ISBN中心出版社.2000：535.
2 红线女（邝健廉）.红线女自传；1927—1956[M].香港：星辰出版社.1986：19.

红线女儿时全家福（前排右二为红线女，右三为红线女的父亲邝奕渔）

1926 年至 1936 年（2 岁—12 岁）

全面抗日战争前，红线女随父母及兄弟姊妹住在广州西关，她常随母亲到广州乐善、太平、海珠等戏院看戏，看的是全男班。"当年广州有乐善戏院、太平戏院、海珠戏院，反正我知道的就有这三间。我母亲跑去看戏，有时候看舅舅的戏，其实什么戏都会看。"[1]

红线女曾入读离家不远的广州六十四小学幼稚园及六十四小学。[2] 在学校里，她就热爱唱歌跳舞，展现出过人的音乐天赋。"我在老师和姐姐的熏陶下，从小就喜欢唱歌跳舞。学校好几次节日联欢会，我们都参加了，有时两位姐姐表演双人舞，一个跪着下腰头点地，一个金鸡独立像渔翁探海……我有时也来个单人舞，边唱边跳：'海中碧水无波，天上疏星零落，长夜怎能……'有时和同学一起跳个《孩子与小麻雀》或唱个《五更天》之类的童歌。"[3]

红线女成长在一个与粤剧渊源很深的家庭，从小就受到粤剧艺术的熏陶。"我喜欢学唱歌，学唱粤曲，有时顾着学唱，连饭也不顾吃，放学后有

---

[1] 谢彬筹，谢友良主编. 红线女从艺七十年访谈录[M]. 广州：广州出版社.2009：4.
[2] 红线女（邝健廉）. 红线女自传：1927—1956[M]. 香港：星辰出版社.1986：3.
[3] 红线女（邝健廉）. 红线女自传：1927—1956[M]. 香港：星辰出版社.1986：3.

时唱得功课也会忘记了，要补课到深夜。"¹ 八九岁时，她二哥从国外带回了一部留声机，她就跟着留声机学会了白驹荣、骚韵兰的《金生挑盒》，薛觉先、唐雪卿的《月怕娥眉》，张月儿的《一代艺人》等粤曲。"唱片有的是粤曲，也有京戏和唱国语的《渔光曲》等歌。我最感兴趣的是听到像看大戏时所听到的那种粤曲，当没有大人在场的时候，我总是静静把唱机开了，手里拿着唱曲本，嘴里跟着唱片发出的声音就唱起来了。我就是这样不断学唱，有时也唱得自己也快乐地手舞足蹈。"² 父亲招待客人时，红线女经常被叫出来演唱一曲，得到客人的夸赞，还有父亲奖励的二毫银币。

---

1 红线女（邝健廉）.红线女自传：1927—1956[M].香港：星辰出版社.1986：4.
2 红线女（邝健廉）.红线女自传：1927—1956[M].香港：星辰出版社.1986：5.

1937年（13岁）

夏

红线女的五姐邝健来到福建就亲，她的父母皆同去。恰逢此时，抗日战争全面爆发[1]，红线女所在的学校停课，他们一家居住的西关角人心惶惶，当家的大姐邝健就劝她和九姐邝健香回故乡广东开平避难。自从懂事后，每年暑假及寒假，红线女都会随父母姐妹等人，一同回故乡住上一段时间，因此，她对故乡并不陌生，故乡淳朴的风土人情和美丽的山水，都让她难以忘怀。在自传中，她还追忆了在故乡过年看舞龙的情景："一条用黄纱罩成长达五六丈的金龙，在龙肚里点燃一支大蜡烛，几十个人一齐举步，踏着齐整的步伐，踩着锣鼓点，时而慢步……忽然又像疾风奔驰，花样百出。"[2]

秋

红线女用扫把柄挑着几件衣服和一张旧毛毯，随九姐由西堤码头搭上一艘民生公司的花尾渡，由于船舱挤满了人，两人被挤下船，赶回岸上。这竟成了不幸中的大幸，那艘民生花尾渡后来沉没了，红线女逃过一劫。[3]

---

[1] 1937年7月7日。
[2] 红线女（邝健廉）. 红线女自传：1927—1956[M]. 香港：星辰出版社. 1986：11.
[3] 马鼎昌. 马师曾与红线女[M]. 香港：中华百科出版社. 2016：161.

1938年（14岁）

抗日战争全面爆发后，邝家在广州的药材铺已经被日机炸毁，夷为平地了。于是，红线女随父母从乡间逃难到澳门，在澳门居住下来。"当时从广州等地逃难到澳门的人很多，我家住的条件很不好，原来作为卖药酒用的铺面，也作为房间住上人了。"[1] 红线女和母亲住在阁楼里面的小阁楼上，条件非常艰苦，"白天不亮灯，就伸手不见五指"。[2] 由于生活艰难，一家人连吃饱肚子也成问题，兄弟姐妹各奔东西，红线女由于年龄最小，所以仍跟随在父母身边。

为了补贴家用，年龄尚小的红线女也出门打一些零工。"我就在住处附近的一些炮仗厂、饼铺，找到一些零碎工拿回家做。譬如打炮仗眼、锤瓜子仁，也干过撕纱的活。"[3] 她还和姨甥们一起去挑水卖钱。"找那些还有泉流的淡水井，用绳子系在腰上，攀到井底，半瓢半瓢地淘进小铁桶，再一小桶一小桶地吊到井上，大家把淡水抬回家，卖给别人。"[4]

在澳门避难期间，红线女考上了教忠中学的免费夜校读一年级，但是没

---

1 红线女（邝健廉）.红线女自传：1927—1956[M].香港：星辰出版社.1986：12.
2 红线女（邝健廉）.红线女自传：1927—1956[M].香港：星辰出版社.1986：12.
3 红线女（邝健廉）.红线女自传：1927—1956[M].香港：星辰出版社.1986：13.
4 马鼎昌.马师曾与红线女[M].香港：中华百科出版社.2016：163.

红线女的母亲（中）和舅父靓少佳（左）

多久就停学了。后来,靠着母亲的一点积蓄,她读了一所每月三块钱的私塾。"这所私塾,是由一位父亲率领一个女儿做老师的'学校',父女俩都戴着很厚镜子的眼镜,父亲一直穿着长衫,人有点古板,倒也并不凶恶。老先生教的是古文四书和唐诗宋词,女老师则教数学。"[1] 红线女终于有了这个读书的机会,非常高兴。

不过几个月,红线女突然得了严重的疟疾。她病倒后,母亲想到一个办法帮她分散注意力。因她平日最爱看戏,母亲就带她去清平戏院看日场戏。此时,靓少佳的胜寿年粤剧团刚好在澳门演出,母亲动了心思,想让红线女学戏,但此事遭到了邝奕渔的极力反对。"一天,听到父亲和母亲说悄悄话,父亲的声音越来越大,并且像是很生气似地说:'成戏不成人,情愿揽着一起饿死,也不能让阿廉去学戏'。"[2] 在母亲的劝说下,父亲勉强答应让红线女到乡下了解一些人情事理,再决定以后做什么。在乡下,红线女和九姐住进了"女仔屋",到了晚上,大家一起说说笑笑,把心中的喜悦和悲伤都唱出来。乡间的经历与见闻,让红线女收获不少:"回忆这段时间的生活,我印象很深刻。深感到这一切一切,对我后来作为一个演员,在塑造人物的过程中,多少会起到一点积极作用的。"[3]

回到澳门,母亲即命红线女收拾行李,到香港的舅父家去。"母亲终于带着颤抖的声音对我说:无书读,又要愁两餐,你就去跟舅父学戏,不至在家'生蛤驮死蛤'。你要学戏,要醒定做人,为老母争一口气,不要让人耻笑'成戏不成人'!"[4] 七八月间,红线女由母亲带领,从澳门赴香港,拜舅母何芙莲为师,正式学艺。

---

[1] 红线女(邝健廉). 红线女自传:1927—1956[M]. 香港:星辰出版社.1986:14.
[2] 红线女(邝健廉). 红线女自传:1927—1956[M]. 香港:星辰出版社.1986:14-15.
[3] 红线女(邝健廉). 红线女自传:1927—1956[M]. 香港:星辰出版社.1986:17.
[4] 红线女(邝健廉). 红线女自传:1927—1956[M]. 香港:星辰出版社.1986:18.

1939年（15岁）

谭银陪红线女在靓少佳家住了一段时间，就回澳门去了，红线女也就成了舅父家的一员。每天早上，她跟着舅父靓少佳的徒弟们练功，学习走台步、走圆台、跳大架等基本功；平日里，当舅父教舅母排场戏时，红线女也在一旁观摩，默默学习，依样画葫芦；此外，舅父还拿一些手抄的传统剧本给她，让她照抄，以备日后使用。这些剧本有《打洞结拜》《三娘教子》《仕林祭塔》《思凡十三技》《天姬送子》《小青吊影》《金莲戏叔》《黛玉焚稿》等折子戏，还有当时戏班经常使用的《五更头》《思贤调》等牌子和一些小调。[1]

胜寿年班成立于1933年，它的前身是人寿年班，从清光绪末年（约1899年）以来，30余年一直被称为"省港第一班"。1933年，班中发生命案，丑生罗家权枪杀徒弟唐飞虎，班主何某怕受牵连，宣告散班。后来，该班由原正印小武靓少佳牵头重新组建，班名改为胜寿年，取"胜于人寿年"之意，仍属省港大班之一。班中主要演员有靓次伯、林超群、何芙莲、庞顺尧、梁碧霞、梁鹤龄等。

---

[1] 红线女（邝健廉）. 红线女自传：1927—1956[M]. 香港：星辰出版社. 1986：20.

春节

红线女用何芙莲给她取的艺名"小燕红"[1],在胜寿年首次登台演出。"胜寿年班快要开锣了。我没有戏服,怎样出台演戏呢?母亲向人借了几十元,做了两套梅香衫裤,莲姐给了我一个单髻头笠和几条片子,还有几粒零星头石碎花之类,一个纸盒,把我的全副家当都放好了。"[2]春节头台在澳门清平戏院演出《六国大封相》,红线女先饰提宫灯的宫女,后饰舞竹马的宫女[3],当时,与她同台提宫灯的伙伴,即有后来粤剧舞台上的著名演员芳艳芬。"因为身上围系着用布制成有马头马尾的像生马,我一手执着勒着马头的缰绳,一手拿着马鞭,在虎度门等场的时候,心里扑扑跳得厉害。"[4]

这一年,红线女在班中练功、唱戏。夜场演出扮演丫鬟、宫女的角色,在香港新界等郊区演出时,有日场可以担负一些戏份不多的配角。在"天光戏"[5]中,还有机会演主角。红线女抓住宝贵的学习机会:"我肯学肯问,老是追着开戏师爷,一点一滴地问,开戏师爷也很耐心地教,手拿着'提纲'把我饰演的角色用什么锣鼓上场,上场后和场上角色如何交接'介口',在什么情况下下场,一一说明。"[6]

---

1 红线女的父亲不喜欢这个名字,"我的父亲虽然不赞成我去演粤剧,但是他很钟爱我这个女儿,当我一旦投身粤剧舞台,他便叫我把师傅所取的艺名小燕红改为邝红棉"。红线女.回顾我的艺术生涯:红线女艺术研究.2004.62.
2 红线女(邝健廉).红线女自传:1927—1956[M].香港:星辰出版社.1986:20.
3 戏班习惯称为"马心"。
4 红线女(邝健廉).红线女自传:1927—1956[M].香港:星辰出版社.1986:21.
5 神功戏分为日场、夜场、天光戏。天光戏是在夜场结束后,大约凌晨一两点左右开场,演到天空发出鱼肚白的时刻结束,或为娱神而设。
6 红线女(邝健廉).红线女自传:1927—1956[M].香港:星辰出版社.1986:24.

红线女在澳门清平戏院演出《汉光武走南阳》的演出广告,其时第一次使用艺名"小燕红"

在澳门清平戏院演出《六国大封相》,红线女(左)与芳艳芬(右)饰演一对挽宫灯的宫女

1940年（16岁）

春

红线女在历练中，不断取得进步。尽管总是演一些宫女或梅香的角色，但她每晚演出都有份。一次，她在《粉碎姑苏台》中，饰演六歌姬中的一个，和大佬倌们同台演出，她边舞边唱《凤凰台》，得到了舅父的认可。可惜，此次演出后不久，胜寿年就散班了。

夏

在胜寿年歇夏散班期间，红线女随何芙莲临时搭班于靓少凤主持的金星剧团，到广州湾（今湛江市，当时是法租界）演出。剧团主要演员有靓少凤、何芙莲、文觉非、袁准、郎筠玉、倩影云等。剧目是《西厢记》《燕归人未归》《花落春归去》等靓少凤擅长的小生戏。红线女仍是演宫女、梅香一类的角色。

靓少凤[1]很喜欢红线女聪明听话、勤奋好学，有空便对她悉心指导。靓少凤由于嗓子不好，所以特别讲究用气发声的功法和行腔吐字的技巧。红线

---

[1] 原名罗叔明，广东顺德人，初为男花旦，艺名筱湘凤，早年演过不少文明戏，后改演小生；艺名改为靓少凤，还演过文武生、丑生，因擅长中板，有"中板王"之美誉。他演的《西厢侍月》《梁山伯与祝英台》等，也颇有影响。

红线女演出《红线盗盒》

女在 1940 年至 1942 年三次追随靓少凤演出，受益良多，为她打下良好的唱功基础起了很大作用。

靓少凤还认为"小燕红"这个艺名不好，建议改为"红线女"，并给她讲述了唐人小说和传统戏中"红线盗盒"的故事。他告诉小燕红："红线是古代一个有胆有识、侠骨柔肠、忠心为主的女中佼佼者，你有点性格似她，今后你可以学演这个戏，更要学她的为人。"[1] 当时，"小燕红"十分喜欢这位女侠遏制豪强、消弭战祸、勇救主人，进而功成身退、不慕荣华的义侠行径，高兴地接受了这个艺名。

---

[1] 红线女（邝健廉）．红线女自传：1927—1956[M]．香港：星辰出版社．1986：2．

1941年（17岁）

上半年

红线女在胜寿年班演出，并继续跟随何芙莲生活。

7月、8月

趁胜寿年歇夏散班之际，靓少凤要带红线女到上海作"加顶"[1]演出。在班中，文武生是靓少凤，正印花旦是蝴蝶妹，红线女当上了第三花旦。她却因没有戏服而苦恼。幸而，师傅何芙莲从自己的戏服中拿出两套绣花衫裙、两套改良披风、一套猎装和一件女蟒给她，才勉强凑合成行。这是红线女第一次离开师傅，也是她首次用"红线女"的艺名搭班。

在上海，她演《六国大封相》跳罗伞架[2]，演《红楼梦》饰薛宝钗。观众评论："这个花旦仔有声有样，就是私伙（私房）行头最'豆泥'。"[3]当时，上海在日本侵略军和汪伪政权的统治之下，社会秩序非常混乱，身带枪械的汉

---

[1] 即在上海原有的戏班中加几个主要演员。
[2] 粤剧花旦在例戏《六国大封相》中使用的专门功架。罗伞是戏曲舞台上的装饰性道具，是皇帝和达官贵人出行的仪仗，包括小跳、走俏步、踏七星、拗腰取伞、轮转罗伞等一系列表演。
[3] 粤语"低档""差劲"的意思。

奸和黑社会人物在剧场里横行霸道。有时，演出中突然宣布"戒严"，就要马上停演。靓少凤和红线女他们就这样提心吊胆地演出了约半个月。一天晚上，几个带枪的彪形大汉窜到后台，凶神恶煞地骂靓少凤，说他在台上出言侮辱了他们，限靓少凤在两天之内，备金猪酒筵二十席赔礼，否则"荷叶饭"（手榴弹）对待，还掀翻了后台的桌椅。[1]上海戏班中的人，认出那几个家伙是当汉奸的，他们会防备靓少凤逃走而对开往香港的船严密监视。上海的朋友就带着靓少凤等人，连夜搭乘开往厦门的船离开上海。在上海的短短两个星期，虽然经历了不愉快的事情，红线女还是在舞台上得到了历练。"三哥对我的演出都是不厌其烦地教导，我在这样的舞台实践中得到了学习机会，受益良多。"[2]

回到香港后，红线女没有落班，而是住在师傅何芙莲家，在练功之余，帮师傅做些家务。

12月

25日，九龙被日本侵略军占领，香港失守。[3]

为了躲避日军的侵扰，红线女有几天束起了头发，用乌烟搽黑了面孔，躲在工人的房里。[4]师傅何芙莲一家有七八口人，红线女替师傅摆地摊卖衣服，到当铺典当金饰以维持一家的生活。"此时此境，今天回忆起来，真是'寒天饮冷水，点点在心头'。"[5]

---

1 安志强. 徜徉在红腔乐海中[M]. 北京：中国文联出版社. 2005：47.
2 红线女（邝健廉）. 红线女自传：1927—1956 [M]. 香港：星辰出版社. 1986：32.
3 当日，港督正式宣布向日军投降。参见叶德伟等编著. 香港沦陷史[M]. 香港：广角镜出版社有限公司. 1982：353.
4 安志强. 徜徉在红腔乐海中[M]. 北京：中国文联出版社. 2005：47.
5 红线女（邝健廉）. 红线女自传：1927—1956 [M]. 香港：星辰出版社. 1986：33.

1942年（18岁）

1月
中旬，红线女奉何芙莲之命，跟着何芙莲的一个老姨妈冒险乘船偷渡澳门。不久，何芙莲也逃出九龙到了澳门。

春节
红线女随何芙莲参加靓少凤组织的剧团，在澳门国华戏院演出。剧团主要演员有靓少凤、何芙莲、欧阳俭、邓碧云等。红线女任第三花旦，"我一直努力演戏，观众对我也有好感。"[1] 演出的间隙，红线女还回到澳门的家中探望父母。

3月、4月
香港沦陷后，澳门人满为患，戏班多而剧场少，演出大有饱和的趋势。

---

1 红线女（邝健廉）. 红线女自传：1927—1956[M]. 香港：星辰出版社.1986：33.

何芙莲应马师曾的邀请,带着红线女赴广州湾,参加马师曾的"太平剧团"[1]。这也是红线女初次见到马师曾,据她回忆:"师傅莲姐被太平剧团的马师曾前辈聘请到广州湾(现在的湛江市,当时是法租界)演出,时间是1942年的三四月间。那里有一座新建的砖木结构的两层半楼宿舍约200平米,可能是班主用来招呼外来的名演员们居住的,而我与莲姐则住在大中旅店里。我第一次跟随莲姐到那座宿舍去排戏(其实过去所谓排戏,只是主要演员向掌板、头架交代清楚自己的要求),我去那里主要是侍候师傅,再则是带着好奇心,希望能一睹从未见面的大老倌马师曾的风采。"[2]

太平剧团的主要演员有马师曾、何芙莲、银剑影、梁冠南、胡迪醒等。此时,红线女任第三花旦。他们在广州湾演出了两个月,演出的剧目有《天网》《宝鼎明珠》《四进士》《苦凤莺怜》《佳偶兵戎》《斗气姑爷》《藕断丝连》《野花香》《刁蛮公主戇驸马》等,生活气息浓郁,人情世态刻画入微,语言奇趣横生,人物性格诙谐幽默。

红线女作为第三花旦的戏份不多,但在马师曾给主要演员讲戏时,她都抓住机会用心听、用心记、用心学,很快就把剧团常演的十几出戏全学会了。有时师傅忘记了某段戏怎么做,还要回过头来问她这个徒弟。遇到正印花旦或二帮花旦因病、因事不能登台时便要她替补。她对角色都很熟悉,无论让她替补哪个角色,她都能演得中规中矩。"我们在广州湾演出了约两个月的光景,当时日本的文化特务禾久田来广州湾,威逼利诱马师曾回香港,马师曾随即避入寸金桥华界,并决定进入广西演出。我在莲姐的推介下,也受聘于马师曾剧团同行。此后,我有机会与马大哥同台合作,向他学习的机会更多了。"[3]

---

1 太平剧团,1933年1月26日(癸酉年元月初一)成立于香港,是太平戏院的附属剧团。与薛觉先的觉先声剧团,都是当时长期稳定,并最有号召力的戏班。连续九年,薛、马争胜,各有雄厚的观众基础,互相促进,分别形成薛、马的两大艺术流派,对粤剧艺术的发展有重大的影响。香港沦陷后,马师曾只身逃出,辗转至广州湾,重新组建太平剧团。
2 谢彬筹,谢友良主编. 红线女粤剧艺术[M]. 北京:中国戏剧出版社. 2006:36-37.
3 谢彬筹,谢友良主编. 红线女粤剧艺术[M]. 北京:中国戏剧出版社. 2006:38.

在广州湾期间，红线女还经常去看张月儿[1]的演出。"如果张月儿晚上有演出，我就去看。有时候，她坐在那里，桌上一杯茶；有时候站在那里，自己打扬琴，一边打，一边唱。我更多的是听她的唱片。除了听她的'一代艺人'（后来我已经在舞台上演唱了），还学过她的一段唱，叫'游子悲秋'，很好听的。"[2]

5月

马师曾在广州湾组织抗战剧团[3]，准备到抗战的大后方广西演出。马师曾为班主，罗丽娟为正印花旦，红线女是第二花旦，武生是梁冠南，小生兼丑生是马师球，女小生是甘燕鸣。抗战剧团初建时，"演员、杂箱及鼓乐手等共60多人，带上家眷共100多人，也是个不大不小的队伍"[4]。但据红线女回忆，"马师曾剧团的成员并不多，主要是一班乐队，几个主要演员和一个剧务，其他演出工作人员，都是在各地临时配套的。"[5]

抗战剧团进入广西后，先在玉林演出，为期两个月。演出差不多一个月后，马师曾留红线女在剧团工作。"姓关的经理和马大哥多次挽留我，要我参加为剧团的一个成员，也就是说工资不按月实发，而是按收入的多少，分给应得的报酬。"[6]

此后，剧团辗转到容县、柳州、桂林等地演出。"每到一个驻地，都有

---

[1] 张月儿（1907-1981），原名张帼雄，祖籍广东顺德谢村，著名香港粤剧老倌。11岁跟从乐师徐桂福学习，13岁开始在香港登台演唱。她的代表作是《歌姬同乐宴琼林》。20世纪初适逢唱片业崛起，上海及香港各唱片公司为她录制唱片，包括《蝶迷》《花月留痕》《口花花》《狗肉父老》《游子悲秋》《爱花情果》《莺莺酬束》《拜金花》《难兄难弟》《字花厂寻妻》等。

[2] 安志强．徜徉在红腔乐海中[M]．北京：中国文联出版社．2005：9．

[3] 1942年，马师曾逃出沦陷的香港，在广州湾组建抗战剧团，1944年改名为"胜利剧团"。参见中国戏曲志编辑委员会．中国戏曲志·广东卷[M]．北京：中国ISBN中心出版社．2000：381．

[4] 沈纪．马师曾的戏剧生涯[M]．广州：广东人民出版社．1957：122-123．

[5] 红线女（邝健廉）．红线女自传：1927—1956[M]．香港：星辰出版社．1986：38-39．

[6] 红线女（邝健廉）．红线女自传：1927—1956[M]．香港：星辰出版社．1986：37．

演出，演出的场地就是在一些祠堂内搭个舞台，舞台上点几盏'大光灯'（汽灯），化装的地方和舞台住地都十分简陋。不过观众却十分拥挤。"[1] 除演马派喜剧外，为了配合抗战宣传及筹款劳军义演，剧团还演出马师曾自己编写的，痛斥汉奸卖国贼的戏《洪承畴》等，观众反响热烈。戏中，洪承畴是明末的一位博学多才之士，在一个妓女的劝导和帮助下，高中之后出仕为官。后来被收买降清，妓女知道洪承畴变节，自杀身亡。戏的最后，洪承畴梦见他的至亲好友以及曾经资助他进京应试的妓女，劝诱他投降的清太后，都痛骂他叛国降敌，卑污无耻，连妓女也不如。有一段【双星恨中板】"衰汉奸，病汉奸，千刀千刀理该斩……"由独唱到全场合唱，节奏由慢而快，气氛越唱越激烈，整个剧场掌声如雷。剧团"每次演出时，都请观众起立，乐队高奏《义勇军进行曲》，以激发人民大众的爱国热情"[2]。

年底

在柳州和桂林演出之际，红线女生病，加之时局不好，马师曾要红线女离团回家。当时，红线女父母住在澳门，她跟着马师曾的一个朋友，从广西内地步行到广州湾，又赶不上回澳门的船期，举目无亲，彷徨无主。正当她踯躅街头，不知何去何从之际，无巧不成书，竟遇见了何芙莲。原来何芙莲还留在广州湾，准备春节组班在新同乐戏院开台演出，红线女也就被师傅留了下来。

---

1 红线女（邝健廉）. 红线女自传：1927—1956[M]. 香港：星辰出版社.1986：37.
2 赖伯疆主编，广东粤剧院著. 粤剧艺术大师马师曾[M]. 北京：中国戏剧出版社.2000.

1943 年（19 岁）

春节

由白玉堂、何芙莲、小飞红、欧阳俭、吕玉郎、梁国风等主要演员组成的兴中华剧团在广州湾新同乐戏院演出，红线女任第三花旦。由于小飞红"让角"，红线女能在两个新戏中担任第二花旦。小飞红的旦角艺术曾在同行和观众中都有很高的评价，但她有个古怪脾气，一是从来不愿当正印花旦，二是从来不肯演反派。

剧团要演出根据曹禺同名话剧改编的《雷雨》，按照粤剧戏班派角的惯例，文武生白玉堂饰演周萍，小生吕玉郎饰演周冲，武生梁国风饰演周朴园，丑生欧阳俭饰演鲁贵，正印花旦何芙莲饰演四凤，还有繁漪一角应该由第二花旦小飞红演，但她认为繁漪是个反派，自己宁愿演戏份较少、长相苍老的鲁侍萍，因此繁漪一角就落在了第三花旦红线女身上。这时红线女才19岁，班内不少人担心她对繁漪那种复杂的感情和阴沉忧郁的性格，是否能够体会和表现得出来。白玉堂演的周萍与繁漪的对手戏最多，他却不断鼓励红线女"不要怕，放胆做，有我！"[1] 红线女那时是"初生之犊不畏虎"，连老前辈都拍胸脯打保票以这样大的力度扶持自己，她索性就更加卖力用功，处处向白

---

[1] 红线女（邝健廉）. 红线女自传：1927—1956[M]. 香港：星辰出版社. 1986：41.

玉堂请教。演出时剧场效果居然很好，红线女与白玉堂配合默契，让这个戏十分出彩。演出结束后，白玉堂拍着红线女的肩对何芙莲说："你这个徒弟，得（行）！"[1] 小飞红见红线女演出成功，也为她高兴。

另一个戏是《关丽珍问吊》，这个戏是根据当时香港的一件大老婆杀死小老婆的命案编写的。被杀的小老婆由何芙莲扮演，大老婆关丽珍应该由小飞红扮演，但关丽珍是个杀人犯，小飞红又把角色让给了红线女。这次也是白玉堂鼓励她、帮助她，演出同样获得成功。红线女演繁漪让师傅非常高兴，演关丽珍却让师傅重重地挨了一刀。在"杀妾"一场，红线女演的关丽珍手拿菜刀（木制的道具），满脸杀气，见小老婆在房中伏案而睡，妒火中烧，冲上前去就向小老婆头部狠狠地砍了一刀，没想到这一刀砍得太重了，回到后台，师傅痛得直掉眼泪，不停地让人在伤处按摩、搽跌打油。50多年后，红线女还牢牢地记得这个教训，在一篇谈表演艺术的文章中，她说演戏要"投得入，跳得出"，戏中"要有我，又要忘我"[2]，这是她对于戏曲表演艺术的切身体会。

3月

红线女在师傅何芙莲和白玉堂等前辈的教导下，愉快地学艺演戏。不料，日本侵略军的铁蹄又践踏到广州湾这个角落[3]，剧团成员有地方逃难的都逃走了，红线女和班中一些没处逃的姐妹，躲在屋子里不敢出门，惶惶不可终日。马师曾派人请她回广西演出。"马大哥托人带了一个名片给我，上面简单地写着将继续在内地演出，缺乏花旦，着我跟他的友人到广西去。当时的情况，我也不懂应该考虑什么，只有唯命是从。"[4]

---

1 安志强. 倘徉在红腔乐海中[M]. 北京：中国文联出版社. 2005：49.
2 谢彬筹，谢友良主编. 红线女粤剧艺术[M]. 北京：中国戏剧出版社. 2006.
3 1943年2月16日，日本侵略军约1600人，汉奸武装约300人，在飞机掩护下分乘舰艇于广州湾通明港和海康下岚港同时登陆，占领海康县城和沿公路线的南兴、客路、遂溪。2月20日，日军攻占寸金桥。21日，日、法签订《共同防御广州湾协议》，广州湾被日本占领。
4 红线女（邝健廉）. 红线女自传：1927—1956[M]. 香港：星辰出版社. 1986：43.

红线女的舅母何芙莲

4月、5月

红线女被带到广西梧州,参加经过改组的抗战剧团。没过多久,马师曾又改变了主意,叫红线女跟一个贩货的"水客"回澳门。红线女刚到广东鹤山县的沙坪,正愁着如何才能通过敌占区回澳门,马师曾又派人叫她回去。原来剧团等花旦用,班中兄弟联名要求让红线女归团。

7月

红线女到了广东肇庆,马师曾的剧团正在当地演出,正印花旦是蓝茵(本名陆小仙)。一天晚饭后,剧团突然通知红线女,蓝茵病了,要她马上化装上台演出,顶替蓝茵在《软皮蛇招郡马》中扮的李亚仙一角。《软皮蛇招郡马》是马师曾常演的剧目,红线女早在广州湾时就已经看熟了,在何芙莲与马师曾合演时,她在台下默戏,只是没有正式登台演过。"当我匆忙去到剧院的时候,只见戏院门口贴着一幅红纸,纸上写着'因××有病,今晚由青春艳旦邝健廉瓜代'"[1]。这是红线女第一次担当正印花旦。当晚演出效果很好,观众说:"今晚这个花旦很不错,有声有样,表演也很逼真,可就是叫不出她的名字。"[2] 第二天剧团贴出的海报,就把"青春艳旦邝健廉"改为"青春艳旦红线女"。红线女随马师曾剧团入内地,一直都是用邝健廉本名,至此才用"红线女"的艺名。从这以后,红线女就成为马师曾剧团的正印花旦。

《软皮蛇招郡马》的故事源于唐人小说《李娃传》,后来编成戏曲,元代有杂剧《李亚仙花酒曲江池》,明代有传奇《绣襦记》,粤剧传统戏叫《李亚仙刺目》。马师曾的改编本,人物、情节都有所改动,如剧中男主角本名郑元和,改编本改作郑龙友(马师曾饰)。皇帝把郡主赐婚给郑龙友以及与此有关的情节,也是改编本后加上去的。马师曾善于使用各种艺术手段表现人物的内心情感,马派剧目中的某些片段甚至是整场戏都没有唱词和念白,只靠形体动作来表现。

其中,就有这样的一场戏。这场戏演的是郑龙友高中状元,奉旨招为郡

---

1 红线女(邝健廉). 红线女自传:1927—1956[M]. 香港:星辰出版社.1986:44-45.
2 红线女(邝健廉). 红线女自传:1927—1956[M]. 香港:星辰出版社.1986:46.

马后，郡主随同太婆婆、婆婆回乡祭祖，路过一座尼姑庵歇息。李亚仙送郑龙友上京赴试后，为了表示洁身等候郑郎，离开了青楼，刚好又在这间尼姑庵带发修行。双方见面知道各自身份后，李亚仙在悲痛中仍带着委曲求全的心情，希望郑家能接纳自己。她向太婆婆、婆婆和郡主逐个敬奉香茶，按照习俗，对方接下她的茶，就表示承认了她的身份。而太婆婆、婆婆和郡主都知道李亚仙曾在风雪病饿中救过郑龙友的命，又为了让郑龙友发奋读书不迷恋她的姿容剔目自残，于今眼边还留下伤疤。三个人对李亚仙都有爱怜之意，但又心有顾忌，不敢擅作主张承认她是郑家的媳妇。三个人虽都愿意接李亚仙的茶，但又彼此观望，结果谁都不接。李亚仙在经受一次又一次的打击后，绝望而去。这段戏长达10分钟，人物的内心十分复杂，演员的感情通过演员的眼神、手势、身段、步法表现出来，观众反响十分热烈。在肇庆演出时红线女饰李亚仙，金燕鸣饰太婆婆，黄婉兰饰婆婆，梅绮饰郡主。

在《斗气姑爷》中也有这样一场戏。此剧演的是纨绔子弟萧怀雅，迷恋青楼妓女柳逍遥，父母为其娶赵端端为妻，成婚之日，萧对新妇诸多刁难，三朝回门，又与岳家百般斗气，闹出笑话连篇。赵氏对夫善言相劝，反遭打骂。萧父见其子沉湎不悟，故意以富豪身份寻欢醉月楼，柳妓见此翁出手阔绰，大为巴结并与萧反目，萧始悔悟，归家向赵氏赔情求和。赵氏久受夫欺，心存悸惧，萧越亲近，赵越惊避。这段全用形体动作表现的戏就从这里开始：赵氏正在房中做针黹，丈夫的出现，把她吓得马上站起来垂手而立。当她想到要为丈夫端茶时，丈夫却已恭恭敬敬地端茶给她。她更吓傻了，以为丈夫故意做反面文章，以此显示不满，便急忙捧一盆热水给丈夫洗脸。丈夫抢过脸盆，伸手到盆中拧手巾想为妻子擦脸，不想水太热，把他烫得一跳，妻子以为自己又闯了祸，吓得同时跳起来。丈夫扶着妻子让她端端正正坐在椅上，妻子更是一脸的迷惘，不知丈夫要如何处置自己。丈夫拿出藤条，扬手示意叫妻子打他，表示负荆请罪。妻子见丈夫拿着藤条，以为又像往日那样要打自己，于是慌忙走避，丈夫急着想追上前解释清楚，他越急越追，妻子就越怕越跑，夫妻在房里，一个绕床逃跑，一个绕床追逐……这段戏长达20分钟，喜剧效果十分强烈，只用一段【孔雀开屏】的音乐衬托两人的表演，把丈夫浪子回头、急图表白，妻子心有余悸、杯弓蛇影的心态刻画得细致入微，喜剧色彩浓烈。这个戏马师曾演萧怀雅，红线女兼演柳逍遥和赵端端两个性格完全不同的角色。

《软皮蛇招郡马》那段戏是悲剧，《斗气姑爷》这段戏是喜剧，人物的内心感情都可以不用曲白，完全靠手、眼、身、步的外在表演展现出来。把内心感情化作外在表演展示，这对红线女后来的艺术创作及细腻的感情刻画，有很大的启发。

8月至12月

红线女随剧团主要在广东西江一带未沦陷地区演出。演出的许多马派剧目，有些是她过去看熟了的，有些则是没有看过的，如《天网》《蛇头苗》等。马师曾过去在人寿年、大罗天、太平等剧团曾和许多花旦合作过，主要的有千里驹[1]、骚韵兰[2]、陈非侬[3]、上海妹[4]、谭兰卿[5]等，剧目中的旦角戏不少是按照当时合作的花旦所擅长的行当和戏路安排的。如《斗气姑爷》中的赵端端是个端庄贤淑、温顺善良的贤妻，柳逍遥是个卖弄色相、寡情薄义的妓女，就是按照1933年太平剧团两个表演风格不同的花旦——上海妹和谭兰卿安排的，演出时赵、柳两角分别由上海妹、谭兰卿扮演，现在却由红线女一人扮演。《蛇头苗》中的余淑良，是按骚韵兰的戏路编排的，而《苦凤莺怜》中的崔莺娘，则是1924年人寿年班的千里驹的代表作之一。现在这些角色都由红线女来演，就要求她扮演各种不同的性格类型，适应各种不同的表演风格。"在这段时间里，我每场都演出不同的剧目，扮演不同的角色，这却是

---

[1] 千里驹（1886—1936），原名区家驹，字仲吾，广东省顺德县乌洲乡（今属顺德县）人，著名粤剧表演艺术家，有"花旦王"之称。
[2] 骚韵兰，生卒年月不详，粤剧名男花旦。
[3] 陈非侬（1899—1984），粤剧名男花旦，原名陈景廉，广东新会外海人。
[4] 上海妹（1898—1954），粤剧旦角演员，原名颜思庄，小名阿三。1898年出生于新加坡，父亲是粤班颇有名气的小生，艺名太子友（又叫公仔友）。
[5] 谭兰卿（1908—1981），原名谭瑞芬，原籍广东顺德。1921年加入粤剧界，行当为花旦及女丑生，戏行中人尊称她为"六姑"。

我一个十分宝贵的学习和锻炼的机会。"[1]红线女当时觉得很吃力,只好拼命地学,但这些经历为她打开了一条宽广的戏路,也为她后来驰骋于艺术创作的广阔天地、成功塑造多彩多姿的艺术形象,奠定了坚实的基础。

---

[1] 红线女(邝健廉). 红线女自传:1927—1956[M]. 香港:星辰出版社.1986:47.

1944年（20岁）

2月

红线女跟随马师曾的剧团再到桂林，在大众戏院演出。此时，与马师曾在太平剧团合作过的小生新细伦也加入剧团，他们的演出颇受欢迎。"马师曾剧团第二次到桂林演出的时候，桂林这个城市的面貌，和我第一次看见的，大不一样了。我偶然站在剧场门口站着看看，路上行人拥挤，剧场的上座率也比第一次演出的时候好。"[1]

2月至5月

为期3个月的"西南剧展"[2]在桂林举行，红线女、马师曾等观摩了剧展，

---

[1] 红线女（邝健廉）. 红线女自传：1927—1956[M]. 香港：星辰出版社.1986：51.
[2] "西南剧展"是西南第一届戏剧展览会的简称，是1944年2月15日至5月19日在广西桂林展开的一场大规模戏剧展览活动。1943年冬，国民党统治区的进步戏剧运动处在艰难困苦的环境中，广大戏剧工作者为检查抗战以来戏剧运动的成绩，总结经验，加强团结，希望有一次戏剧界的大集会，于是在中国共产党的支持下，由欧阳予倩、田汉、熊佛西、瞿白音等人提出举办西南剧展的倡议。1943年11月，成立了由欧阳予倩、田汉、熊佛西、瞿白音、丁西林等35人组成的大会筹备委员会，欧阳予倩任主任委员。筹委会聘请广西省政府主席黄旭初担任大会会长，并以黄旭初的名义邀请李济深、李宗仁、白崇禧、陈诚、蒋经国等国民党上层人物担任大会名誉会长或指导长，从而使大会得以顺利举行。1944年2月15日，西南剧展在广西省艺术馆正式开幕，来自广东、湖南、广西、江西、云南等省的32个文艺团体，近千人参加了大会。开幕式上，欧阳予倩报告了大会筹备经过，田汉回顾了抗战以来中国戏剧工作者的战斗历程和所取得的成绩。

而马师曾剧团的粤剧演出也得到了各界好评。"马师曾来了，装置好的舞台拆了，连戏院门前的地都掘翻来，这种演出的效力是如何大？"[1] "马师曾（的）《卖怪鱼龟山起祸》《藕断丝连》天天满座。"[2] 马师曾此时结识了田汉，田汉对他们在抗日期间坚持演出粤剧支持抗日深表赞赏。[3]

7月、8月

好景不长，桂林风声渐紧，日本侵略军向广西进犯。红线女与剧团成员投入"保卫大桂林"的救亡宣传中，积极参加义演等活动。

9月

日军逼近桂林，红线女随剧团逃难，他们包下三条小艇，带着全体人员及衣箱辗转逃至平乐县。途中剧团戏箱损失过半，平乐又没有演出的场所，马师曾咯血病倒。

10月

上旬，"为了生活，马大哥率领愿意继续合作的人员，转到贺县的八步镇，重张旗鼓。"[4] 贺县（今贺州市）的县城位于八步，当时从桂林等地逃难到八步的有不少是社会各界知名人士。马师曾病愈，即向各界人士奔走呼号，得到他们的支持，在八步搭盖了一所十分简陋的戏棚。马师曾集合了逃难到八步的粤剧艺人，又组成戏班开锣演出。但在八步还没有登台，马师曾便又因积劳成疾而吐血，不能工作。红线女也因身体原因，不能登台演出。于是剧团的人员散去，各自谋生。

---

1 广西戏剧研究室，广西桂林图书馆主编. 西南剧展（上册）[M]. 桂林：漓江出版社. 1985：448.

2 广西戏剧研究室，广西桂林图书馆主编. 西南剧展（上册）[M]. 桂林：漓江出版社. 1985：449.

3 赖伯疆主编，广东粤剧院著. 粤剧艺术大师马师曾 [M]. 北京：中国戏剧出版社. 2000：33.

4 红线女（邝健廉）. 红线女自传：1927—1956[M]. 香港：星辰出版社. 1986：52.

中旬,马师曾与妻子梁婉贞登报离婚。日本侵略军路过八步,红线女和马师曾又逃到离八步几十里远,一个叫"半路墟"的锡矿区,这里停产已久,工人走光,他们住进原是矿工宿舍的破木棚,也不排戏,靠矿主给的粮食度日。

30日,红线女与马师曾的大女儿马淑明(又名棣良,艺名红虹)出生,红线女产后生了一场大病。当时短医缺药,红线女几次生命垂危,终于挺了过来。她给女儿取名"淑明",也是为了感念当时帮助他们的矿山老板伍展明。[1]

---

[1] 谢彬筹,谢友良主编. 红线女从艺七十年访谈录[M]. 广州:广州出版社.2009:5.

红线女与贺州伍家的孩子合影

红线女与贺州伍家合照(前排右一抱孩子者为红线女,二排中间为马家老太太)

1945年（21岁）

春

红线女在八步结识了何香凝[1]女士。

红线女随胜利剧团在八步演出，剧团主要演员除马师曾、红线女外，还有梅绮、白龙珠、筱飞燕等。在八步，马师曾把他甚少演出的《张巡杀妾飨三军》《华容道》等剧目也拿了出来。

《张巡杀妾飨三军》中张巡"杀妾"的做法，今天看来不大妥当，但他在内无粮草、外无援军的情况下，抗击敌军死守睢阳，那种惊天地泣鬼神的精神，在抗日战争最困难的时刻，难民麇集的八步，也能给人以很大鼓舞。《华容道》是马师曾在新加坡时向京剧演员老三麻子学的，脸谱、造型、功架都使人感到威武而又稳重深沉。马师曾演关羽没有用他习惯的"马腔"唱法，但每演一次，都看得出他很疲劳，可能这是他不常演该戏的原因。八步人口稀少，观众主要是各地逃来的难民，他们在逃难途中，手头也不宽裕，演出上座率不大好。剧团经营很困难，演员们常常吃了上顿，下顿还要另想办法。

---

[1] 何香凝（1878—1972），女权运动的先驱之一，民革主要创始人，国民党元老。

红线女在香港演出粤剧《万恶淫为首》（左起为凤凰女、陈锦棠、红线女）

秋

抗日战争胜利的消息传到八步,一系列欢欣雀跃的庆祝活动过后,红线女发现,她和剧团的人连回广州的路费也没有,只好眼看着和自己一样的难民,一家家一户户离去,八步更加冷清。

初冬

红线女与马师曾得到班主的邀请,才沿路走走停停返回广州。在广州,他们主要到乐善戏院、海珠戏院演出,演出剧目有《佳偶兵戎》《斗气姑爷》《软皮蛇招郡马》《刁蛮公主戆驸马》等。

12月

马师曾在香港以胜利剧团的班牌名起班。[1] 他租赁跑马地山村道49号地下供全家居住,并租赁跑马地黄泥涌道19号前座地下作为胜利剧团的办事处。[2]

---

1 黎键. 香港粤剧叙论[M]. 香港:三联书店(香港)有限公司. 2010:518.
2 马鼎昌. 马师曾与红线女[M]. 香港:中华百科出版社. 2016:89.

1946年（22岁）

春节

马师曾率领的胜利剧团在佛山演出新编剧目《还我汉江山》。抗战期间，红线女和马师曾演出的都是马派保留剧目。《还我汉江山》是马师曾、红线女合演的第一个新编戏，编剧为杨子静[1]。剧情讲述的是王莽篡汉，王莽的女儿却深明大义，与忠臣义士邓禹等帮助刘秀复兴汉室。红线女饰王莽的女儿，马师曾饰邓禹。参加演出的主要演员还有李奉慈、朱伟雄等。红线女这时年纪轻轻，在内地当正印花旦虽已两年多，但在粤剧活动的中心广州地区，以大班正印花旦的身份登台还是首次。"观众当时对我的评价是：先声夺人，年纪轻、扮相好，做功不够细致，前途无限。"[2] 1947年，《还我汉江山》的一段戏还灌了唱片，效果不错。

接连几个月，剧团巡回演出于广州、香港、澳门和珠江三角洲的中小城镇，演出都很卖座。他们演出的一个时装戏叫《野花香》，写一个道貌岸然、满口礼义廉耻的大学教授姚其琛（马师曾饰），平日治家甚严，知道儿子迷

---

[1] 杨子静（1913—2006），著名粤剧编剧，所作和与人合作的粤剧有古装剧《搜书院》《红楼二尤》《钗头凤》《关汉卿》《蔡文姬》《焚香记》《荆轲》《十三妹》和现代剧《山乡风云》《红霞》《南海长城》等。
[2] 红线女（邝健廉）. 红线女自传：1927—1956[M]. 香港：星辰出版社. 1986：54.

恋交际花陶醉侬（红线女饰），勃然大怒，探知陶的住址，亲自登门问罪。当他见了陶醉侬后，被陶的色相所迷，假道学、伪君子的面具一层层被剥下。最后竟至抛妻弃子，身败名裂。姚其琛这个人物性格非常复杂，思想感情前后变化的幅度很大，要准确掌握人物每个思想感情变化的环节并表现得自然可信，有较大的难度。马师曾每演这个戏，就整晚在后台不说话，一个人静静地酝酿角色，深刻地挖掘角色的内心世界，然后带着饱满的情绪出场，把人物刻画得入木三分。马师曾凡演难度较大的戏都是这样，红线女从旁观察，领悟到要达到艺术的高境界，必须严肃认真，一丝不苟。

不久，《野花香》被广州当局禁演。之所以被禁演，据说当时某部门的一位长官姓姚，恰好也当过教授，此剧有影射、诋毁之嫌。其实，这个戏早在20世纪30年代太平剧团就已经演出过，中华人民共和国成立前就灌录了唱片，1942年至1945年，红线女在内地也多次演出，马师曾怎么会在十几年前编出一部戏来影射诋毁十几年后的人呢，真是令人啼笑皆非。1929年秋，一次夜戏散场后，马师曾在海珠戏院门前被歹徒用炸弹炸伤右腿，当局非但不积极缉凶归案，反而借故饬令剧团停演6个月，剧团被迫解散，马师曾愤而离开广州。后来组建太平剧团长驻香港，十余年不回广州演戏[1]。本以为经过抗战的洗礼，情况会好转一些，哪知回来才几个月，又一次领教了官僚们的威风。红线女没经历过这种阵仗，更被广州官员们吓怕了。马师曾又一次带剧团离开广州，长驻香港。

至此，红线女在内地生活了三年零八个月。

下半年

红线女与马师曾的胜利剧团在香港演出新编戏《我为卿狂》。该剧由唐

---

[1] 在珠江三角洲城镇演出过。

涤生[1]编剧，讲述邓丹云、雷子平、陈心细同时爱上歌女张杜美，杜美则独爱叶瘦鹃。三人因此嫉妒叶瘦鹃，遂买通舞女南丝从中作梗，使杜美对叶瘦鹃冷落，叶失恋成狂，犯罪被捕，南丝后悔自己的所作所为，邓丹云等人也良心发现，向杜美表白经过。后来，张杜美和叶瘦鹃再续前缘，重修旧好[2]。马师曾饰演叶瘦鹃，红线女饰演张杜美。靓少凤和罗家权分别饰演张杜美的另外两个追求者。何芙莲甘当徒弟的副手，担任第二花旦的角色，饰演南丝。由于该剧剧情贴近生活，演员阵容强大且个个都有真功夫，所以演出持续了一个月，轰动香港，盛况空前。

红线女过去已演过不少时装戏，如《雷雨》《大乡里》《斗气姑爷》《野花香》等，这次在《我为卿狂》中演歌女，因对人物更加熟悉，所以应付裕如，得心应手。许多观众见她演技那么成熟，不相信这个正印花旦才刚20出头。让红线女特别欣慰的是，一别四年后又能和师傅何芙莲，以及悉心教导过她的靓少凤同台演出，而自己这四年的努力，也没有使他们失望。

---

[1] 唐涤生（1917—1959），香港著名粤剧作家，唐家人（今珠海市香洲区唐家湾镇）。出身于海员家庭，生于上海。民国二十七年（1938）秋，粤剧名伶唐雪卿返乡探亲时，见其堂弟唐涤生天赋甚高，遂邀其加入觉先声剧团。初替剧团抄写剧词曲谱，后创作粤曲、粤剧。抗战胜利后，唐涤生在香港粤剧界已享有声誉，其创作的《钓鱼郎》一曲，经梁醒波演唱而红极一时。20世纪50年代，唐涤生与任剑辉、白雪仙、梁醒波等组成仙凤鸣剧团。他撰写的剧本《落霞孤鹜》《紫钗记》《帝女花》《蝶影红梨记》《再世红梅记》等以其曲折动人的内容与优美的词曲，经任剑辉、白雪仙、梁醒波等精湛的演出后，誉满香江。

[2] 曾石龙主编. 粤剧大辞典[M]. 广州：广州出版社. 2008：101-102.

1947年（23岁）

这一年，红线女在香港除了继续演出外，开始接触两个新的艺术品种，就是灌唱片和拍电影，此时她的艺术创作进入了一个新的阶段。红线女在《回顾我的艺术生涯》中写道："当我在粤剧舞台尽情驰骋的时候，新的艺术追求驱使我去新的艺术领域里遨游。1947年我开始接触两个新的艺术品种，一是灌录粤剧唱片，二是作为粤剧演员投入电影的拍摄工作，由此开始了我的剧影两栖的艺术生涯，直到1955年，我先后大约拍了100部电影。参与电影艺术的创作，使我开阔了艺术视野，掌握了电影表演的艺术手段，结识了电影界的许多知名人士。而我获得的最大惊喜是，启发了我在舞台表演中进一步理解和掌握人物内心世界瞬息变幻的节奏，并与舞台的表演程式密切结合，这是我在电影工作实践中的一个重要收获。戏曲和电影两方面的艺术创作，极大地激活了我的艺术创造力，也引发了我提高自己文化艺术素养的强烈欲望。"[1]

当年，由捷利公司灌录了《还我汉江山》和《我为卿狂》两张唱片。《还我汉江山》是被观众广泛肯定的一个戏，尤其是其中一场重头戏的唱段，非常受欢迎。"观众特别喜欢我唱的一段《苦喉木鱼》和《饿马摇铃》，都说唱

---

[1] 谢彬筹，谢友良主编．红线女粤剧艺术[M]．北京：中国戏剧出版社．2006：3．

得有感情、好听。"¹《我为卿狂》之前就获得了巨大的成功，唱片也流畅通俗，容易听懂。红线女回忆："从《我为卿狂》的唱片里，完全可以听到我在那个时候的唱法：声音没有经过任何修饰，唱腔没有脱离'马派'的影响，比较趋向于生活的口语化。"²

同年，红线女拍摄了《我为卿狂》《藕断丝连》《冤枉相思》三部电影。

8月27日，电影《藕断丝连》上映，这是马师曾、红线女在内地已经演熟了的戏，由苏怡、珠玑导演。苏怡³是电影界的老前辈，慈祥谦厚，人们都称他"苏伯"。此剧是他根据马师曾编剧的粤剧改编。在拍片中，他很耐心地对红线女讲解有关电影艺术的知识，使初进电影之门的红线女很受教益。通过在镜头前的实践，红线女从新的艺术创作中获得惊喜，使她在舞台上进一步理解了人物内心世界的活动与舞台的表演程式密切配合的重要性。

9月10日，电影《冤枉相思》上映，该片由陈皮、但杜宇导演。该剧是当年"觉先声"⁴的名剧。红线女对薛觉先这位杰出的前辈一直怀着崇敬之情，幼年时就学会了薛氏夫妇的《月帕蛾眉》一曲。此次拍《冤枉相思》，是红线女与薛觉先第一次合作。他们饰演一对恋人，男主人公一表人才却懦弱贫穷，女主人公美丽善良但无依无靠，二人因金钱受制于人，以爱情悲剧结尾。红线女认为无论是戏曲艺术还是电影艺术，薛觉先都是她的老师，因此在拍片中处处尊重他的意见，虚心向他学习。薛觉先对红线女这个后辈也十分爱护，两人合作非常融洽。经过这次合作，红线女与薛氏夫妇的交往更加密切，薛觉先和唐雪卿常常亲昵地用舞台官话，叫红线女"女儿"。

9月24日，电影《我为卿狂》上映。《我为卿狂》的同名舞台剧，从1946年下半年到1947年上半年，一共演了100多场。老板觉得它很受观众欢迎，就把它搬上银幕，由唐涤生编剧，陈皮导演。红线女第一次拍电影，

---

1 红线女（邝健廉）. 红线女自传：1927—1956[M]. 香港：星辰出版社.1986：56.
2 红线女（邝健廉）. 红线女自传：1927—1956[M]. 香港：星辰出版社.1986：57.
3 苏怡（1900—1985）电影编剧、导演，原名舒大祯，湖南麻阳人。参见汪流主编. 中外影视大辞典. 北京：中国广播电视出版社.2001：323.
4 粤剧戏班，薛觉先1929年创办于香港。参见中国戏曲志编辑委员会. 中国戏曲志·广东卷[M]. 北京：中国ISBN中心出版社，2000：379-380.

第一个镜头就顺利通过，使导演和摄影师都很满意。"我第一次灌唱片的第一段唱段，没有 NG，第一次拍电影的第一个镜头，也没有出废品。因为我的情绪一点也不紧张。"[1]

红线女到香港两年，经济收入日渐丰裕，开始注意提高自己的文化艺术素养。她聘请家庭教师教自己古典文学和英文。她在读《老残游记》"王小玉说书"一段，得到很大启发：王小玉唱的梨花大鼓，她的好处令人家说不出学不会，其中一个原因就是把西皮、二簧、梆子以及昆腔、小曲等调子，都拿来放进大鼓书里，尽可能汲取他人的精华，才能达到如此境地。因此，红线女开始留心向各个剧种学习，尤其是京剧和昆曲。她聘请了京剧老师王福卿[2]到家中教戏，从这一年起，一连学了三年，学会了全本《花田错》《穆柯寨》《虹霓关》和《阴阳河》。"他很重视《阴阳河》这出戏。这出戏里的挑水功夫很讲究，跑圆场上身不能动的，但挑的桶不能掉下来。我现在的功底都是王老师给我弥补的不足。"[3]"王老师还专门请了两位师兄弟来教我，把梅兰芳先生的虞姬剑和耍双绸带都传授给我，这样学戏是很有意思的。"[4]为了学好京剧、昆曲，她和京、昆艺人交朋友，还努力学讲普通话。此外，还向两位西洋歌剧老师学习美声唱法。从这一年起，红线女不断充实自己，为跃上更高的艺术台阶做准备。

---

1 红线女（邝健廉）. 红线女自传：1927—1956[M]. 香港：星辰出版社 .1986：58.
2 原是河北梆子演员，艺名"十四盏灯"，在梅兰芳的《生死恨》中饰演过老尼姑。
3 安志强. 徜徉在红腔乐海中[M]. 北京：中国文联出版社 .2005：11.
4 红线女（邝健廉）. 红线女自传：1927—1956[M]. 香港：星辰出版社 .1986：59.

粤剧电影《藕断丝连》,该片是红线女主演的第一部电影

粤剧电影《我为卿狂》,该片是红线女在香港拍摄的首部电影

1948年（24岁）

2月

29日，红线女与马师曾的长子马鼎昌在香港养和医院出生。[1]

8月

电影《刁蛮宫主》上映。该片由马师曾、红线女、飘慧梅、金铃主演，杨工良导演。

9月

《梁山伯与祝英台》分成上、下两部，红线女与张活游主演，冯志刚导演。上集于9月6日首映，下集于9月12日首映。这是红线女与张活游的第一次合作，二人的表演获得了很好的票房。

《审死官》首映于1948年9月16日，红线女与马师曾主演，导演和编剧均是杨工良。该片改编自马师曾主演的同名粤剧。影片记录了马师曾、红线女的精彩表演。"红线女饰演的唐氏在央求丈夫为杨氏申冤以及在末场公堂做证中，都有一段'数白榄'式的精彩口白，以展示其念白功夫。"[2]

---

1 马鼎昌．马师曾与红线女[M]．香港：中华百科出版社．2016：186．
2 曾石龙主编．粤剧大辞典[M]．广州：广州出版社．2008：1206．

粤剧电影《刁蛮宫主》，红线女主演

12月

《荆棘幽兰》是马师曾、红线女领衔主演的伦理悲剧,首映于1948年12月2日,编剧和导演均是莫康时。红线女在片中塑造的女主人公甘缝珠,为爱情经历了种种坎坷,是一个出淤泥而不染、带有悲剧色彩的女性形象。

这一年,马师曾、红线女与文觉非、罗艳卿等组成东方剧社,演出《孽海花》《风流贵妇》等剧。

当年红线女拍了5部电影,分别是《刁蛮宫主》《审死官》《荆棘幽兰》以及《梁山伯与祝英台》上、下两部。

1949年（25岁）

3月

12日，红线女与马师曾的次子马鼎盛在香港养和医院出生。[1]

从这一年开始，马师曾、红线女受邀参加一些短期演出的剧团。这些剧团基本上是一个月一期，演出前不排戏，只是事先分发剧本，到每个戏演出前的两小时讲讲戏，而且时间也不保证，有些人甚至不来参加，人员大都是初次合作的，彼此戏路又不熟悉。红线女觉得很不习惯，只好事先读熟台词，凭自己对人物的理解设计自己的表演和唱腔。

同年马师曾、红线女还被邀请和桂名扬、陈锦棠两位名角合作。与桂名扬合作时，演出剧目有《冰山火线》《皇姑嫁何人》等。与陈锦棠合作的剧团名叫锦添花，演出的剧目有《铁汉蛮花》《新海盗名流》《有胆赵子龙》等。

红线女本年内上演的电影有以下几部：

《小青吊影》，1949年7月17日公映，红线女、张活游主演，导演珠玑。红线女饰演女主人公冯小青，与罗公子相爱并怀有身孕，为了成全心上人罗

---

[1] 马鼎昌. 马师曾与红线女[M]. 香港：中华百科出版社. 2016：188.

公子的婚姻，保全他的名誉，她选择嫁给了自己不爱的人。她宁死不说孩子生父的真相，躲进莲花庵生子，尝遍人间酸甜苦辣。后来，罗公子兵败被擒，为了见小青一面，竟屈膝投降敌人，被封为左将军。小青不齿其行径，空留下无尽的悔恨和哀伤。

《六月飞霜》，1949年8月5日公映，红线女、陆飞鸿主演，洪叔云导演。红线女饰邹衍的妻子。邹衍蒙冤入狱，邹妻因家计无着沦落街头卖唱，邹母见儿子已无指望，令儿媳改嫁。邹衍无罪返家，寻找妻子，已经改嫁的邹妻无地自容。红线女的表演很出彩。

《夜吊白芙蓉》，1949年9月1日公映，红线女、罗品超主演，周诗禄导演。红线女饰演白芙蓉，她与富绅公子义雄一见钟情，私订终身。恶霸胡山垂涎白芙蓉的美色，逼其成亲，幸得义雄解救。不料，义雄的父亲因门户之见反对他们的婚事，瞒着义雄逼芙蓉退婚，芙蓉投水自尽，义雄闻讯赶来，夜吊芙蓉。

《卓文君夜访相如》，1949年9月19日公映，红线女、张活游主演，周诗禄导演。红线女在影片中饰演卓文君。

《拷打红娘》，1949年10月5日公映，红线女、黄千岁主演，周诗禄导演。

《风流寡妇》，红线女、陆飞鸿主演，毕虎导演。

1950年（26岁）

9月

有班主邀请以马师曾为首的红星剧团回广州演出，主要演员除马师曾、红线女外，还有文觉非、王中王等。这是广州解放后，马师曾、红线女第一次回去演出。剧团带去《翼王石达开》《薛丁山与樊梨花》《天女散花》等剧目。到广州后，在华南文联的帮助下，马师曾、红线女又编演了现代戏《珠江泪》。该剧讲述的是抗日战争胜利后，珠江三角洲农民反抗地主恶霸迫害，反对国民党反动派抓壮丁打内战的故事。马师曾参加剧本编写。

10月

26日，《珠江泪》正式公演。马师曾饰阿牛，红线女饰牛嫂，文觉非饰官仔贵，王中王饰阿鸡。这是广州解放后，粤剧舞台上继《白毛女》后出现的第二个现代戏[1]。剧本编写和演出都很成功，加上马师曾、红线女的号召力，演出相当轰动，也受到各方面的好评，对解放初期的粤剧改革工作，起了很好的作用。

《珠江泪》这个戏，从1950年底至1953年初，由广东农村粤剧团的许

---

[1] 第一个是同年9月6日由胜寿年剧团靓少佳、郎筠玉主演的《白毛女》。

多团队演出过，累计近200场，在配合农村清匪反霸、土地改革运动方面，对宣传、发动群众起了很大的作用。[1]

12月

8日，为支持抗美援朝，马师曾、红线女于专程从香港赴穗，捐款500万元人民币，并亲送南方日报社。[2]

上半年红线女与马师曾继续接受邀请，到外地一些新合作的剧团演出。

这年上映的电影有：

1月15日，《魂断蓝桥》，红线女、吴楚帆、郭琳舫、刘克宣、崔子超、马金玲主演，尹海清导演，吴其敏编剧。港版《魂断蓝桥》与同名美国经典影片不可同日而语，故事较为老套，但也曲曲折折，表现情侣之间的恩怨情仇。这也是红线女与吴楚帆的首度合作。

2月12日，电影《血海蜂》上映，红线女、陆飞鸿、刘克宣、夏宝莲主演，冯凤歌编剧、导演。此片是吴其敏根据唐涤生同名粤剧改编。

2月16日，电影《野花香》公映，红线女与马师曾主演，导演洪叔云，编剧朱克。

2月26日，电影《风流贵妇》上映，红线女、陆飞鸿、陈清华、伊秋水主演，毕虎导演，根据同名粤剧改编。

5月11日，电影《凤娇投水》上映，红线女、文觉非、刘克宣、夏宝莲、李月清、高佬泉主演，导演冯凤歌。

6月2日，电影《豪门荡妇》上映，马师曾、红线女、文觉非、梁醒波、陈惠瑜、张醒非主演，莫康时导演兼编剧。

6月19日，电影《脂粉豺狼》上映，红线女、白云主演，导演周诗禄。

---

1 曾石龙主编．粤剧大辞典[M]．广州：广州出版社．2008：131．
2 大公报．[N]1950.12.10．

粤剧电影《血海蜂》，红线女、陈锦棠主演

粤剧《红线盗盒》，红线女饰红线

这一年，华南电影工作者联合会¹为筹款购买会址，组织在香港的电影界和粤剧界人士合作，义务拍摄一部电影《人海万花筒》，把放映收入作为建立联谊会的经费。这是一部"大集会"性质的影片，由电影界、粤剧界的名演员各自拍摄一段，集体导演，于8月23日上映。红线女与马师曾、薛觉先合拍的一段叫《陈圆圆之歌》，剧本是临时写的，没有在舞台演出过，戏拍得不理想。但由于薛、马两位粤剧大师过去在舞台上旗鼓相当，从未有过合作演出，本次是首次携手合作，再加上一个当红花旦红线女，所以在观众中引起轰动，上座率一直都很高。

9月7日，电影《妒潮》上映，红线女、吴楚帆、白燕、张瑛主演，莫康时导演。

9月17日，电影《乌龙将军》上映，红线女、邝山笑主演，导演吴回，编剧秦剑。

9月21日，电影《宋江怒杀阎婆惜》上映，马师曾、红线女、刘克宣、梁素梅、陶三姑、西瓜刨主演，导演周诗禄，编剧冯凤歌。

一年多的银幕生涯，红线女对原本喜欢的拍片工作产生了厌倦之情，因为一些只顾赚钱的制片人不管艺术质量，所拍影片粗制滥造。但她对拍了《孤雏泪》之类影片仍然感到一些欣慰。

---

1 华南电影工作者联合会（South China Film Industry Workers Union），前身为"华南电影工作者联谊会"，成立于1949年7月10日，同年更改成现名，简称影联会。它是香港首个电影专业人员团体，创会初期只限于粤语片从业员，其后容纳国语片范畴，最终扩大至电视、电台、话剧及艺术摄影界。联合会永久会址位于九龙城狮子石道。

1951年（27岁）

1月

5日至6日，红线女与马师曾在广州参加抗美援朝粤剧大集会义演，二人演出批判崇美思想的短剧《牛仔裤》。马师曾饰哥哥，红线女饰妹妹。义演先后在人民戏院、乐善戏院进行，共有《麦魔召见重光葵》[1]《一网打尽》《大家一条心》《好女要回头》《杜鲁门梦会东条》《三女夸夫》《打虎不离亲兄弟》等7个剧目[2]。

春节

红星剧团在广州作贺岁演出。一天晚上演出《天女散花》，粤剧界前辈黄超武看了戏后对红线女说："阿女，你的声音这么好听，应该唱出自己的特点来啊！多用心思，多下功夫吧！"[3]他嘱咐红线女要有所突破，使唱腔自成一家。红星剧团贺岁演出后返回香港。

红线女返回香港后不久，应何贤的邀请，参加宝丰剧团。主要演员除她外，还有陈锦棠、欧阳俭、李海泉、任剑辉、白雪仙、张醒非等。第一个

---

[1] 马鼎昌. 马师曾与红线女[M]. 香港：中华百科出版社. 2016：102.
[2] 广州市文艺研究室编，广州粤剧组织变迁史[M]. 广州：1984：6.
[3] 红线女（邝健廉）. 红线女自传：1927—1956[M]. 香港：星辰出版社. 1986：61.

戏是新编剧目《一代天娇》。完整的剧本能够在演出前几天就交到演员手上，在当时是少有的，这使得她有时间研究、设计剧中人物的表演和唱腔。红线女想起黄超武前些日子在广州说的话："应该唱出自己的特点来。"于是她用心琢磨剧中的"主题曲"[1]，从人物的情感出发去处理这段曲的腔调和旋律。其中有些曲子是她过去没有唱过的，如"雪底游魂"就是一首有固定曲谱的小曲，红线女通过音色、力度、语气的把握，更准确地去表现人物感情。"我十分惊叹'雪底游魂'的演唱，伴奏的主要乐器是弹拨乐，下面映衬着洞箫的呜呜，一股凄凉的气氛感染了我。"[2]【反线中板】过去在她演的马派保留剧目中也没有使用过，她在基本按照【正线梆子中板】的板式处理时，注意用"底板""挑搭"使节奏灵活多变；在行腔吐字中，注意力度强弱的掌握和装饰音的运用；在拖腔时按照人物感情的发展而伸延、顿挫；在一些对偶句中使用强弱对比的手法，把感情的抑扬起伏表现得更鲜明。对于过去常唱的曲调如【八字二簧】【十字二簧】等也做了新的处理，使曲调与曲调之间的衔接更融为一体，并通过装饰音和过渡音的增减变化，使这些曲调的旋律更加丰富。

　　这段曲的设计，可以说是动用了她从学艺以来的全部经验，包括当年靓少凤的教导——如叮板的"挑搭"，和对前辈名家揣摩的体会——如千里驹、张月儿腔调丰富的变化起伏，而这几年学习京剧、昆腔的演唱艺术和学习美声唱法的心得，使她掌握了更为丰富的演唱风格和演唱技巧，对自己原来的唱法能够突破、发展而创出新声。她逐句逐段与剧团的乐师反复研究，不断修改。演出反响强烈，她新创的唱腔表现人物感情深刻，对粤剧的梆子、二簧有所丰富和发展，并增加了一种妩媚、明丽的韵味。"在《一代天娇》主题曲的演唱中，我们看到了红线女演唱艺术的深厚功力和风格特色，她的声音具有宽广的音域，低音、中音、高音之间的衔接自然贯通，真假嗓能够有机地结合在一起，低音托得住，坚实厚重，高音无阻挡，直上云霄。"[3]《一代

---

1 粤剧称剧中主角最大的一个独唱唱段为主题曲。

2 安志强．徜徉在红腔乐海中[M]．北京：中国文联出版社．2005：72．

3 安志强．徜徉在红腔乐海中[M]．北京：中国文联出版社．2005：77．

天娇》一曲，不久便流行于港、澳和东南亚，观众开始称她的唱腔为"女腔"。后来风靡海内外数十年的"红腔"即始创于此。

这之前，红线女还与新马师曾、梁醒波合作演出《宋江怒杀阎婆惜》。新马师曾演的宋江，身段表演和唱腔、叫头等都靠近京剧，唱 D 调。红线女多年习惯唱 C 调，她觉得唱 D 调容易出现尖高音，不好听。新马师曾是前辈，红线女与他合作也只好顺着他，自己注意行腔时尽量少向高处翻。全剧高潮在"杀惜"一场。宋江和阎惜娇（红线女饰）的矛盾一层层推进，最后矛盾激化，宋江要动手杀人了，阎惜娇到了此时也只有以死相拼。她把外穿的衫裙脱下，只穿一袭白色的内衣裤与宋江对打起来，被宋江抄她一个大翻身，整个人腾起再跌下床躺倒。宋江一手按住她拼命挣扎的身体，一手高举"钢刀"[1]，向她头部砍下。这时宋江口中含的"紫标"[2]向她身上喷去，从观众席上看到，就是阎惜娇已被钢刀砍进头颅，并且鲜血喷涌的样子。阎惜娇再挣扎几下就死去了。当时观众评价"丝丝入扣，天衣无缝"。红线女觉得这场戏两个人的表演都很有分量。但不喜欢喷"紫标"，觉得又恐怖又脏，不太符合中国戏曲写意、虚拟的艺术原则和手法。梁醒波的表演有点近似马师曾，动作尺寸准确大方，唱腔也有点"马腔"的味道，他演张文远在丑行的基础上带点小生的风度，尤其着重人物内心的刻画。由于内心感情真实、丰富，逗起笑来就很自然地使观众忍俊不禁。这个戏在香港中央戏院、九龙东乐戏院连续满座一个月，演出效果很好。

4月、5月

香港八和会馆通知马师曾、红线女到九龙塘公爵街 8 号开会，他们下午 3 点准时到达会场，出席会议的还有陈锦棠夫妇、谭秀珍、卢海天、桂名扬、芳艳芬、梁醒波、白雪仙、任剑辉等，以及一批龙虎武师。"时间大约在 1950 年夏天，我和马师曾接到八和会馆的通知，到粤剧同行芳艳芬家里

---

[1] 一种特制的弹簧刀具，刀身是个套筒，内装弹簧。当刀刃砍到人的身体时，弹簧受压收缩，刀口内陷，给人造成刀已砍进人体的错觉。
[2] 一种在舞台上代替血的液体。

粤剧《一代天娇》,红线女饰韩娇娇

开会（当时我与马师曾大哥尚未离婚）。会议的地点是在芳姐家的花园中。"[1]

主持会议的人讲话，说马师曾、红线女竟然回广州演戏，赤化了，八和会馆反对他们回去，如果以后还回广州再搞赤化，八和会馆就要开除他们的会籍。会场笼罩着一种紧张的气氛，在座的许多人显得很不服气，但又有点害怕。会议要马师曾、红线女当场表态。马师曾说："我是靠演戏吃饭的，美国去，广州也去，哪里请我，我就到哪里演戏！"红线女没有经过这种场面，开始也吃了一惊，但是很快定下心来，觉得自己并没有做错，问心无愧。她的声音虽然不像马师曾那样大，也理直气壮地回答："我们是去演戏，如果出我会我还不用交会费哩！"见马师曾、红线女不服，龙虎武师中就有人起哄，叫嚷什么"要斩鸡头，烧黄纸，发誓不准赤化"等等。在那些人的喧闹声中，马师曾、红线女离开了会场。不久，香港政府的"政治部"[2]又对马师曾、红线女进行传讯，对他们在广州的活动追问了一番。[3]

自1950年至1951年初，不少粤剧名演员都从香港回广州、佛山等地演过戏，港英当局和八和会馆也都是睁一只眼，闭一只眼。而对马师曾、红线女则施加压力，给以种种警告和威吓，无非是因为马师曾、红线女演出了《珠江泪》《牛仔裤》这些"赤化"的戏，还斗胆参加"抗美援朝粤剧大集会义演"这种赤化活动。

这一年，红线女还与何非凡合作，演出《玉女凡心》《摇红烛化佛前灯》

---

[1] 红线女. 红豆英彩：我与粤剧表演艺术及其他[M]. 广州：广东人民出版社. 1998：175-176.

[2] 政治部（Special Branch），又叫SB。1934年在香港成立，属于英国军情五处分支机构，主要是负责英国本土及所有海外属土（殖民地）的反间谍及安全工作。当初香港还是英国的殖民地，1941年珍珠港事件后，日本占领了香港，政治部停止工作。1946年政治部重新建立，主要职责是对被日本占领期间的香港公务员进行背景审查，以确认他们是否可以继续留任。

[3] 红线女. 红豆英彩：我与粤剧表演艺术及其他[M]. 广州：广东人民出版社. 1998：175-177.

等剧；与白玉堂、任剑辉[1]合作，演出《水冰心三气过其祖》。《水冰心三气过其祖》的故事来源于明人小说《好逑传》，红线女饰水冰心，马师曾饰过其祖，任剑辉饰铁中玉，白玉堂饰冯仍。红线女1942年在广州湾与白玉堂同台演出后，相隔九年后再度合作，她觉得这位前辈虽然成名已久，但艺术仍在不断精进，比之九年前，手、眼、身、步的配合更加精确，习惯用小跳起步的身段更加优美，功架也更加老到。对于白玉堂等曾经合作演出过的老前辈的表演技艺和艺术风格，红线女都点滴不漏地看在眼里，记在心里。老前辈这种不断进取、精益求精的精神，使红线女深受教育，觉得自己应以老前辈为榜样而更加勤奋。

12月

24日，粤剧《蛮女催妆嫁玉郎》在高升戏园上演，红线女、何非凡主演，唐涤生剧本改编。

25日，粤剧《摇红烛化佛前灯》在高升戏园上演日场，红线女、何非凡主演。

是年，红线女拍摄上映的电影有：

2月22日，电影《红白金龙》上映，吴楚帆、薛觉先、红线女主演，俞亮导演。

3月2日，电影《孤雏泪》上映，吴楚帆、红线女、黄曼梨主演，关文清导演，赵伟编剧。这部电影创1951年粤语片卖座最高纪录。

5月18日，电影《缸瓦船打老虎》上映，新马师曾、红线女主演，导

---

[1] 任剑辉（1913—1989），原名任丽初，又名任婉仪，广东南海西樵人。她自幼喜爱粤剧，广州小学毕业后14岁那年跟随姨母小叫天（粤剧女小武）学习粤剧。得小叫天的引荐，跟从当时广州先施天台的全女班有"女马师曾"之称的粤剧女小武黄侣侠学艺。任剑辉对粤剧一流文武生桂名扬之唱做极为心仪，闲时便往戏院打戏钉从中偷师学习，故当时任剑辉的身形台步，极受桂名扬的影响，因而有"女桂名扬"称号。她女扮男装反串演出文武生，演的多是文戏。由于她声、色、艺俱佳，扮相俊俏，风流潇洒，绝无女儿态，不少太太、少女甚至妈姐等女性观众都为之倾倒，得到了"戏迷情人"的美誉。

演薛伟光。

5月24日，电影《明星梦》上映，红线女、张瑛主演，导演左几、谭新风。

6月6日，电影《粉阵迷龙》上映，新马师曾、红线女、张活游主演，导演莫康时，编剧徐宁。

7月27日，电影《天堂春梦》上映，吴楚帆、周坤玲、张瑛、黄曼梨、红线女、卢敦主演，苏怡、左几、朱克、李亨、卢敦、谭新风等集体编导。

9月12日，电影《红白杜鹃花》上映，白燕、张活游、周坤玲、红线女、黄超武主演，导演珠玑。

9月12日，电影《张君瑞情杀贾宝玉》上映，新马师曾、秦小梨、红线女、何非凡、任剑辉、余丽珍主演，导演冯志刚，任护花、霍鹤侣编剧。

10月19日，电影《五姊妹》上映，吴楚帆、黄曼梨、红线女、小燕飞、周坤玲、张活游主演，秦剑导演兼编剧。在当时那种粗制滥造的风气之下，红线女能遇到编剧秦剑，仿似迷雾旅程中的孤舟遇到了一位熟悉航程的旅伴。在读剧本和对台词的过程中，红线女下定决心摆脱粗制滥造只为赚钱的电影拍摄，全副身心投入到自己喜爱的艺术创作中。

11月8日，电影《怪错有情郎》上映，新马师曾、红线女、容小意、伊秋水主演，导演吴回，编剧卢雨岐。

11月15日，电影《难为了妈妈》上映，吴楚帆、红线女、黄曼梨、容小意、伊秋水主演，导演关文清，编剧赵伟。

12月6日，电影《怨妇情歌》上映，吴楚帆、红线女、张瑛、小燕飞、黄曼梨主演，秦剑导演兼编剧。

12月15日，电影《第七奇人》上映，紫罗莲、红线女、罗品超主演，导演杨工良、梁琛，编剧尹海清、程刚。

12月29日，电影《红楼新梦》上映，张瑛、白燕、梅琦、红线女、张活游、吴楚帆、黄曼梨、周坤玲、小燕飞、丽儿、容小意、黄超武主演，导演吴回，编剧李晨风。

这十多部电影中，《天堂春梦》《红楼新梦》《怨妇情歌》都被公认为当年粤语片的佳作，《难为了妈妈》也属叫好叫座的影片，而红线女自己印象最深的却是《五姊妹》。

由于当时香港粤剧演员大量进入了电影界，拍粤语歌唱片很卖座，所以出现了一批电影商人中的个体户，他们挂个"公司"的招牌就去做没本钱的生意，靠手中掌握着一两个有点名气的演员，拿着个仅有剧情设想的"剧本"就去找美国、加拿大以及东南亚一带的片商卖"片花"[1]。拿着卖"片花"的钱回来拍片，成本已经足够，影片在香港放映所有收入就全是他们的利润。拍片时还要尽量缩短时间，节省开支，因而不顾影片的艺术质量，往往到拍戏时还没有完整的剧本，导演临时找来一张纸现编对话。如果是歌唱片就更省事，导演放录音带，让演员对口形，表演则任由演员自由发挥，他自己就到外边吸烟或干别的事去了。《五姊妹》的拍摄却是比较严肃认真的，红线女在这部电影中演一个朝气蓬勃、不慕虚荣、自甘清贫的小学女教师，红线女很喜欢这个人物和人物的性格。秦剑是一个年轻的编导，工作认真，在拍戏前就把编好的剧本分发给演员，还征求演员的意见进行修改，拍摄时善于对演员进行启发式的引导，对镜头的运用也时有新的创造。

---

[1] 即影片未拍先卖放映权。

1952年（28岁）

1月26日，电影《鸾凤和鸣》上映，张瑛、红线女、小燕飞、黄超武主演，秦剑导演，陈云编剧。

1月26日，电影《良宵花弄月》上映，红线女、新马师曾、张活游、周坤玲、羽佳主演，杨工良导演，凌云编剧。

2月10日，电影《从心所欲》上映，马师曾、新马师曾、红线女、梁醒波、冯应湘、李雁主演，珠玑导演。

3月9日，电影《佳偶天成》上映，何非凡、紫罗莲、红线女、吴楚帆、伊秋水、高鲁泉主演，左几导演兼编剧。

3月15日，电影《姊妹花》上映，红线女、吴楚帆、马师曾、黄曼梨主演，秦剑导演，李晨风编剧。

4月6日，电影《夜桃源》上映，吴楚帆、红线女、容小意、张瑛、伊秋水、冯应湘主演，导演左几，编剧史超。

5月16日，电影《飞来艳福》上映，新马师曾、红线女、梁醒波、刘桂康、李雁主演，珠玑导演，李寿祺编剧。

6月1日，电影《春色满华堂》上映，何非凡、红线女、新马师曾、丽儿、梅珍、郑惠森主演，冯志刚导演兼编剧。

8月7日，电影《契爷艳史》上映，红线女、罗剑郎、小燕飞、伊秋水、

粤剧电影《红白牡丹花》，红线女、马师曾、吴楚帆主演

梁醒波、马笑英主演，导演潘炳权，编剧唐龙。

8月21日，电影《七姐会牛郎》上映，新马师曾、红线女、李燕屏、莫蕴霞、唐秋萍、陈翠屏、李雁、林家仪、刘桂康主演，尹海清导演，吴其敏编剧。

8月22日，电影《卖花女》上映，红线女、梁醒波、伊秋水、刘桂康、姚萍、梁淑卿主演，杨工良、凌云导演。此剧根据查理·卓别林的电影《城市之光》改编。

9月4日，电影《红运妈姐》上映，红线女、白燕、小燕飞、黄超武、周坤玲、张活游、张瑛主演，珠玑导演，周郎编剧。

9月11日，电影《红白牡丹花》上映，吴楚帆、红线女、白雪仙、张活游、马师曾、黄曼梨主演，杨工良导演，吴其敏编剧。

10月2日，电影《新姑缘嫂劫》上映，新马师曾、红线女、张瑛、小燕飞、伊秋水、林妹妹主演，秦剑导演。

10月9日，电影《歌女红玫瑰》上映，红线女、张瑛、小燕飞、黄楚山、欣欣、南红主演，秦剑导演。

10月24日，电影《一丈红》上映，红线女、张瑛、周坤玲、冯应湘、黄楚山、梅珍主演，李铁导演，韩碧编剧。

11月13日，电影《一对胭脂马》上映，白雪仙、张瑛、红线女、任剑辉主演，吴回导演，卢雨歧编剧。

11月14日，电影《歌声泪影》（上集）上映，吴楚帆、红线女、黄曼梨、小燕飞、陆飞鸿主演，秦剑导演，李晨风编剧。

11月21日，《歌声泪影》（下集）上映，吴楚帆、红线女、黄曼梨、小燕飞、陆飞鸿、伊秋水主演，秦剑导演，李晨风编剧。

12月24日，电影《玉女凡心》上映，红线女、何非凡、吴楚帆、周坤玲、马师曾主演，李铁导演。

12月30日，电影《璧合珠联》上映，新马师曾、芳艳芬、红线女、何非凡、郑碧影、马师曾、梁醒波、黄超武主演。

红线女在与黄曼梨、吴楚帆合作中，得知他们正在筹划组织一个集体投

话剧《雷雨》,红线女饰四凤,张瑛饰周萍

资、制作严肃的中联电影公司[1]。红线女觉得中联的宗旨，正符合她对艺术工作的向往和追求，虽然参加了中联就要推掉许多容易赚钱的片约，这也在所不惜。于是她和马师曾一起参加了中联电影公司这个集体，当时该公司的演员有吴楚帆、张瑛、张活游、卢敦、容小意、黄曼梨、白燕、梅绮、周坤玲、紫罗莲、小燕飞等，编导有李晨风、吴回、秦剑、珠玑、王铿、刘芳、陈文、李铁、朱紫贵等。

这一年，红线女还与中联电影公司的演员，演出了曹禺的话剧《雷雨》。李日清饰鲁侍萍，黄曼梨饰繁漪，红线女饰四凤，卢敦饰周朴园，张瑛饰周萍，秦剑饰周冲，吴回饰鲁贵，谢益之饰鲁大海。导演是秦剑、吴回。这是红线女第一次演话剧。

同年，红线女和任剑辉、陈锦堂、白雪仙等演出了《女娲炼石补青天》等粤剧。

---

1 全名"中联电影企业有限公司"，是香港以拍摄粤语片为主的电影制片机构。它成立于1952年11月15日，1964年停止拍片，1967年正式关闭。该公司由它的成员自己集资组建。

1953年（29岁）

和电影一样，当时香港粤剧粗制滥造的情况也比较严重。演出的新戏剧本，往往要到演出的当天上午才能全部交到演员手上，下午主要演员、主要乐师对对"介口"[1]，主要唱段和新曲也在这时合合乐，其他只能晚上演出时"台上见"了。演员台词不熟就临时"爆肚"[2]，唱词不熟就把别的戏的唱词拿来搪塞，完全与演出的内容无关。由于大量拍摄粤语歌唱片，抢去了很多粤剧观众，使粤剧剧场上座不佳，一段时间出现过剧场一晚像放电影那样演两场大戏。天天赶新戏，都是这样匆匆看一次剧本就草草演出，有些戏基础较好，在一个月的班期中演过几次，当演员对人物、情节比较熟悉，可以对表演有所发挥和创造时，剧团又期满散班了，再搭新班，又是一次这样的恶性循环。在这种情况下，红线女不愿意随波逐流，浪费自己的艺术生命，她很希望有一个能够认真从事艺术创作的剧团，于是萌发了自己组织剧团的念头。

春节过后，红线女即着手组团工作，她首先找的是马师曾、薛觉先两位粤剧大师，薛、马都很赞成她的想法，同意参加剧团。接着，她又邀请了欧

---

[1] 粤剧多作"介"，又称"介口"。其原意是传统剧本中有关动作、表情、舞台调度或其他有关的舞台提示。
[2] 临时乱抓词。

粤剧《昭君出塞》，红线女饰王昭君

粤剧电影《蝴蝶夫人》，红线女饰蝴蝶

粤剧电影《慈母泪》，红线女、张瑛主演

马师曾、红线女在香港普庆戏院招牌照

阳俭、凤凰女、许英秀等人合作，剧团定名为"真善美"。有的人认为这不像个粤剧戏班的班牌，但红线女坚持她这个剧团就是要演真实反映社会、反映人生，激励人们向善、向上，并且有较高审美价值的戏，用这个名字就是旗帜鲜明地宣扬这种艺术主张。"四十年前，我在香港组成的真善美粤剧团，其宗旨是在继承粤剧传统的基础上决定在剧本、导演手法、表演以及唱腔音乐、舞美设计上，都作些改革创新的探索。"[1]

真善美剧团的第一个戏定为《蝴蝶夫人》，该戏是从欧洲歌剧改编而来，由马师曾和两个同行编写剧本。红线女演蝴蝶夫人[2]，马师曾演负心抛弃蝴蝶夫人的美国海军中尉，薛觉先演一位同情蝴蝶夫人的日本子爵。"建团第一个戏是《蝴蝶夫人》，该戏的主角是位日本妇女。我对剧中人物的生活习惯、舞台设计以及服装道具，都并不熟悉，于是决定到日本采风去。"[3]

为了把这个戏演好，红线女专程到日本做了为期45天的考察，她到过东京、大阪、神户、镰仓、宝塚、京都、奈良、富士山等地，留心观察、了解日本人的风俗习惯、生活方式以及行动举止、谈吐礼仪等。参观了松竹等电影公司，观看他们的布景制作，与日本电影演员交朋友，还到他们家中做客，观察日本人的家庭生活。她还在日本采购了一批戏中要用的服装、道具。为了这次考察，红线女花费了几万元，但她认为只要能把戏演好，花费了也值得。[4] 在日本的"生活学习和参观访问，确实有助于我在舞台上演出《蝴蝶夫人》的人物塑造；当时在舞蹈表演和唱腔音乐旋律方面的创新所获得的成功，至今仍使我感到喜悦和动情"[5]。

日本考察归来后，《蝴蝶夫人》就开始排练，红线女邀请了中联电影公司的4位导演吴回、李晨风、秦剑、王铿帮忙排戏。剧团没有排练场，每晚要等高升戏院散戏后才能借用它的舞台，从午夜排到天亮。

---

1 红线女. 红豆英彩：我与粤剧表演艺术及其他[M]. 广州：广东人民出版社.1998：178
2 一个日本艺伎。
3 红线女. 红豆英彩：我与粤剧表演艺术及其他[M]. 广州：广东人民出版社.1998：178.
4 红线女. 粤剧"真善美"剧团组织始末[J]. 人民戏剧.1981,(2)：55-57.
5 红线女. 红豆英彩：我与粤剧表演艺术及其他[M]. 广州：广东人民出版社.1998：178.

这个戏有许多在当时来说是比较新颖的艺术手法，演出时使观众耳目一新。比如蝴蝶夫人向美军中尉诉说她如何自小失去父母，由爷爷抚养长大时，舞台上出现一块银幕，蝴蝶夫人一边唱，银幕就配合她唱的内容，出现她与爷爷当年生活的画面[1]。蝴蝶夫人"盼夫归"的主题曲，采用了欧洲歌剧原来的乐谱，由音乐家卢家炽记谱填词，红线女用戏曲的唱法演唱，伴奏也是戏曲的伴奏。经过填词、演唱、伴奏后，其实已对原来的"洋歌"进行了一定的改造，编剧在这段"洋歌"之后衔接上【梆子慢板】，衔接得很自然，所以老观众听了觉得仍然是粤剧的味道，可以接受。而一些自小就读洋书的太太、小姐、少爷，听到在粤剧中唱出一段"洋歌"来，也觉得很新鲜。"外国歌剧中有一段主题曲'晴朗的天'，我专门请人把它翻译过来，用粤语演唱：（唱）'百物已是翻苏，燕子双双又依旧在道，心爱檀郎未见浮帆，愿酬情怀向谁诉。'完全是他们的腔调，但唱的是我们的粤曲。"[2] 在舞台美术方面，无论园林景物、室内布置都很能表现日本的特色，特别是蝴蝶夫人那个日本式家庭的场景很别致，也很好看。神坛上放着一把神刀，由于灯光使用得当，最初不为观众所注意，不影响表演，到蝴蝶夫人用它自杀时，灯光才把它凸显出来，达到灯光布景为表演艺术服务的目的。

从剧本编写到演员表演乃至音乐、舞美等各方面，《蝴蝶夫人》都做到精益求精。演出受到各方面的好评，上座很好。尽管剧团赚不了钱，但红线女还是很开心，她认为这是向自己的艺术理想迈出了可贵的第一步，在这一步里能得到这么多人的支持，取得这样的成绩，这个收获是用金钱买不来的。

这一年，真善美剧团推出的重头戏是《清宫恨史》。红线女饰珍妃，薛觉先饰光绪皇帝，南红饰瑾妃，马师曾饰李莲英，凤凰女饰慈禧太后，许英秀饰翁同龢，欧阳俭饰一个忠于光绪的小太监。人员搭配及角色分工可说是珠联璧合，演出满台生辉。在红线女的印象中，薛觉先演的光绪皇帝，是他抗日战争胜利回到香港后最精彩的演出，重现了他全盛时期的风采。马师曾演的李莲英，戏份不多，但演得十分出色，惟妙惟肖。直到20世纪80年代，

---

[1] 影片是事先拍好的。
[2] 安志强.徜徉在红腔乐海中[M].北京：中国文联出版社.2005：20.

真善美剧团排演的《蝴蝶夫人》，为香港剧坛注入了一股高雅清新之风

粤剧电影《慈母泪》，红线女、张瑛、黄楚山主演

粤剧《清宫恨史》,红线女饰珍妃(剧中珍妃扮光绪着"男装")

红线女还多次提到薛、马塑造的这两个人物："真可说前无古人，目前还未有来者。"

随后，剧团又排演了《昭君出塞》。这个戏是在越南南方堤岸市中国戏院首演的。演出虽不如《蝴蝶夫人》《清宫恨史》那么轰动，但剧中红线女唱的"出塞"一曲却大受欢迎，令人看到"女腔"从《一代天娇》的始创，到《昭君出塞》已经又跃上了一个台阶，正逐步走向成熟。《昭君出塞》中的"我今独抱琵琶望"更是成为脍炙人口的唱段，经久不衰。红线女说："《昭君出塞》的唱，要有一种远离故园的悲、离开父母的悲，离开汉宫的情，也有一股悲。它不是大哭大嚎，大喊大叫，而是很沉稳的，很实在的感情披露。"[1]

这一年红线女拍摄的电影有：

1月4日，电影《贴错门神》上映，红线女、张活游、伊秋水、黄楚山主演，秦剑导演。

2月8日，电影《慈善红伶歌唱大集会》上映，白雪仙、红线女、任剑辉、罗艳卿、新马师曾、周坤玲主演。

2月12日，电影《处处喜相逢》上映，吴楚帆、张瑛、红线女、伊秋水主演，王铿导演兼编剧。

3月11日，电影《玉梨魂》上映，吴楚帆、红线女、黄楚山、黄曼梨、容小意、小燕飞主演，李晨风导演兼编剧。

4月2日，电影《客串夫人》上映，张瑛、红线女、周志诚、梁醒波、小燕飞主演，秦剑导演。

4月5日，电影《檀岛佳人》上映，胡蝶影、红线女、罗剑郎、红蝶、谭秀珍主演，胡蝶影导演兼编剧。

6月28日，电影《慈母泪》上映，红线女、张瑛、黄楚山、周志诚、李月清、邓美美主演，秦剑导演兼编剧。

---

[1] 安志强. 徜徉在红腔乐海中[M]. 北京：中国文联出版社. 2005：23.

这些电影中,《慈母泪》被评为香港 1953 年度最佳粤语片。红线女在影片中饰演一个从少女到老妇的角色,通过这个妇女一生所受的磨难,一个幸福的家庭被毁灭,反映了当时社会的各种矛盾,控诉了那个社会的罪恶,使广大观众产生强烈的共鸣。当时香港"乐声——百老汇"院线是专放"头轮西片"的院线,它的老板看准了这部片有很高的上座率,破例让《慈母泪》在他们的影院放映,并让红线女随片登台会见观众,唱影片中的插曲,成为当时香港电影界、戏剧界的一大新闻。

真善美剧团彩排《清宫恨史》后全体人员合影（二排左起为南红、红线女、欧阳俭、薛觉先、马师曾、凤凰女、许英秀）

1954年（30岁）

红线女组班的真善美剧团，严肃认真的艺术创作，使她的表演艺术有了很大的提高，为香港剧坛献出了三个很有分量的戏。艺术创作取得很大的成功，但也使她非常劳累。每一个新戏从准备到演出，艺术的组织工作以至烦琐的事务工作，都要她亲自策划、操持，还需要她用拍电影所得的报酬为剧团添置戏服、制作布景等。很多日子都是日间拍电影，晚上演戏或排戏，弄到筋疲力尽。到第三届真善美剧团演出《心头一磅肉》[1]后，她已是身心交瘁，觉得身体无法支撑下去了。红线女意识到在香港这个地方，她在粤剧艺术方面很难有更大的发展，于是她一边治病休息，一边把工作重点转到电影方面去。

这一年红线女上映的电影有：

2月7日，电影《双凤迎龙》上映，红线女、马师曾、任剑辉、黄楚山、何少雄、邵铁鸿、周坤玲主演，莫康时导演。

2月12日，电影《流水行云》上映，邵铁鸿、红线女、小燕飞、黄楚山、黄曼梨主演，秦剑导演。

2月17日，电影《秋》上映，吴楚帆、张活游、红线女、容小意、林妹妹、

---

1 根据莎士比亚《威尼斯商人》改编，剧本不存。

粤剧电影《秋》，红线女饰翠环

中联电影公司《秋》开镜仪式（前排左二为红线女）

南红主演,秦剑导演兼编剧。

《秋》是红线女自己比较满意的电影作品。中联公司成立后,先后把巴金的《家》《春》《秋》三部小说都拍成电影。《家》和《春》的女主角由别的演员担任,红线女扮演了《秋》的女主角翠环。影片的内容、表演、制作都是严肃认真的,有较高的艺术质量,对当时的香港电影起到良好的影响。

4月2日,电影《人隔万重山》上映,红线女、张瑛、张活游、梅绮、李月清、石坚主演,吴回导演,程刚编剧。

4月29日,电影《家家户户》上映,张瑛、红线女、黄曼梨、叶萍、马笑英、李月清主演,秦剑导演,李炼(李亨、卢敦合作的笔名)编剧。

6月4日,电影《蛮女催妆嫁玉郎》上映,何非凡、红线女、梁醒波、容小意主演,唐涤生导演。根据唐涤生的同名粤剧改编。

7月1日,电影《大地》上映,红线女、吴楚帆、黄曼梨、汤剑庭、林家声、梅绮主演,李晨风导演兼编剧。根据赛珍珠(美)的长篇小说《大地》改编。

同年,《慈母泪》要在新加坡上映。红线女受邀到新加坡奥地安影院登台会见观众,并演唱影片插曲。在新加坡期间,红线女还为广肇医院筹款义演,与石燕子等粤剧同行演出《一代天娇》。[1]

---

[1] 曾石龙主编. 粤剧大辞典[M]. 广州:广州出版社. 2008:1137.

1955年（31岁）

年初

红线女与长城电影公司签订了长期合同，首次拍摄国语（即普通话，香港习惯称"国语"）电影。此前，红线女为学好京剧、昆曲，专门学了一年普通话，此次拍电影又派上了用场。这部国语片名叫《我是一个女人》，红线女在片中扮演一个年轻的女记者，婚后丈夫和婆婆都不愿意让她在外头抛头露面，要她回家专心做个家庭妇女。女记者有了一双儿女后，与丈夫之间的矛盾更多，甚至闹到要离婚的地步。由于女记者意志坚定，又得到儿女的支持，丈夫和婆婆只好妥协，让她回到新闻工作岗位。同年12月8日，该片在香港首映。后来又出了粤语版，

那时红线女已经回广州参加工作，她在片中角色的粤语配音，是长城公司请另一位女演员配的。那时长城公司的工作人员，很多都在上海从事过电影工作，与内地电影界还有密切联系。红线女在长城公司拍片时，经常听他们讲一些内地的情况，也能看到《人民画报》等介绍新中国形势的刊物，知道内地很重视文艺工作，戏剧、电影事业都很繁荣。又看见长城公司的人往来于内地与香港之间并没有出现什么麻烦事，当时流传的什么"铁幕""竹幕""能进不能出"等谎言不攻自破。

1月

1日，电影《爱》（上集）上映，张活游、红线女、李小龙、李菁、李铁、马师曾、梅绮、吴楚帆、白燕、小燕飞、黄曼梨、容小意主演，秦剑、李晨风、李铁、吴回、王铿、珠玑集体编导。

8日，电影《爱》（下集）上映，张活游、梅绮、红线女、白燕、李小龙、马师曾主演，秦剑、李晨风、李铁、吴回、珠玑、王铿集体编导。

2月

10日，电影《乡下佬游埠》上映，红线女、马师曾、梁淑卿、新马师曾、李雁主演，珠玑导演。

3月

2日，红线女与马师曾在香港中环关祖尧律师事务所协议离婚。[1]

3日，《工商日报》《工商晚报》等香港各大报纸大幅报道了马师曾、红线女离婚的消息，刊出了两人于3月2日签署的离婚声明。当日，电影《一代名花》上映，红线女、吴楚帆、黄楚山主演，秦剑导演，陈情女士（即秦剑）编剧。

之后，因拍摄国语片《我是一个女人》，红线女和黄河认识。

9月

红线女当时在香港正处在苦闷、彷徨之中，很想回内地看看，便找到熟悉的朋友——《大公报》负责人费彝民，请他帮忙安排回内地观光的事。红线女提出希望能到北京，并且表明："我是先回去看看，有让我好好工作的环境才回去工作，否则我还是要回香港的。"费彝民完全答应了她的要求，不久便替她联系、安排好了，让她在中华人民共和国成立6周年的日子，参加国庆观礼活动。红线女就和马师曾同行，动身前往北京。

---

[1] 马鼎昌.马师曾与红线女[M].香港：中华百科出版社.2016：115.

23 日，红线女从澳门回到内地，经过一天旅行，回到广州。[1]

25 日，下午一点半，乘粤汉铁路火车离穗赴京。

27 日在赴京的旅途中，红线女从火车列车员的服务态度、车厢的清洁程度，旅客的精神面貌，感觉到国家发生了很大的变化。在红线女1955年赴京日记《过黄河》一篇中，她这样描述黄河："任何人看了也不会想象得到，它会是那么凶的。对这杀人不计其数的凶手，过去国民党政府任它逍遥法外，没法擒拿，也就是说对黄河的整治束手无策。但解放后人民政府已订下了大计划进行大整治，将使这一本来害人不浅的家伙变成对千千万万人有利，为千千万万人服务。听说人民政府最近在建设一个大规模的水库，这是整治黄河的一项很大工程。这个水库建成后，不但可以拦蓄黄河的流水，而且它也变成一个风景优美的人造大湖，同时又可作水力发电的水源。这一切显出了人民政府什么也会干得好的，即使是废物也可把它变成有用的东西。"[2]

28 日，到北京后，周恩来在北京饭店宴请观礼代表，红线女第一次见到总理。总理和她亲切地握手、谈话。

10 月

1 日，红线女参加国庆观礼。在天安门的观礼台上，她见到了毛泽东及其他党和国家领导人。游行队伍经过天安门，那壮观的场面是红线女在电影里都不曾见过的。步伐整齐的解放军威武庄严，工人、农民以及各界人士组成的队伍，使人看到国家团结昌盛的面貌。红线女激动得热泪盈眶。

在观礼活动中，红线女认识了梅兰芳、程砚秋等京剧大师和茅盾、夏衍、欧阳予倩、田汉、曹禺等文学家、艺术家，还与越剧演员袁雪芬，舞蹈家戴爱莲等交谈了艺术问题。据袁雪芬回忆："初识红线女，记得是1955年，在田汉同志家里。田汉同志向我介绍了她，说她不顾有些人的阻挠，毅然决定从香港回来，很可贵。那时，她还年轻，只有28岁吧，不过已经有了十五六年的演出经历，足迹遍及港、澳和东南亚地区，拍过不少电影。对于

---

[1] 红线女小传·日记·文选. 香港影视出版社. 1982.
[2] 红线女. 红豆英彩：我与粤剧表演艺术及其他[M]. 广州：广东人民出版社. 1998：183.

红线女在回国初抵广州的座谈会上发言（左一为白驹荣）

这样一位历经坎坷、不断奋斗的女演员,我有着一种亲切感。"[1]到何香凝家中做客,再次见到许多文艺界的前辈,他们都热情而又诚恳地希望红线女能够回到新中国工作,使红线女激动得第一句话就说:"我回来晚了……"[2]

周恩来建议红线女到祖国各地去看看。她先在北京当地参观,认识了小白玉霜、关肃霜、袁雪芬、李世济、赵丹等人。"我首先在北京当地观摩了评剧,认识了评剧演员小白玉霜,她以前是抽大烟的,但是解放之后,她就戒掉啦……"[3]

她又去了哈尔滨、大连、天津、青岛、上海、杭州等地。在上海,红线女想起14年前第一次随靓少凤到此地演出,被汉奸逼得连夜逃命的事,不胜感慨,觉得新中国真是换了人间。在北京和广州,她先后看了北京评剧团的《秦香莲》和广东粤剧团的《搜书院》,了解到这些国营剧团有一套完整的行政、艺术机构,她觉得回来工作,可以摆脱一切烦琐的事务和种种干扰,可以集中精力进行艺术创作,工作条件比较符合自己的理想。在会见广东省省长陶铸时,红线女说自己决定要回来工作了,但希望能侧重在电影方面多一些。陶铸说:"粤剧需要你,你还是要干粤剧。至于电影工作,让你每年拍一部片是可以的。"[4]

由于有些签了合约的电影还未拍完,红线女必须把这些工作完成才能回来工作,于是她又回到香港。

27日,马师曾、红线女经澳门返回香港。[5]

11月

社会各处已传言红线女将回内地工作。"红线女出现市面,大购冬服,

---

[1] 《红线女艺术丛书》编委会编,论红线女舞台艺术[M].北京:奥林匹克出版社,1996:72.
[2] 徐城北.红线女速写[M].北京:奥林匹克出版社.1996:68.
[3] 谢彬筹、谢友良主编.红线女从艺七十年访谈录[M].广州:广州出版社,2009:9.
[4] 徐城北.红线女速写[M].北京:奥林匹克出版社.1996:69.
[5] 香港工商晚报[N].1955.10.28.

传将再赴大陆。"[1]

12月

14日，红线女在九龙站乘上午九点零五分的火车离开香港，携儿子鼎盛和爱女明明回到广州。其戏箱等装上早七点的火车运往深圳罗湖。[2]

19日，广东省、广州市文艺界150余人集会，欢迎马师曾、红线女回广州参加广东粤剧团[3]。红线女在广州又见到了很多老朋友和前辈，如1950年一起策划编演《珠江泪》的华南文联主席欧阳山；红线女初进电影之门时，曾对她循循善诱的导演苏怡；和红线女演完《清宫恨史》后于1954年先回到广州参加广州粤剧工作团的薛觉先；红线女幼年就看过他们的戏或学过他们的曲，但一直还没有机会合作的老前辈白驹荣、曾三多、李翠芳等；还有启蒙自己学艺的舅父靓少佳；十多年前曾同台演出，现在是自己舅母的郎筠玉；1942年把繁漪、关丽珍角色让给她的小飞红，以及在舞台演出或电影中合作过的罗品超、文觉非、吕玉郎、王中王、谭玉真等。

红线女把子女的生活稍加安顿后，就一头扎进广东粤剧团的练功场。为了方便练功和排戏，有一段时间索性住在剧团的集体宿舍里。当时在剧团担负培训工作的有粤剧、京剧、昆曲等许多剧种的著名表演艺术家，红线女和青年演员、学员一起，再度从基本功练起。从此，红线女的艺术创作又进入了一个新阶段。

这一年红线女拍摄的电影共12部，但当年上映的有：

4月6日，电影《人道》上映，吴楚帆、梅绮、黎灼灼、黄楚山、红线女主演，李晨风导演，郑树坚编剧。

5月19日，电影《富贵似浮云》上映，红线女、黄河、邓寄尘、何芙

---

[1] 香港工商晚报[N].1955.11.11.
[2] 香港工商晚报[N].1955.12.14.
[3] 中国戏曲志编辑委员会.中国戏曲志·广东卷[M].北京：中国ISBN中心出版社.2000：42.

莲、张作舟、黄楚山、梅绮主演，冯志刚导演，冯一苇编剧。在拍摄该片的过程中，红线女与黄河产生了一段感情。"当时黄河给我的印象，既不赌钱，也不抽烟，单身一个人租住着一个房间，生活算是简单的了，在拍戏的过程中，我和他有了感情，来往密切。"[1] 据《工商晚报》报道："在拍片工作之暇，二人谈笑甚相得，且黄河时教伊说国语。"[2]

5月26日，电影《两地相思》上映，红线女、黄曼梨、马师曾主演，吴回导演，吴丹（即吴天池）编剧。

9月29日，电影《天长地久》上映，红线女、吴楚帆、黄曼梨、黄楚山、姜中平、李月清主演，李铁导演，高煌编剧。该片改编自美国作家西奥多·德莱塞所著的小说《嘉丽妹妹》。

11月24日，电影《鸳鸯谱》上映，吴楚帆、红线女、邝山笑、林坤山主演，吴回导演，卢雨岐编剧。

12月7日，电影《后窗》上映，张瑛、高超、江一帆、莫蕴霞、周坤玲、红线女、马师曾等100多位演员参加演出，陈皮、珠玑导演，程刚、张纯编剧。该片的拍摄为了纪念1955年5月14日病逝的香港著名笑星伊秋水，在吴回的倡议下，聚集了著名的艺人拍摄成该片。影片所得用于伊秋水家属的生活教育费用。

12月9日，电影《我是一个女人》上映，红线女、傅奇、龚秋霞、萧芳芳主演，李萍倩导演，朱克编剧。

12月30日，电影《胭脂虎》上映，红线女、李清、卢敦、谢贤、李月清、高鲁泉主演，秦剑导演，程刚、陈情女士（即秦剑）编剧。

---

1 红线女（邝健廉）．红线女自传：1927—1956[M]．香港：星辰出版社．1986：78-79．黄河，原名黄世杰。
2 香港工商晚报 [N]．1955.6.20．

1956年（32岁）

1月

1日，文艺领导部门组织了元旦晚会，让马师曾、红线女与阔别5年的广州观众见面。晚会在岭南文物宫（即今文化公园）中心台演出，马师曾、红线女演出了《昭君出塞》之"出塞"。闻风而来的观众多达3万余人，整个文化公园人头攒动，水泄不通。[1]

春节

马师曾与红线女演出了回广州后的第一个戏——《昭君怨》[2]，红线女饰王昭君，马师曾饰汉元帝，何剑秋饰呼韩邪单于，李飞龙饰韩昌，刘美卿饰小黄门。该剧的《出塞》一折，后来成为红线女的保留剧目。《出塞》一曲，经过红线女多年锤炼，更加成熟，成为"红腔"代表作之一，被录制成唱片、磁带，在中国两广地区，港澳地区以及东南亚、美洲广为流行，是学习"红腔"者必唱的曲目。

春节期间，与粤剧界同人到广州郊区萧岗乡[3]向农民拜年。红线女撰写

---

1 徐城北. 红线女速写[M]. 北京：奥林匹克出版社. 1996：70.
2 马师曾根据三年前真善美演出的《昭君出塞》改写。
3 鸦片战争时组织平英团抗英的所在地。

了《我希望多到农村去》¹一文，谈她第一次看到经过土改、合作化后，农村新面貌的感受。

3月

中旬，为准备赴京演出，投入《搜书院》的排练。此次马师曾、红线女排练的《搜书院》对广东粤剧团原演出本做了较大的修改，由马师曾、杨子静、莫汝城改编。马师曾饰谢宝，红线女饰翠莲，李飞龙饰张逸民，何剑秋饰镇台，李翠芳饰夫人，尹伯权饰林伯。

在中国人民政治协商会议广东省第一届委员会常务委员会上，红线女被增选为中国人民政治协商会议广东省委员会、广州市委员会的委员²，同时被增选的还有马师曾等人。

4月

《搜书院》在广州演出，得到很高的评价。

29日，红线女随广东粤剧团赴北京公演，受到夏衍、田汉、马彦祥、周巍峙、朱光等人的欢迎³。当日晚，红线女与马师曾一道，参加电影工作者的盛大联欢晚会。该晚会是中国电影工作者联谊会筹备委员会为欢迎以拉德凯维超娃为首的波兰电影工作者代表团、以吴仰拿为首的缅甸电影代表团、以伊里·马里克为首的捷克斯洛伐克电影工作者代表团和苏联著名导演克里斯基以及其他电影工作者来中国访问而举行的⁴。

5月

月初，红线女随广东粤剧团到北京演出《搜书院》《昭君出塞》（折子戏）

---

1 载于1956年4月15日出版的《舞台与观众》。
2 人民政协广东省、广州市委员会，增选大批高级知识分子和港澳工商界人士为委员[N]. 人民日报.1956.04.01.
3 广东粤剧团到北京[N]. 人民日报.1956.04.30.
4 五个国家的电影工作者在北京举行联欢[N]. 人民日报.1956.04.30.

粤剧电影《搜书院》,红线女、马师曾、李飞龙主演。该片是我国历史上首部彩色戏曲艺术片

等剧。刘少奇、周恩来观看了演出。周恩来在看戏后到后台看望演员时对红线女说："你是拍电影的吧？看得出来。你唱得不错，你的表演内心活动很细致，这是电影演员的所长，你使用了很好。可是你现在是戏曲演员，是在表演舞台艺术，……舞台表演艺术是夸张的，你要注意用戏曲的表演手段，在舞台上把内心活动表现出来。"红线女此后几十年都牢牢记得周恩来的这番话，并把它作为党和人民对自己的要求与鞭策，作为指导自己在艺术实践上努力的方向。

据京剧表演艺术家尚长荣回忆："我记得我第一次看红老师戏的时候是1956年，在北京看的是《搜书院》。那时候我才17岁，虽然和广东语言有一点距离，但是我深深被广东粤剧的魅力，被马师曾老师和红线女老师他们精湛的演技所征服了。"[1]

17日，红线女参加由文化部和中国剧协召开的昆剧《十五贯》座谈会。周恩来在会上做了重要讲话，在谈到粤剧时说："粤剧也是受到批评以后奋斗出来的。广东粤剧团代表在中南区会演时受了批评，参加全国戏曲观摩演出后，回去就革新。1954年我看了粤剧，演得比较好，有很大进步。现在行家马师曾回来了，气象就更不同了，更提高了。粤剧也有它自身发展的历史，过去我们只看到它的缺点，要求过高，对粤剧的艺术性和人民性忽视了。现在他们埋头苦干，不怕受挫，和老艺人结合搞改革，局面立即改观，使粤剧发出新的光彩。……《十五贯》和《搜书院》在政协礼堂演出很受欢迎，剧场加座了，真是公道在人心。昆曲是江南兰花，粤剧是南国红豆，都应受到重视。"[2]

19日，红线女参加中国戏剧家协会为广东粤剧团到北京演出召开的座谈会，夏衍、田汉、梅兰芳、欧阳予倩、阿甲、叶恭绰、伊兵、张真、何为、龚和德等首都文艺界人士40余人出席了会议。座谈会肯定了粤剧在第一届全国戏曲观摩演出大会后进行改革的成绩，并赞扬马师曾、红线女主演

---

1 谢彬筹，谢友良主编. 红线女从艺七十年访谈录[M]. 广州：广州出版社，2009：17.
2 中共中央文献编辑委员会. 周恩来选集（下）[M]. 北京：人民出版社. 1984：194-195
150.

《搜书院》演出后,周恩来总理与红线女等演员合影

粤剧电影《搜书院》,红线女饰翠莲,李飞龙饰张逸民

的《搜书院》有很高的艺术成就。随后，首都各大报刊先后发表了梅兰芳《动人的喜剧〈搜书院〉》[1]、欧阳予倩《谈广东粤剧团演出的〈搜书院〉》[2]、叶恭绰《粤剧改革的新成就》[3]、阿甲《看广东粤剧团〈搜书院〉的演出》[4]、伊兵《〈搜书院〉——粤剧改革的里程碑》等评论文章。梅兰芳在文章中写道："红线女扮演的翠莲，表现出一个刚烈而又腼腆可爱的少女形象，在体现剧本所揭示人物思想矛盾的发展，更是细致深刻。她在柴房一场的独唱，表面上好像没有一个身段，其实处处是身段，时时有'脆头'。书房和最后一场两人'合扇'的身段都很优美精练。唱腔运用着正确的发音方法，并且也富有感情。"[5]

24日，周恩来为广东粤剧团题词："批判性地接受民族文化遗产，创造性地发展地方戏曲音乐，使祖国的文化艺术放出新的光彩。"[6]

在北京期间，马师曾和红线女登门拜访田汉。田汉把他在广州看《搜书院》后写的两首七律，分赠给马师曾和红线女。

赠红线女的诗是《看〈搜书院〉赠红线女（外一首）》：

> 五羊城看搜书院，故事来从五指山。
> 暗把风筝寄飘泊，不因铁甲屈贞娴。
> 歌倾南国刘三妹，舞妙唐宫谢阿蛮。
> 争及摩登红线女，佳章一出动人寰。[7]

赠马师曾的诗是：
> 明月长堤直到今，卅年两接绕梁音。

---

1 梅兰芳.动人的喜剧《搜书院》[N].北京日报.1956.05.06.
2 谈广东粤剧团演出的《搜书院》[N].人民日报.1956.05.14.
3 叶恭绰.粤剧改革的新成就[J].文艺报.1956,(11)：31–33.
4 阿甲.看广东粤剧团"搜书院"的演出[J].中国戏剧.1956,(6)：26–28.
5 梅兰芳.动人的喜剧《搜书院》[N].北京日报.1956.05.06.
6 中国戏曲志编辑委员会.中国戏曲志·广东卷[M].北京：中国ISBN中心出版社，2000；27.
7《红线女艺术丛书》编委会编.论红线女舞台艺术[M].北京：奥林匹克出版社.1996；4.

赵云拔剑情怀烈，谢宝听潮感慨深。

词里惯驱佣保语，诗成先使老妪吟。

香山佳句师曾剧，一样能抓大众心。[1]

在京演出期间，红线女结识了两位记者，一位叫华山，一位叫闻捷。[2]

6月

在上海公演《搜书院》《昭君出塞》等剧目。据袁雪芬《我认识的红线女》一文记载："红线女和广东粤剧团到上海来演出，我有机会从舞台上欣赏到她的表演。她在《搜书院》中饰演的女主人公丫鬟翠莲，非常生动可爱，看得出她致力于刻画人物的性格。粤剧传入上海是很早的，但解放后上海已没有专业的粤剧团了。这次的演出与过去人们印象中的粤剧有很大不同，展示出戏曲改革的优秀成果，也展现出红线女的艺术才华。"[3]

7月

公演结束后，红线女继续留在上海，配合上海电影制片厂拍摄戏曲电影《搜书院》，导演徐韬。拍片工作从7月23日开始，到11月才完成。红线女在文章中说："上海的天气真热，三十万支光的水银灯下更热。可是，为了完成人民交给我的工作，这一切还比不上我的心热。我衷心喜欢舞台上的生活，我也热爱水银灯下的生活。从心底发出欢乐的激情，我要歌唱祖国的繁荣、美好和幸福！感谢人民对艺术的重视和热爱，感谢同志朋友们对我的鼓励和关怀。这一切都增强着我向前的勇气，我决心把青春献给伟大的祖国。"[4]

---

1 田汉著；屠岸，方育德编．田汉全集（第12卷）[M]．石家庄：花山文艺出版社．2000：137．

2 红线女（邝健廉）．红线女自传：1927—1956[M]．香港：星辰出版社．1986：89．

3 《红线女艺术丛书》编委会编．论红线女舞台艺术[M]．北京：奥林匹克出版社．1996：72．

4 丹彤．搜书院．摄制点滴[J]．大众电影．1956,(18)：36–38．

马师曾（前排左二）、红线女（前排右二）到北京演出《搜书院》时在梅兰芳先生家门前合影

8月

在上海拍电影期间，红线女曾到北京参加全国音乐周，三次演唱《昭君出塞》。她清唱的粤剧《王昭君》中的选曲"昭君出塞"（马师曾撰曲），唱词虽然不长，却包括了【乙反长句二簧慢板】【乙反中板】【二簧慢板】【二簧滚花】【子规啼】和【塞外吟】等曲调。"红线女吐字多用真嗓，拖腔转用假嗓，真假嗓音结合得极其巧妙，越发显得字正腔圆、清脆婉转。这种唱法在粤剧界叫作'龙头凤尾'。红线女有着多方面的艺术才能，她擅长唱粤剧，也会唱京戏，对中、外音乐都有兴趣和一定的修养，而且善于吸取别人长处，来丰富自己。参加第一届全国音乐周的许多音乐家都赞美红线女的演唱方法。女歌唱家周小燕对记者说：'红线女的唱法有着独到之处。她非常自

然地把真声和假声混合运用，使音色丰富，更内在、更深刻地表达人物的情感.'今年6月间，红线女在北京演出时，梅兰芳也给她很好评价，曾在一篇文章中讲到她唱腔运用着正确的发音方法，而且富有情感。"[1]红线女把参加音乐周的感受写成《参加全国音乐周琐记》一文，发表于9月16日出版的《舞台与观众》。在全国音乐周中，承办方同时挑选了参加第二年世界青年联欢节艺术竞赛的节目，红线女的《昭君出塞》入选。

在拍片期间，红线女还向俞振飞、朱传茗学了全本吹腔《贩马记》。"拍电影的时候她作为女主角，镜头是非常多的，非常辛苦。但是她在拍戏的空当之中，居然能找到俞振飞、朱传茗，这些名师学了崔康全套的《贩马记》，在粤剧叫作《桂枝写状》……她竟然在这样的劳累当中，能在空隙之中找到他们学习。"[2]

10月

当月联合马师曾向《南方日报》汇去2000元钱，以慰问和救济九龙受害同胞[3]。其中1000元给香岛中学重建校舍，另1000元给在九龙暴乱中受难的同胞和家属[4]。

31日，薛觉先逝世，马师曾、红线女参加悼念活动。[5]

11月

9日，中国剧协广州分会召开座谈会，欢迎红线女、马师曾完成彩色艺术片《搜书院》拍摄任务，从上海归来。[6]

---

1 红线女在音乐周上清唱粤剧[N].人民日报.1956.08.15.
2 谢彬筹，谢友良主编.红线女从艺七十年访谈录[M].广州：广州出版社,2009：62.
3 1956年10月10日，香港九龙地区发生由国民党特务分子策划的大规模暴乱，港英当局称之为"九龙暴乱"。
4 慰问和救济九龙受难同胞.南方日报收到大批来信和捐款[N].人民日报.1956.10.25.
5 马鼎昌.马师曾与红线女[M].香港：中华百科出版社.2016：227.
6 中国戏曲志编辑委员会.中国戏曲志·广东卷[M].北京：中国ISBN中心出版社,2000：44.

1955 年拍摄并于这一年上映的电影有：

2月22日，电影《原野》上映，吴楚帆、红线女、张瑛、黄曼梨、黄楚山、吴回主演，吴回导演，亚文编剧。

2月26日，电影《西厢记》上映，红线女、张活游、梅绮、少新权、马笑英、阮兆辉主演，吴回导演。

3月29日，电影《火》上映，红线女、张瑛、梅绮主演，左几导演，何愉（即左几）、江扬编剧。

5月10日，电影《桃花依旧笑春风》上映，红线女、张瑛、梅绮、黄曼梨、黄楚山、李鹏飞主演，珠玑、吴回导演，卢雨歧编剧。

1957年（33岁）

2月

春节期间，广东粤剧团在广州人民戏院上演了《苦凤莺怜》。《苦凤莺怜》是马师曾、红线女多年合演的马派保留剧目，原编剧为骆锦卿，剧本后经马师曾多次加工，也是1924年马师曾在人寿年班的成名之作。此次演出经马师曾再次修改整理，将原剧20多场改成5场整本戏[1]。马师曾饰余侠魂，红线女饰崔莺娘，李翠芳饰冯彩凤，李飞龙饰马元钧，何剑秋饰巫山知县。"红线女从1942年就开始演这出戏，她曾扮演过剧中不同的角色，这次她扮演的是崔莺娘。"[2]

3月

演出经过整理的传统剧目《桂枝写状》。红线女饰李桂枝，马师曾饰赵宠，何剑秋饰李奇，李飞龙饰李保童。

---

1 曾石龙主编．粤剧大辞典[M]．广州：广州出版社．2008：116．
2 粤剧舞台的春色[N]．人民日报．1957.02.11．

4月

3日,《人民日报》刊登了屠岸的《对两部戏曲影片的一些浅见》[1],对红线女与马师曾的戏曲电影《搜书院》发表了评论。

5月

1日,《中国电影》杂志刊登了红线女的文章《我拍"搜书院"时所想到的》[2],文中谈了她对戏曲艺术从舞台到银幕转换的看法。

6月

7日,随广东粤剧一团到广东省台山县(今台山市)演出并考察,同行的还有马师曾、李翠芳等人。当晚,演出《搜书院》,得到了归侨、侨眷的好评。

同日,《南方日报》举办的"最受欢迎的粤剧和演员"投票结果揭晓。观众从1956年6月至1957年3月在广州上演的粤剧中,选出最受欢迎的5个剧目,其中《搜书院》位居榜首[3];最受欢迎的10名演员中,红线女名列第一[4]。

与此同时,红线女在《搜书院》中的唱段,如"初遇诉情""柴房自叹"等,已在城乡广为传唱,戏曲艺术片的放映,又引起很大的轰动,但她并没有陶醉在一片赞誉的掌声中,她从去年周恩来看了戏后对她说的一番话看到自己的不足,更加刻苦练功,更加虚心向老前辈学习,向兄弟剧种及其名家学习。

10日上午,红线女同李翠芳来到水南乡新民合作社,访问了几户侨眷,了解他们的生活和劳动情况。"红线女一边帮侨眷剥红豆,一边和他们畅谈了一个钟头。"[5]

---

1 对两部戏曲影片的一些浅见[N]. 人民日报.1957.04.03.
2 红线女. 我拍"搜书院"时所想到的[J]. 中国电影.1957,(4):30–31.
3 以下依次是《鸳鸯玫瑰》《附荐何文秀》《牡丹亭》《花王之女》。
4 以下依次是吕玉郎、林小群、罗品超、文觉非、马师曾、郎筠玉、罗家宝、白驹荣、靓少佳。
5 钟阳. 红线女、马师曾在台山[J]. 侨务报.1957,(8):34–35.

11日，红线女、李翠芳等人又参观了台城的冰厂、水电厂、烟丝厂、印刷厂和侨眷养蓖麻蚕的合作小组。"参观回来，红线女津津乐道地谈着蓖麻蚕小组，她说：'蓖麻籽可榨油，树皮可做绳，树叶可养蚕，而蚕又可以吞丝，这种生产大有发展前途！'"[1]

7月

11日，红线女随中国青年艺术团赴莫斯科参加第六届世界青年与学生和平友谊联欢节。19日抵达莫斯科。艺术团中的戏曲演员还有杜近芳、关肃霜、马长礼、郝庆海、李世济等。程砚秋是联欢节艺术比赛的评委，亦随团同行。红线女认为这是向程先生和同行们学习的好机会，在出国这段时间内，她抓紧一切机会向程先生请教，与同行们切磋。

在联欢节期间，红线女以《昭君出塞》《荔枝颂》两首曲参加了东方古典歌曲比赛。"在青年联欢节上，红线女、红旗袍、《昭君出塞》、《荔枝颂》果然引起轰动，真是美视美听，使多少黑皮肤、白皮肤、蓝眼睛、黄头发、黄皮肤倾倒。"[2]《昭君出塞》用低回、抑郁的行腔，如怨如慕，如泣如诉地抒发王昭君去国怀乡，纵有重重悲愤，却受到种种压抑的感情，描画出面前漫漫黄沙，身后遥遥故国，王昭君带着悠悠愁绪，踏向寂寂荒途的情景。《荔枝颂》则借鉴花腔女高音的唱法，表现一个叫卖荔枝的小姑娘。音色丰富、清脆，声音灵活、婉转而富有弹性，行腔吐字如缕贯珠，字字晶莹圆润，迂回转折之间一气连成。最后一句"卖荔枝"，把"枝"字无限延长，由强而弱，其声似无还有，欲断犹连，突然翻起一个高腔的滑音，随即戛然而止，曲终而余韵无穷。两曲风格迥异，充分体现了"红腔"总是随着所塑造的人物感情、性格、遭遇的不同而有不同风貌的特色，显示了红线女能够运用丰富而多变的歌唱音色，创造出不同的歌音风格，鲜明地表现她饰演的角色性格感情的深厚功力。

---

1 钟阳. 红线女、马师曾在台山[J]. 侨务报. 1957,(8)：34-35.
2 谭志湘. 南天一抹嫣红. 红线女的艺术生活[M]. 北京：作家出版社. 1998：85.

8月

8日，红线女荣获联欢节艺术比赛金质奖章，其间受到程砚秋的指导并与其他同行切磋，收获颇丰。

从莫斯科回来后，红线女撰写有《游苏日记》[1]《在欢乐的莫斯科》[2]《苏联是个幸福的国家》[3]等文。

9月

9日至21日，红线女参加中国妇女第三次全国代表大会，并在会上发言[4]。

10月

2日起，粤剧戏曲艺术片《搜书院》在香港20多家电影院同时放映[5]，半个月内观众达60多万人次，相当于这一年上半年在香港最卖座的6部美国电影的观众总和。

11月

3日，《人民日报》刊载红线女抒写的《莫斯科》一文：

> 我曾光荣地到过莫斯科，
> 在那里我受到深刻的教育。
> 全世界爱好和平的青年，
> 在那里手牵手地沐浴着阳光，
> 合唱着和平、友谊的赞歌！

---

1 红线女.游苏日记[N].羊城晚报.1957.10.07（连载，共十八则日记）
2 红线女.在欢乐的莫斯科[J].南国戏剧.1957.1.
3 红线女.苏联是个幸福的国家[J].少先队员.1957.21.
4 许多代表在全国妇代会上开始发言，向妇女界右派分子展开说理斗争，大会以巨大热情来接受各国妇女代表的祝贺[N].人民日报.1957.09.11.
5 彩色片《搜书院》轰动香港影坛[N].人民日报.1957.10.06.

红线女在苏联农业展览馆前留影

红线女赴莫斯科参加第六届世界青年联欢节东方古典歌曲比赛

莫斯科，这庄严的城市，
给文化艺术点缀得更加美丽。
在广阔的舞台上，
我看到了《欧根·奥涅金》的上演，
也听到了《茶花女》动人的台词。
《睡美人》这一舞剧使人神迷，
《罗密欧与朱丽叶》更使我倾慕。
这些精湛的艺术啊，
正是我们学习的好榜样！
祖国嘱咐我把歌儿唱到莫斯科。
我不过是一个艺术学徒，
我觉得自己是幼稚而渺小。
我诚挚而谨慎地歌唱了，
一个老太太上前抱着我，
说她为歌声所感动，
其实，被感动的应该是我，
那老太太，是友谊的化身，
是人类母亲的化身呀！
就是莫斯科，这和平的心脏，
给我以无限甜美的回忆；
无数善良的人民，
给我以春天常在的温暖。
对于我们，
莫斯科是一种鼓舞前进的力量。[1]

---

1 红线女. 莫斯科[N]. 人民日报.1957.11.03.

秋、冬

红线女先后演出了《刁蛮公主》和《孟姜女》。

《刁蛮公主》是马师曾、红线女多年合演的马派保留剧目《刁蛮公主戆驸马》中的一折。红线女饰凤霞公主,马师曾饰驸马孟飞雄。

《孟姜女》,根据传统剧目重新编写。红线女饰孟姜女,李艳霜饰范喜良。红线女在排练这个戏时,还专程向程砚秋请教孟姜女万里寻夫登山涉水的表演身段。

《桂枝告状》,红线女饰李桂枝,马师曾饰赵宠

在北京，邓颖超招待电影界的朋友（左起为张瑞芳、舒绣文、白杨、秦怡、赵丹、红线女）

红线女祝贺泰国皇宫歌舞团演出成功

粤剧《昭君出塞》,红线女饰演王昭君

1958年（34岁）

春节

红线女与马师曾一起，到滨海的广东省珠海县（今珠海市）为那里的渔民和边防、海防战士演出[1]。

4月

广东粤剧团与广州粤剧工作团合并，组成广东省粤剧团。

3日，在广州为前来访问的波兰政府代表团演出《搜书院》[2]。

7月至9月

7月30日至9月11日，红线女加入广东粤剧出省参观学习团，到武汉、北京、沈阳、抚顺、鞍山、旅大、烟台、青岛、济南、上海、杭州等地参观祖国工农业建设成就，同时观摩了楚剧、汉剧、京剧、昆剧、评剧、吕剧、五音戏、柳腔、茂腔、锡剧、沪剧等众多兄弟剧种的演出。在北京期间，周恩来接见了参观学习团，钱俊瑞、夏衍、刘芝明和田汉等同志与参观团座谈

---

1 排演好戏，春节下乡[N]. 人民日报.1958.01.25.
2 波兰政府代表团在武汉参观后到广州[N]. 人民日报.1958.04.04.

了粤剧改革问题。[1]

在人民日报出版社出版的郭沫若诗集《百花齐放》中，郭沫若赞颂红线女道：

> 荷包牡丹。
> 有一位同志把我们比成红线女，
> 但我们却没有红线女那片歌声，
> 那真是荡气回肠，可以绕梁三日，
> 那真是清彻于玉，可以响过行云。

这一年，蒋介石在台湾要"反攻大陆"，广东省粤剧团在9月中旬将排演大型现代戏《东海最前线》。该戏是根据同名话剧改编，讲述我东海前线军民团结，全歼窜犯大陆的国民党武装匪特。这个戏人物很多，戏比较分散，没有能充分发挥红线女唱做艺术的角色，她主动要求饰演一个戏不多的女民兵杨赛英。参加这个戏演出的演员还有李艳霜（饰渔村党支部书记李芳）、练玲珠（饰青年渔妇林杏）、曾逸云（饰被敌人俘掳去的渔民陈福来）、区少基（饰老渔民赵三叔）、尹伯权（饰老渔民陈老头）、黄洁屏（饰老渔妇陈大婶）、仇小冰（饰渔女陈茶花）、谭朗标（饰解放军团长）、叶伟雄（饰解放军战士陈启祥）、薛觉明（饰装疯的渔霸儿子）、梁国雄（饰武装匪特连长）、陈醒章（饰美国顾问）等。

9月8日晚，广州市粤剧界参观团在浙江胜利剧院举办了一场粤曲清唱演出，受到千余观众的热烈欢迎。他们演唱了《孔雀东南飞》等优秀传统曲子，又演唱了自己创作的宣传当前形势的曲子。马师曾、红线女对唱了《一定要解放台湾》《美帝滚出去》等。[2]

9月19日，红线女与楚岫云分别到剧场、电台演唱声援黎巴嫩和伊拉克人民正义斗争的新粤曲，并写诗警告美、英帝国主义。他们拿起文艺的武

---

[1] 中国戏曲志编辑委员会. 中国戏曲志·广东卷[M]. 北京：中国ISBN中心出版社. 2000：46.
[2] 反侵略怒潮席卷全省[N]. 浙江日报. 1958.09.09—1958.09.10（第6版：插图新闻）

器，声援中东人民的正义斗争。

10月

根据田汉同名话剧改编的《关汉卿》投入排练，准备为庆祝广东粤剧院成立演出。马师曾、杨子静、莫志勤编剧。马师曾饰关汉卿，红线女饰朱帘秀，林小群饰赛帘秀，区少基饰王和卿，少昆仑饰王著，薛觉明饰叶和甫，黎国荣饰阿合马。

11月

1日，广东粤剧院成立。《关汉卿》正式公演。

红线女在剧中塑造了朱帘秀这个光彩照人的艺术形象，是她表演艺术的一次很大飞跃。她深刻、准确地刻画了朱帘秀这个"身落风尘不记年"的行院歌伎的性格。朱帘秀第一次出场，念上场引子时，使用了一个缓慢而悠长的花腔，层层起伏，叠叠盘旋，有一种荡气回肠的力量，仿佛多年郁结在她心底的辛酸、苦痛、愤懑、哀伤，都通过这一声长长的叹息，倾吐了出来。关汉卿的关怀、指引，使她因身受多年磨难而冷却的心又重新发热。她对元朝统治者的反抗，有时比关汉卿还要激烈。她的尖锐又正好衬托了关汉卿的稳重成熟。关汉卿、朱帘秀与统治者抗争并受到迫害，马师曾和红线女在旧社会里都有过类似的经历，红线女还说"这个剧本好像是艺人的回忆录"[1]。因此他们塑造的两个艺术形象，感情真实而充沛。在"决写《窦娥冤》"中，一个说"我写！"，一个说"我演！"；在抗拒阿合马勒令修改《窦娥冤》词曲时，一个说"一句也不能改！"，一个说"只字也不能改！"，都凝聚了他们对反动统治者仇恨、愤怒和抗争的强烈感情，字字掷地有声。每次演到这里，剧场都响起了热烈的掌声。关汉卿与朱帘秀在斗争中相互支持，相互关怀、鼓舞，当元朝统治者以泰山压顶之势，降下"恶言犯上"的罪名，两人争相出头，要独自承担，这种生死与共的战斗情谊，既慷慨激昂，又缠绵悱

---

[1] 莫汝城著．红派艺术浅探[M]．广州：广东人民出版社．2009：152．

侧，表演得更是真挚动人。在戏剧矛盾发展中，红线女饰演的朱帘秀总是恰如其分地置自己于陪衬的地位，以突出关汉卿的形象，即使在"蝶双飞"一大段戏中，关汉卿只有动作，没有唱词，形象还是那么突出。马师曾功力深厚，红线女衬托成功，收到珠联璧合的效果，使整个戏的演出达到完美的境界。"蝶双飞"一场，以诗、歌、舞三者高度结合的手段，把关汉卿、朱帘秀爱憎分明的生活态度，为坚持共同的信念、誓同生死的战斗情谊，笑迎风暴，坚信正义终要战胜邪恶的乐观主义精神，都表现得淋漓尽致，造型、身段、唱词都给人以一种美的享受，成为粤剧艺术的珍品。"蝶双飞"一曲是田汉作词，红线女独唱，被誉为"田词红腔，一曲难忘"[1]。

27日至28日，周恩来陪同时任朝鲜首相金日成到广州，其间在广州军区礼堂看了《关汉卿》，金日成随即邀请马师曾、红线女带领剧团到朝鲜访问演出。周恩来看戏后对马师曾、红线女谈了他的意见，他认为朱帘秀能够脱籍随关汉卿南下，在当时的历史条件下比较难于做到。现在这个带喜剧性的结局也未能更深刻地揭露元朝统治者的残酷，建议是否考虑改为悲剧性的结局，朱帘秀不能脱籍与关汉卿一起走[2]。马师曾、红线女听了周恩来的意见后，随即着手对《关汉卿》进行修改，并为出访朝鲜做准备工作。

12月

上旬，1958年11月28日至12月10日中国共产党第八届中央委员会第六次全体会议在湖北武昌举行。马师曾、红线女率领广东粤剧院一团专程到武昌，为中国共产党八届六中全会演出《关汉卿》。毛泽东、刘少奇、周恩来、朱德等人出席观看。[3]

1957年，毛泽东在广州看了红线女演出的《昭君出塞》后，曾邀她共

---

1 中国戏曲志编辑委员会. 中国戏曲志·广东卷[M]. 北京：中国ISBN中心出版社. 2000：123.

2 中国戏曲志编辑委员会. 中国戏曲志·广东卷[M]. 北京：中国ISBN中心出版社. 2000：123.

3 中国戏曲志编辑委员会. 中国戏曲志·广东卷[M]. 北京：中国ISBN中心出版社. 2000：47.

进晚餐，称赞她于 1955 年从香港回广州工作很对、很好！当时红线女对毛泽东说，她回来不久，不知道应该怎样做好工作，请毛主席写几个字给她作为座右铭，毛泽东答应了，还教导她要做一个劳动人民的演员，多下去，闻闻泥土气息，一辈子为人民服务。此次红线女在武昌见到毛泽东，又向他提到题词的事。当晚，毛主席欣然挥笔，给红线女书赠鲁迅《自嘲》诗两句："横眉冷对千夫指，俯首甘为孺子牛。"并在诗前写了一段类似小引的文字："一九五七年，香港有一些人骂红线女，我看了高兴，其中有黄河。他骂的是他自己，他说他要灭亡了。果然，已经在地球上被扫掉，不见了所谓黄河。而红线女则活着，再活着，更活着，变成了劳动人民的红线女。一九五八年，在武昌，红线女同志对我说：写几个字给我，我希望。我说：好吧。因写如右。 毛泽东，一九五八年十二月一日。"[1]

　　这一年，红线女还参演了以下剧目：

《拾玉镯》，根据京剧改编的折子戏。红线女饰孙玉姣，马师曾饰刘大娘，区少基饰傅朋。

《三娘教子》，粤剧传统戏，1958 年广东省粤剧团一团演出本由马师曾整理改编。红线女饰王春娥（三娘），马师曾饰薛保。

《屈原》，根据郭沫若同名话剧改编。马师曾饰屈原，红线女饰婵娟。"婵娟在戏中是个配角，戏不多，但也留下来一段很好听的《橘颂》唱腔。"[2]

《红花岗》，反映 1927 年广州起义的大型现代戏。罗品超饰张胜，红线女饰尤大姐，郑绮文饰周英。

---

1 毛泽东. 建国以来毛泽东文稿（第 7 册）[M]. 北京：中央文献出版社 .1992：618.
2 徐城北. 红线女速写 [M]. 北京：奥林匹克出版社 .1996：83.

红线女（前排左二）在北京拜访田汉（二排右二）、欧阳予倩（二排右一）等人

粤剧《关汉卿》，马师曾饰关汉卿，红线女饰朱帘秀

粤剧《屈原》,红线女饰婵娟(右一),马师曾饰屈原(中),陈笑风饰子兰(左一)

粤剧《红花岗》,红线女饰尤大姐,罗品超饰张胜

粤剧《智取揭阳城》，红线女回国后第一次参加合作编剧，由广东省粤剧团演出

粤剧《三娘教子》，红线女饰三娘，马师曾饰薛保，张玉珍饰倚哥

1959年（35岁）

2月

红线女在继续演出《关汉卿》等剧的同时，重新排演经过加工修改的粤剧《红花岗》。此一稿红线女改演打进敌人保安大队当秘书的地下党员周英。她原演的尤大姐一角先后改由楚岫云、郎筠玉饰演。

17日，《人民日报》刊载红线女的文章《我对运用传统艺术技巧的看法》。她结合自己排演现代戏的体会，探讨了在戏曲现代戏中运用传统技巧的问题："现代戏的艺术技巧需要进行大胆的创造，这是无须怀疑的。但是创造不但不能排斥传统的艺术技巧，而且必须从传统出发，在传统的基础上进行'推陈出新'。如果完全离开传统，就会有失去戏曲特性的可能。比如粤剧，完全不要原有的曲牌、做法、腔调等，就很难说它是粤剧了。对于一个演员来说，完全离开传统的技巧，在念曲、舞蹈、动作等上都换上一套新的东西，演起戏来一定会感到生疏烦难，决不可能把戏演得又工又巧。而对观众来说，因为一旦把他们所喜闻乐见的东西都抛除，也会使他们感到不习惯和不满意的。"[1]

---

[1] 红线女. 我对运用传统艺术技巧的看法[N]. 人民日报.1959.02.17.

5月

2日至3日,红线女参加中国文联全国委员会扩大会议,讨论贯彻文艺方针问题[1]。

7日,红线女在《羊城晚报》发表《在人民的舞台上》[2]一文,记述一个海外的艺友,和她在舞台上阔别三年,这次回来看了她演出的《关汉卿》,她的进步使那位艺友大感意外。那位艺友很坦率地说:"过去你在舞台上的工作,是使人感觉不够满意的",而三年后却"差点使我看不出就是你啊"!"你们在这幸福的社会里工作,被栽培,受重视,啊!真使人羡慕极了。"那位艺友这番话,反映了红线女回到新中国三年,工作学习都有无比优越的条件,加上她个人的虚心、勤奋,在人民的舞台上、艺术上突飞猛进。

6月

月初,广东粤剧院成立青年训练班。红线女是该班负责人之一,开始致力于培养粤剧事业接班人的工作。

19日,红线女到北京和瞿白音[3]等人一起拜访田汉。红线女同田汉谈了《关汉卿》在广州演出的情况,还清唱了《蝶双飞》和《沉醉东风》两曲。田汉十分赞赏。几天前,出席周恩来举行的一次外交宴会时,田汉就听总理建议过粤剧《关汉卿》结尾修改的事,此时又仔细倾听红线女转述的周恩来的意见,他一边听一边点头。红线女还提出,希望田汉能亲自动笔,使结尾改得比现在粤剧本更完美。

7月

下旬,《关汉卿》在北京公演,田汉一连看了三次,并于8月4日在《人民日报》发表《送〈关汉卿〉访朝》一文。篇首是一阕调寄[菩萨蛮]的词:

---

1 文联召开全国委员会扩大会议,讨论贯彻文艺方针问题[N].人民日报.1959.05.05
2 红线女.在人民的舞台上[N].羊城晚报.1959.05.07.
3 瞿白音(1910—1979)著名戏剧、电影艺术家。参见北京语言学院《中国艺术家辞典》编委会编.中国艺术家辞典·现代(第2册).长沙:湖南人民出版社.1981:279-281.

"马红妙技真奇绝，恼人一曲双飞蝶！顾曲尽周郎，周郎也断肠。卢沟波浪咽，似送南行客，何必惜分襟，千秋共此心。"[1] 田汉在文章中还说："他们的演技，特别是红线女的《蝶双飞》的歌唱，给了我们稀有的艺术激动。""作为剧作者和歌词作者我是感谢红线女同志的，她把原词全唱了，而且唱得那么动人！"[2] 田汉一年前看北京人艺话剧《关汉卿》彩排后曾写有一首七律，最后两句是："毕竟蝶双飞愿遂，好收红泪上征鞍"，咏的是关汉卿、朱帘秀双双南下的喜剧结尾，此次题词"卢沟波浪咽，似送南行客，何必惜分襟，千秋共此心"，咏的则是关汉卿独自南下的悲剧结尾。可能由于粤剧《关汉卿》几天后就启程赴朝鲜演出，田汉来不及动笔修改，但从这首词可以看出，田汉是同意作悲剧结尾的。同年，田汉还写有七律《观马师曾、红线女演〈关汉卿〉》：

> 生死同心彩蝶双，缠绵慷慨杂苍凉。
> 拼将眼底千行泪，化作人间六月霜。
> 情种未妨兼侠种，柔肠真不愧刚肠。
> 他年若写梨园史，欲使关田共一章。[3]

关于此次公演，其他评论文章还有韩北屏《一曲难忘〈蝶双飞〉——谈粤剧〈关汉卿〉》[4] 李凌《艺术的魅力在哪里？——听红线女歌唱杂谈》[5] 等。

8月

6日，应朝鲜民主主义人民共和国金日成首相的邀请，在院长马师曾，副院长红线女的带领下，广东粤剧院吕玉郎、林小群、靓少佳等一行50多人，

---

1 《红线女艺术丛书》编委会编.论红线女舞台艺术[M].北京：奥林匹克出版社.1996：4
2 田汉.送《关汉卿》访朝[N].人民日报.1959.08.04.
3 田汉著.田汉诗选[M].北京：人民文学出版社.1982：142.
4 一曲难忘《蝶双飞》——谈粤剧《关汉卿》[N].人民日报.1959.07.21.
5 艺术的魅力在哪里？——听红线女歌唱杂谈[N].人民日报.1959.07.28.

启程赴朝鲜进行访问演出。

本月，红线女还发表了《谈粤剧唱工》[1]一文。她根据自己的体会谈了苦学和苦练，学习、继承、革新以及根据不同人物的思想感情应有不同唱法等多方面的经验。

9月

从8月7日至9月17日，在朝鲜的42天中，马师曾、红线女一行访问了平壤、咸兴、兴南、元山、开城、新义州6个城市。红线女演出了《关汉卿》《搜书院》《昭君出塞》《三娘教子》等剧目，共33场。他们在平壤参加了朝鲜的国庆节演出，金日成接见了马师曾、红线女等主要演员[2]。"金日成主席又一次看了我们演出的《关汉卿》，他像一位老观众，不时地向他身旁的人做讲解。当时的情景，给人一种热乎乎的亲切感。"[3]

9月下旬，返抵北京。

10月

红线女在北京参加庆祝中华人民共和国建国10周年系列活动。作为国庆献礼，红线女等人演出了《关汉卿》和《搜书院》。"从朝鲜回到北京，喜逢中华人民共和国建国10周年，我们荣幸地在天安门观礼台上看到壮观的游行队伍，观赏辉煌璀璨的焰火。周总理还给了我们为从世界各地来观光的华侨演出的光荣任务。"[4]

11月

红线女随剧团到海南岛的海口、石碌、三亚、那大等地慰问边防部队并

---

1 红线女.谈粤剧唱工[J].戏曲音乐.1959.8.
2 周丽娟编著.中国戏曲艺术对外交流概览（1949—2012）[M].北京：文化艺术出版社.2014：3.
3 红线女.红豆英彩：我与粤剧表演艺术及其他[M],广东人民出版社,1998：156.
4 红线女.红豆英彩：我与粤剧表演艺术及其他[M],广东人民出版社,1998：156.

为当地群众公演,当时在海南岛的刘少奇等国家领导人出席观看演出。

12月

12日,电影《新蝶双飞》在香港首映。该片由香港鸿图电影公司制作,罗君雄导演,取《关汉卿》中的"蝶双飞"一段拍成电影。

本月,红线女投入《焚香记》的排练。

1960年（36岁）

年初

红线女演出《焚香记》，她塑造的多情、善良的青楼妓女敫桂英的艺术形象，得到很高的评价。由于主要合作者陈笑风（饰王魁）不久便离开了广东粤剧院，到新成立的广州粤剧团工作，因此该剧演出场数不多。但其中《打神》一折，成为历演不衰的保留剧目。"粤剧《打神》对比于京剧、川剧、山西梆子几个剧种中的同一折戏，坚持在唱腔上单兵突进。"[1]《打神》一曲也成为"红腔"代表曲目之一。

1月

28日至30日，《羊城晚报》连续刊载红线女的三篇文章，分别是《我们也有——新春谈戏之一》[2]《发掘、批判、革新和创造——新春谈戏之二》[3]《唱、念、做、打和戏——新春谈戏之三》[4]。由于1959年底至1960年初，先后有四川省青年川剧演出团和陕西省戏曲演出团来广州演出川剧《白蛇传》

---

1 徐城北.红线女速写[M].北京：奥林匹克出版社.1996：84.
2 红线女.我们也有——新春谈戏之一[N].羊城晚报.1960.01.28.
3 红线女.发掘、批评、革新和创造——新春谈戏之二[N].羊城晚报.1960.01.29.
4 红线女.唱、念、做、打和戏——新春谈戏之三[N].羊城晚报.1960.01.30.

《鸳鸯谱》，秦腔《三滴血》《赵氏孤儿》等整理改编的传统剧目，所以演出完毕后备受关注，红线女撰文阐述了她对整理传统剧目和戏曲表演艺术的继承和革新等问题的看法。

2月

香港鸿图电影公司派人来广州把马师曾、红线女演的《拾玉镯》拍成电影。傅朋一角改由陈笑风饰演，导演罗君雄。片名改作《佳偶天成》，计划于10月26日在香港首映。

3月

月初，马师曾、红线女领剧团到深圳，为深圳大戏院建成开幕演出了《搜书院》《关汉卿》。与马师曾、红线女阔别四年的香港观众，大量涌入深圳观看。

5日，在深圳水库堤坝工程胜利完工的庆功会上，红线女与马师曾演出新粤曲《深圳水库会亲人》[1]。

3月15日至6月17日红线女参加文化部委托中国戏曲学院举办，以梅兰芳为班主任的"戏曲表演艺术研究班"[2]。该班为期三个月，教师有梅兰芳、荀慧生、俞振飞、萧长华、刘成基、马师曾、徐兰沅、徐凌云。到研究班讲课的还有林默涵、夏衍、张庚、晏甬、郭汉城、李紫贵、阿甲、马可等。参加研究班的62人都是全国各剧种卓有成就的演员、乐师，其中全国知名的旦行学员有常香玉、袁雪芬、陈书舫、陈伯华、尹羲、王秀兰等。一时集中这么多大师、名家，进行了整整三个月的教学、研究、观摩，是中国戏曲历史上前所未见的盛事。红线女得到众多前辈大师的指点，与众多同行观摩、交流，收获甚丰[3]。"梅先生经常来班上讲课和座谈。记得一次他给我讲授《游园惊梦》中杜丽娘的表演。先生扮演杜丽娘，没有化装，穿着一身藏青色的

---

1 深圳水库堤坝工程胜利完工[N]. 人民日报. 1960.03.06.
2 林涵表. 中国戏曲学院举办戏曲表演艺术研究班[J]. 戏剧报. 1960,(6)：42.
3 李刚. 中国戏曲学院戏曲表演艺术研究班结业[J]. 戏剧报. 1960,(12)：36–37.

中山装，看上去就是一位风度翩翩的男子汉。可是在示范表演中，先生饰演的杜丽娘的一动一静、一颦一笑，眉梢眼角，娇嗔媚态，无一不美。"[1]

在观摩介绍演出中，红线女演出了《焚香记·打神》，并与马师曾演出《审死官》中的一折，同时也学习、观摩了梅兰芳、俞振飞、姜妙香的《奇双会》《宇宙锋》《醉酒》，荀慧生的《金玉奴》，萧长华的《群英会》《连升店》，陈伯华的《柜中缘》，常香玉的《红娘》，王秀兰的《烤火》《卖水》。

5月

"五一"期间，红线女与马师曾、罗家宝、林小群等人于北京中山公园演出《关汉卿》，朱德委员长特来观看[2]。

上旬，红线女参加文化部现代题材戏曲观摩演出及观摩座谈。[3]

6月

上旬，红线女出席全国文教先进工作者代表大会。

下旬，研究班刚一结束，红线女又马不停蹄地回广州带剧团到上海。

7月

6月底至7月12日，马师曾、红线女在上海演出《关汉卿》和《搜书院》等剧目。上海《文汇报》以《满城争说关汉卿，一曲难忘蝶双飞》为标题，报道了上海观众和戏剧界盛赞马师曾、红线女主演《关汉卿》的艺术成就。在上海公演后，马、红二人留在上海，拍摄由海燕、珠江电影制片厂联合制作的戏曲艺术片《关汉卿》，导演徐韬。拍电影时，叶和甫一角改由文觉非饰演。电影本增添了王实甫领衔营救关汉卿的情节。王实甫一角亦由文觉非兼饰。该剧结尾亦按田汉修改本最后订正，田汉还专为粤剧本在朱帘秀

---

1 红线女.一瓣心香献梅师[N].人民日报.1995.01.14.
2 赖伯疆主编，广东粤剧院著.粤剧艺术大师马师曾[M].北京：中国戏剧出版社.2000：27-39.
3 文化部举办现代题材戏曲观摩演出[J].戏剧报.1960.7.

唱"蝶双飞"前加了"壮似长江浪，愁如秋月光，一歌一荡气，一唱一回肠"四句念白。

8月

13日，红线女当选为中国文学艺术界联合会第三届全国委员会委员。

冬

红线女投入到现代戏《刘胡兰》的排练中，为出访越南做准备。在剧中，红线女饰演刘胡兰一角，"今天很多人都不能理解红线女会排演《刘胡兰》，以她的经历和气质，怎么能和那位山西小英雄联系起来？红线女说，当时开国未久，昔日在战争中壮烈牺牲的英雄，还长留在人们的记忆中。"[1] 该剧由白超鸿饰王本固，李燕清饰母亲，谭玉真饰祖母，文觉非饰石广元，区少基饰石锦芳，戴瑞芳饰秀英，刘美卿饰金二寡妇，黎国荣饰大胡子。剧本里没有能够充分发挥马师曾表演艺术的角色，他去主动争演一个戏份不多的还乡团地主石庭槐。

红线女过去虽然演过许多时装戏，近年又演过《珠江泪》的牛嫂，《红花岗》的尤大姐、周英，《东海最前线》的杨赛英等角色，但要塑造刘胡兰的形象，却是一个新的考验。红线女仔细阅读了大量有关刘胡兰的资料，加上她本身对旧社会的切身感受，深入体会了刘胡兰爱国、爱党、爱乡亲而痛恨反动派的感情，因此准确地把握了她多方面的性格——在乡亲们面前是个勤快、淳朴的农村姑娘；在母亲和祖母面前是个懂事的孩子，有时还爱发点小姑娘脾气；在敌人面前表现出共产党员的英雄气概。同时，她还精心设计了人物造型，借鉴刀马旦、小武的身段、步法、腔调作为树立人物形象，刻画人物性格的手段。像在"大庙"这场戏的前半部分，横眉冷对大胡子的拷打，她表现得挺拔、硬朗、刚强，仿佛风雨中的青松。后半部分母女生死诀别，她依偎在母亲怀里，除下自己手指上的顶针，凝望着母亲，轻轻拿起母

---

1 徐城北.红线女速写[M].北京：奥林匹克出版社.1996：93.

亲的手，把顶针套回母亲手指上，母亲眼泪直流，自己则强忍眼泪，几个无声的动作就催人泪下。红线女对刘胡兰艺术形象的成功塑造，是她演现代戏的一大突破。

本年，红线女发表的文章还有《对红专问题的一些体会》[1]《解放思想，大胆创造，努力演好现代戏》[2]。

---

[1] 红线女. 对红专问题的一些体会[J]. 戏剧报, 1960, （7）:22-23.
[2] 红线女. 解放思想，大胆创造，努力演好现代戏[J]. 戏剧报, 1960, （10）:10-11.

1961 年（37 岁）

2 月至 3 月

2月9日至3月25日，由广东粤剧院组成的中国粤剧团赴越南民主共和国，进行为期45天的访问演出，并在越南欢度春节。红线女演出了《关汉卿》《搜书院》《刘胡兰》等剧目，共21场。"在越南各城市演出有不少演出点是在露天的场地，舞台是竹木戏棚，观众席是一个大广场，观众站得密密麻麻，气氛热烈。特别在我们演出现代戏《刘胡兰》的时候，观众对剧情的反应尤为强烈，使我们感到意想不到的兴奋。"[1]胡志明观看演出后，接见了马师曾、红线女、文觉非、吕玉郎等主要演员，并授给中国粤剧团一级劳动勋章。

3月23日，胡志明与中国粤剧团全体成员合影，并在照片上亲笔用中文签名留念。令红线女记忆最为深刻的，是在越南期间，胡志明还教她唱了一段越南民歌《鸡竹声》。"在河内演出的时候，胡志明伯伯高兴地看了我们的戏。这位慈祥的老人，还教我唱了一段越南民歌《鸡竹声》。"[2]

4 月

月初，红线女从越南回到广西南宁做短期演出。周恩来在南宁看了《刘

---

1 红线女．红豆英彩：我与粤剧表演艺术及其他[M]，广东人民出版社，1998：156.
2 红线女．红豆英彩：我与粤剧表演艺术及其他[M]，广东人民出版社，1998：156.

胡兰·大庙》后对红线女说："听说你演刘胡兰，我很难设想你怎样演，你太纤弱了，不是很适合这个角色。但大幕一拉开，我的想法有所改变，你的整个造型设计与刘胡兰这个人物很吻合。"最后，周恩来还嘱咐红线女多向老大姐们了解当时的生活情况，多到北方去接触生活。[1]

6月

30日，红线女在《羊城晚报》发表了《刘胡兰永远活着》[2]一文，迎接中国共产党诞辰40周年。

8月

8日，梅兰芳在北京逝世。当天下午，红线女在广播中听到这不幸的消息，发去唁电，并撰写了《永远记着梅兰芳先生的教导》[3]一文，记述自1955年与梅兰芳相识以来，特别是1960年在戏曲表演艺术研究班受到先生关怀、教导的事。

10月

18日，《人民日报》刊登林涵表的评论文章《气比长虹壮——评戏曲艺术片〈关汉卿〉》[4]。

夏

出演《思凡》，红线女饰演小尼姑。

《思凡》是晚清由昆曲改编成粤剧的剧目，曲文与昆腔完全相同，腔调则是用"官话"唱广东话的昆腔。自粤剧改唱广州方言后，用原词则须另配谱，用原谱则须另填词，因而多年无人演出。红线女这次把它重新搬上粤剧

---

1 张颖主编. 周恩来与文化名人[M]. 南京：江苏教育出版社.1998：426-427.
2 红线女. 刘胡兰永远活着[N]. 羊城晚报.1961.06.30.
3 红线女. 永远记着梅兰芳先生的教导[N]. 羊城晚报.1961.08.14.
4 林涵表. 气比长虹壮——评戏曲艺术片《关汉卿》[N]. 人民日报.1961.10.18.

舞台，是采用原词而用粤剧的梆子、二簧板腔曲调为主另行配谱。由于原词是曲牌体的长短句，与梆、簧板腔体七字、十字上下句的句式不同，因而对梆、簧的板式和行腔都要有较大的突破。经红线女与老乐师黄不灭等精心设计，演出效果良好，是红线女用板腔唱《思凡》的一次新的探索。

秋

红线女与马师曾合演的《三娘教子》，由珠江电影制片厂拍成电影[1]。

红线女与马师曾演出根据郭沫若同名话剧改编的《蔡文姬》，马师曾饰曹操，红线女饰蔡文姬。这是马师曾、红线女合演的最后一个新剧目。马师曾演出后不久，即发现咽喉不适，后来确诊为喉癌，直到1964年4月21日去世，没有演出过新剧目。

冬

演出《红霞》，红线女饰冬梅（即红霞），叶伟雄饰赵志刚，薛觉明饰白武德。演出《花园对枪》，红线女饰赵美容，罗品超饰高怀德。

1《三娘教子》与粤剧院其他七个折子戏拍摄成纪录片《南国红豆发新枝》第一、二辑。

1962年（38岁）

1月

2日，《人民日报》刊登李凌的《杂谈歌唱家的音色》，谈道："红线女很能演戏，而她对音色的讲求，也很认真。她在《搜书院》中饰演年轻的婢女翠莲，声音轻清、活泼；而在《三娘教子》中的三娘，则唱得蕴静、柔美；在《打神告庙》中表演焦桂英，一时一往情深、缠绵悱恻，一时却尖刻、泼辣；而在《关汉卿》中的朱帘秀，唱来则慷慨、高雅。这许多变化，无非是经常用心设色，并投在人物的心境的深处，使音调融情而出。"[1]

年初，红线女随剧团到台山、开平等地演出，送戏下乡。

3月

3日晚，在羊城音乐花会开幕式上，红线女演唱《刘胡兰》中的《就义》一折[2]。

在广州召开的全国话剧、歌剧、儿童剧座谈会期间，红线女与罗品超于广东迎宾馆合演《花园对枪》[3]。周恩来、陈毅也观看了演出，"周总理、陈毅

---

1 李凌．杂谈歌唱家的音色[N]．人民日报．1962.01.27.
2 羊城音乐花会开幕[N]．人民日报．1962.03.06.
3 曾炜．让座和霸座[N]．人民日报．1980.05.24.

都很赞赏红线女的表演,既有动听的唱段,又有精彩的开打,大家都以为红线女是以唱见长的文戏演员,没想到她能武戏文唱,边打边唱,演得极为生动风趣。"[1]

4月

1日,《戏剧报》发表叶林的文章《喜看红线女演〈花园对枪〉》,对红线女与罗品超的演出给予了高度评价,尤其称赞红线女是"创造喜剧性格的能手"。[2]

到北京开会,周恩来见红线女身体不好,建议她来北京休养治病。夏秋,红线女都在北京养病,住在颐和园的介寿堂。养病期间仍撰文谈艺,发表的文章有:

《在广阔的道路上》[3],谈学习毛泽东《在延安文艺座谈会上的讲话》的心得体会,其中着重谈了为人民服务的问题。

《我演朱帘秀》[4],谈她在《关汉卿》一剧中,如何塑造朱帘秀这个艺术形象。该文收入《粤剧演员谈表演艺术》一书。

在此期间,蒋介石又一次要"反攻大陆"。红线女撰写《忘不了》[5]一文,以亲身经历诉说旧社会那些令人忘不了的黑暗、痛苦岁月,痛斥蒋帮"反攻大陆"的妄想。

6月、7月

在北京,红线女与编剧研究把孔尚任的《桃花扇》改编为粤剧《李香君》。红线女和郭沫若同游恭王府,郭沫若在其团扇上题诗:"一日清闲结雅

---

1 谭志湘. 南天一抹嫣红,红线女的艺术生活[M]. 北京:作家出版社. 1998:86.
2 叶林. 喜看红线女演《花园对枪》[J]. 戏剧报. 1962,(6):27–30.
3 红线女. 在广阔的道路上[N]. 羊城晚报. 1962.02.16.
4 中国戏剧家协会广东分会编. 粤剧演员谈表演艺术[M]. 广州:广东人民出版社. 1962:74–79.
5 红线女. 忘不了[N]. 羊城晚报. 1962.07.13.

游,百年余梦觅红楼。楼前尚有湘妃竹,扇上钱塘天外流。"[1]

7月29日,《人民日报》刊登林涵表《"龙头凤尾"浅释——谈红线女的演唱艺术特色》[2],细致地剖析了红线女的演唱艺术特色。

8月

9日,红线女参加纪念梅兰芳逝世一周年活动。上午,与首都文艺界人士及梅兰芳家属等,到北京西郊万花山梅兰芳墓地祭扫陵墓[3]。据《南天一抹嫣红》中谭志湘回忆:"红线女混在学院的师生中间,一点也不引人注意。我记忆中,她穿了一套丝质的黑色衣裙,不施粉黛,不画眉,不点唇,素面朝天,脸色有些苍白,人也显得瘦弱,后来知道她正在北京颐和园养病。红线女重情重义,她顶烈日,冒酷暑,不顾病体虚弱,往往返返,奔波一个上午,仅仅是为在梅兰芳墓前行三个鞠躬礼,祭奠致哀。那时没有录像,也没有记者拍照,没有任何资料保留下来,但她的行为却留在了人们的记忆之中。她话不多,不招摇,不哗众取宠,她是用行动说话的,后来我听到有人说她孤傲、清高、难以接近等,但她给我们这些女大学生的印象是有一种宁静、深沉、内在的深邃之美。"[4]

在为梅兰芳扫墓的活动中,红线女见到了中国京剧院总导演阿甲。"没几天我们这两个初相识者,便像深交的朋友了。我喜欢和阿甲谈戏剧艺术,特别喜欢听他谈及有关表演艺术的问题。在北京见面期间我和阿甲,多是谈论《桃花扇》一剧的改编问题。"[5]她热诚邀请阿甲到广东来执导《李香君》这个戏,她对阿甲谈到选演这个戏,是因为喜欢李香君的为人。李香君涉世未深,思想单纯,但善恶分明,爱憎强烈,并且很有民族气节。她爱上侯朝宗是因为他当时是一个很有才华,并且敢于向祸国权奸们做斗争的热血青

---

[1] 吴柳.团扇诗话——访粤剧歌手红线女.论红线女舞台艺术[M].北京:奥林匹克出版社.1996:409.
[2] 林涵表."龙头凤尾"浅释——谈红线女的演唱艺术特色[N].人民日报.1962.07.29.
[3] 首都和各地纪念梅兰芳逝世一周年[J].戏剧报,1962,(8):21.
[4] 谭志湘.南天一抹嫣红,红线女的艺术生活[M].北京:作家出版社.1998:22-23.
[5] 红线女.红豆英彩:我与粤剧表演艺术及其他[M].广东人民出版社,1998:115.

红线女在北京颐和园

红线女在越秀山体育场为贫下中农表演

年。她对侯朝宗的爱，真诚、坚定，受尽千磨百折，毫不动摇。但是后来侯朝宗却参加清朝的科举考试，使她十分痛心与失望，她毅然与侯朝宗决裂，自己含恨而死。当时由于前些年的天灾人祸，国家经济仍很困难，红线女认为越是在困难时期越要提民族自尊心和民族自信心，越要讲民族气节，因此演《李香君》是有现实意义的。阿甲很赞同红线女对李香君这个人物的理解，欣然答应执导该戏。

9 月

24 日，红线女在北京首都剧场参加欧阳予倩追悼会与公祭仪式[1]。

12 月

10 日，阿甲应邀到了广州，他看了《李香君》剧本的第二稿和服装、布景的设计图，提出具体的修改意见。下旬，各种准备工作做好了，红线女把剧团带到番禺县市桥镇集中排戏。红线女饰李香君，罗品超饰侯朝宗，李燕清饰李贞丽，黄洁屏饰郑妥娘，冯锦娟饰卞玉京，王中玉饰苏昆生，薛觉明饰杨龙友，少昆仑饰马士英，黎国荣饰阮大铖。

---

[1] 首都各界公祭欧阳予倩同志，陆定一主祭，郭沫若、沈钧儒等陪祭，国内外来电来函吊唁欧阳予倩同志逝世[N]. 人民日报 .1962.09.25.

1963年（39岁）

1月

红线女等人继续在市桥排戏。她还把青年训练班也带到市桥，让青年演员们看阿甲如何排戏，从中不但可以学到技艺，还可以学到对艺术严肃、认真的精神。参加这次排练工作的，还有粤剧院的导演林榆。后来林榆把阿甲排练《李香君》的情况和自己的心得体会，写成了一篇两万多字的《〈李香君〉排练日记》[1]，之后还发表了《雕金琢玉——记阿甲导演粤剧〈李香君〉》。[2]

下旬，《李香君》先后在番禺县的万顷沙、市桥演出。

春节

红线女回到广州，《李香君》在人民戏院公演。

红线女塑造这一个初坠风尘，涉世未深还带着少女的纯真、娇憨的李香君，与她演过的青楼歌妓如崔莺娘、朱帘秀、焦桂英等都有不同的风貌。她准确地把握人物性格发展的脉络，从最初的幼稚、单纯，经过"却奁""守楼""骂筵"等的斗争与磨炼，一步步变得成熟、深沉；从最初朦胧的忠奸

---

1 中国戏剧家协会广东分会，广东省文化局戏曲研究室编. 广东戏曲艺术研究资料（第3辑）[M].1963：73-90.
2 戏曲艺术[J].1982,（3）：14-21.（4）：24-34.

观念,升华为明晰的对国家、民族的爱和对祸国、卖国行为的恨。最后在民族大义面前,毅然割断一段曾经为之刻骨铭心的爱情。她的表演也紧扣这些思想感情变化的环节而恰如其分地步步发展,从"题扇"一场初会侯朝宗时那种腼腆、纯真的细腻表演,到"却奁"时摘珠翠、脱绮罗的坚决,使人看到这个女孩子心灵似冰雪那样晶莹,骨头却像铁石一样坚硬。再经过"守楼"以碰头流血那样的激烈行动抗拒权奸,到了"骂筵"时她把满腔的悲愤通过手上的琵琶迸发而出,真有渔阳三挝、击鼓骂奸那样的慷慨激昂。骂奸的两段"诉冤",红线女是咬牙切齿地一个字一个字唱出来的。到这里观众已经可以从李香君那种善恶分明、爱憎强烈的性格,预感到她必然不能容忍侯朝宗的变节行为,最后的悲剧结局是不可避免的。而在国家、民族遭逢浩劫的时候,李香君个人幸福的毁灭也是必然的。红线女在这个戏的演唱,充分发挥她音域特别宽阔,高低起伏、舒卷自如的优势,使李香君这个人物"柔情似水"和"烈骨如霜"的两个方面都得到充分的表现,也使《守楼》一曲与"红腔"的其他曲目如《出塞》《打神》《荔枝颂》等,又有不同的风格。

11月

红线女带领青年实验剧团成员到广东省阳江县合山公社,参加为期三个月的农村社会主义教育运动。她像普通工作队员一样,下到生产队与农民"三同"[1]。红线女在参加社会主义教育期间,为配合运动的宣传工作,进行阶级教育,她以现代生活为背景,动笔编写了农村题材的现代小粤剧《三婶教子》。该戏取材于当地一个真实的生活故事:年轻的儿子"阿庆"忘记了本分,差点走上了歪路,三婶为了挽救儿子,跟"阿庆"一起忆苦思甜,教育他不能忘本,最后使儿子幡然醒悟。红线女在剧中饰演三婶,三婶的儿子"阿庆"由阳江粤剧团青年演员梁敦龙扮演[2]。

---

1 同吃、同住、同劳动。
2 冯峥. 阳江民俗文史[M]. 新新图书有限公司 1997.

粤剧《李香君》红线女饰演李香君

12月

上旬，红线女参加了广东省八个地方剧种优秀剧目会演。在广州，25个剧团演出了他们近年来为农民演出的优秀剧目。红线女与罗品超等演出的描写广州起义的《红花岗》，受到良好的评价："不仅从内容看是对长期演出历史剧的粤剧的一个重要发展，而且对粤剧的表演程式也大胆地进行了革新。"[1] 这一年，红线女发表的文章有《洗尘垢，创新声》[2]《革新表演艺术的一点尝试》[3]。

同年，红线女与白驹荣等人一起灌录了《琵琶上路》唱片，由香港艺声唱片公司发行。"1963年，我有幸得机会和七叔合作，灌录了一曲《琵琶上路》。今天看来，当年的录音情况，我自己是未能达到最佳理想。但是能和自己心中的偶像前辈合作，自然又感到十分兴奋，特别在赵五娘的南音唱腔和唱法中，我有意识地把童年时代学七叔唱法和唱腔的因素，糅合在赵五娘一些唱腔之中。"[4]

夏初

经红线女向广东省委宣传部建议，广东粤剧院以青年训练班为基础，组成青年实验剧团。"我历来认为：有志气的青年是粤剧的希望。1963年，我曾向省委宣传部建议，成立一个青年粤剧团，加强基本功训练，经受生活的锻炼，让青年们能有更全面的艺术发展。这建议受到有关领导的关心和重视，青年粤剧团成立了。"[5]

从夏天至秋天，红线女集中精力，指导青年实验剧团先后排出了《搜书

---

1 更好地反映当代生活和斗争，广东八个地方剧种会演现代戏，武汉市演员总结下乡演出经验[N].人民日报.1963.12.11.
2 红线女.洗尘垢，创新声[N].羊城晚报.1963.02.20.后经《戏剧报》转载，刊登于《戏剧报》.1963,(8)：14–15.
3 红线女.革新表演艺术的一点尝试[N].光明日报.1963.10.04.
4 红线女.红豆英彩：我与粤剧表演艺术及其他[M].广州：广东人民出版社.1998：170–171.
5 红线女.红豆英彩：我与粤剧表演艺术及其他[M].广州：广东人民出版社.1998：157.

院》《宝莲灯》《金鸡岭》和折子戏《平贵别窑》《三娘教子》《钟馗嫁妹》《天女散花》《张果老》《罢宴》等。

阳江"四清"时，红线女在田间劳动

1964年（40岁）

1月

25日，红线女率领剧组在阳江工人文化宫进行排练，红线女既当编剧、导演，又兼饰演《三娘教子》中的主角"三娘"。她一个个位置一个个动作指导梁敦龙，在排练场上，红线女语重心长地对他说："小梁，戏曲艺术讲究声、色、艺，台步、动作要一丝不苟，演员必须心向舞台，命在舞台！"[1]

2月

5日，经过五天五夜的紧张彩排，《三娘教子》正式公演了。当天晚上，阳江人民礼堂黑压压挤了将近两千观众，大家争相进场观看红线女与梁敦龙的精彩演出。红线女独树一帜的"红腔"让全场观众听得如醉如痴。梁敦龙演出时全情投入，也赢得一阵阵掌声和喝彩[2]。

3月

农村社会主义教育运动结束，红线女回到广州。

毛泽东于1963年12月对文艺工作的批示中指出"许多部门至今还是'死

---

[1] 红线女与梁敦龙合演《三娘教子》[N]. 阳江日报.2013.12.22.
[2] 红线女与梁敦龙合演《三娘教子》[N]. 阳江日报.2013.12.22.

人'统治着"[1]。此时，剧团不敢再演"死人戏"（古装戏），急需创作反映现实生活的剧目。红线女把她在农村参加社教的感受，结合当时广东几个培育水稻良种先进人物的事迹，特邀作家吴有恒、李准合作编写《种子》一剧。经过半年多时间，数易其稿，终因生活素材不足，剧本内容单薄，排练后没有演出。

4月

21日，马师曾在北京病逝。

27日，红线女在广州参加马师曾公祭仪式。马鼎昌回忆："对马师曾的病逝，红线女感到很悲痛。红线女认为马师曾是粤剧界的一面旗帜，他应该可以为粤剧做更多的事，失去了马师曾，红线女自己也失去了一位好老师，失去了一位粤剧艺术上配合无间的合作者。"[2]

5月

排练《珠江风雷》，红线女在剧中饰演生产队长梁甜，黎国荣饰演农业合作社社委周耀信，李燕清饰演梁甜的婆婆福母。该戏根据于逢小说《金沙洲》改编，反映珠江三角洲农村合作化运动。剧中其余角色如郭有辉、郭添、添婵、郭细九、铁嘴鸡、月婵、师爷胜、老鼠福、阿六等，均由实验剧团的青年演员林炳泉、梁健冬、戴瑞芳、麦维佳、潘桂琳、红虹、陈晓明、吕洪广、林越强等担任。这次排练，由几个主要演员带领一班青年演员演出，几个主要演员担任的角色也分配青年演员担任B角，观看学习主要演员的排练和演出，到一定时间便接替主要演员的角色，整个戏都由青年演员演出，这种培训青年演员的方法，是红线女在排练《种子》一剧时就开始采用的，当时称之为"母鸡带小鸡"的方法。

为排练《种子》和《珠江风雷》，红线女把剧团拉到农村，住到生产队，

---

1 张晋藩等主编.中华人民共和国国史大辞典[M].哈尔滨：黑龙江人民出版社.1992：512.

2 马鼎昌.马师曾与红线女[M].香港：中华百科出版社.2016：258.

现代粤剧《珠江风雷》，红线女饰梁甜

现代粤剧《珠江风雷》，红线女饰梁甜，红虹饰郭月婵，李观旋饰虾仔

拜农民为师。排戏时让农民自由观看，然后逐场逐段地向农民征求意见。演员在农村排戏，与农民有更多接触交往的机会，对农村生活、农业生产知识有不懂的地方，随时可以向农民请教。

6月

5日，红线女到北京人民大会堂，参加1964年京剧现代戏观摩演出大会开幕式。京剧现代戏观摩演出大会是文化部举办的一次京剧现代戏会演，于1964年6月5日至7月31日在北京举行，有19个省、市、自治区的29个剧团约2000人参加，共演出了35个剧目。其中，大戏25出，小戏10出。出现了《红灯记》《芦荡火种》《奇袭白虎团》《六号门》《黛婼》《节振国》《红嫂》等一批思想性、艺术性都较高的剧目，在运用京剧艺术表现现代生活方面，做出了有益的探索。

8月

《珠江风雷》参加广东省文化局举办的全省现代戏会演后正式公演。有一晚陶铸陪同董必武来看戏，演出完毕后董必武写了一首长诗，托陶铸转送红线女。可惜在"文化大革命"中，红线女被抄家后，董必武这首诗就不知下落了。

9月

红线女当选为第三届全国人大代表。

本年红线女发表的文章有《推哪些陈，出哪些新》[1]《心红艺更精——谈高玉倩在〈红灯记〉饰演李奶奶的表演》[2]。

---

1 载1964年1月出版的中国戏剧家协会广东分会编印的《会员学习参考资料》。
2 红线女. 心红艺更精——谈高玉倩在《红灯记》饰演李奶奶的表演[N]. 人民日报.1964.07.12.

1965年（41岁）

年初

为参加7月开幕的中南区戏剧观摩演出大会[1]，将排演粤剧现代戏《山乡风云》[2]。红线女饰游击队女连长刘琴，黎国荣饰游击队政委，罗家宝饰老奴才何奉，郑培英饰何奉之女春花，罗品超饰猎户之子刘黑牛，少昆仑饰恶霸地主刘立人，红虹饰刘立人之女四小姐，文觉非饰反动武装联防大队长万选之，梁国雄饰乡长关天爵，黄超全饰桃园中学校长林可倚。

为了演好该戏，在剧本修改期间，红线女就带剧团深入生活。先到恩平县一个在解放前被称作"奴才村"的生产队，听曾经当过"奴才"的老人诉说当年恶霸地主对他们的欺压凌辱，如何把怀疑与共产党游击队有联系的"奴才"点天灯[3]，从皮肉烧到骨头，活活烧死。随后，剧团又到罗浮山部队"黄草岭英雄连"当兵。红线女与其他演员一样住兵营，睡架床，听部队首长讲革命传统教育课，参加军事训练，摸爬滚打，涉水登山。刘琴是个神枪手，

---

[1] 1965年7月1日至8月15日，中南五省（河南、湖北、湖南、广东、广西）和武汉、广州部队，在广州举行戏剧观摩演出大会。
[2] 该剧按照吴有恒小说《山乡风云录》改编，讲的是解放战争时期，中国共产党领导的华南一支游击队，开辟山区根据地，攻破恶霸地主和反动武装盘踞的封建堡垒桃园堡，解放被压迫的"奴才"和贫苦农民的故事。吴有恒主持改编。
[3] 剥光衣服，背绑双手，把两边肩窝的皮肉割开，灌满桐油，塞进棉绳，再在棉绳上点火。

红线女要演刘琴至少也得学会打枪，她壮着胆去练打靶，步枪震得她耳鸣心跳肩膀痛。当时，《人民日报》也有相关报道："他们到部队后，处处向解放军学习，和战士同吃、同住、同劳动、同操作、同娱乐。在训练中他们生活刻苦，虚心学习，以高标准要求自己；不管泥和水，不怕脏和累，始终和战士一起摸爬滚打，坚持训练；或者一起学习毛主席著作；晚上还和大家一起读报学时事，教战士唱歌，做游戏。在训练场上，趁休息时间和每天吃饭时间，他们又用快板、相声、小演唱等活泼多样的形式表扬好人好事，鼓舞大家的练兵热情。红线女、郎筠玉等同志还在训练休息时，给战士演出粤剧《刘胡兰》等节目。中午，战士们已经休息了，剧团的许多女同志却忘了自己的疲劳，掏出随身携带的针线包给战士们缝补衣衫。"[1]

5月

剧团集中在从化排练。为了使这个戏排出来不但是戏曲，而且是地道的粤剧，剧团把许多老艺人请来，组成顾问团参与排练。红线女演的刘琴是学生出身，并且是一个经过多年部队锻炼和战斗考验的女连长。红线女把握住刘琴粗中有细、刚中有柔的性格特点，加上她自己有下农村和下连队的生活体验，演刘琴访贫问苦送医赠药，耐心发动苦大仇深的何奉、春花这对"奴才"父女时，情深意真、亲切动人；乔装入堡当女教师时，温文尔雅中偶露锋芒，从容应对间饱含机智；而在"带队进山乡，枪击斩尾蛇""进军六女潭，跳崖救春花""大闹拜月场，攻破桃园堡"等场次中，则是身手矫健、英气逼人。红线女从多个侧面把这个人物形象塑造得鲜明丰满，栩栩如生。红线女继续按照她演刘胡兰时的经验，多方面探索如何借鉴和改造旧程式作为表现现代人物的艺术手段，使得舞台上的刘琴，动时有鲜明的节奏，静时有优美的造型，不但演得像而且演得美。

《山乡风云》中，红线女对"红腔"又有新的突破和发展。在当时的政治气候下，粤剧改革出现一些矫枉过正的做法，粤剧的曲调许多不能使用，

---

[1] 在文艺阵地上[N]. 人民日报.1965.05.26.

梆簧为主变成了"梆簧唯一",剧本提供给刘琴的唱段几乎全属梆子腔。通过红线女的创造,她用丰富而多变的嗓音音色克服了曲调单一的缺陷,同时又巧妙地、创造性地把二簧腔、乱弹腔以至粤讴腔融合在梆子腔中,唱得新声迭出、异彩纷呈;说理的曲,唱得情理交融,写景的曲,唱得情景交融。尤其是第三场与何奉、春花的对唱,第六场在书房的独唱,每次演出此两曲唱完,台下都掌声如雷,显示了"红腔"的艺术魅力。

7月

7月1日至8月15日,中南区戏剧演出观摩大会在广州举行。《山乡风云》在中南区戏剧观摩演出大会中得到很高的评价。"红线女同志在《山乡风云》中扮演的游击队女连长刘琴,她的唱腔,保持着鲜明的粤剧风格。但如果同红线女过去的唱腔比较,又会感到有了很大的发展:音色比较粗犷了,唱腔中糅进了男角的唱法,在演唱的感情处理上,也不像她在传统戏里那样纤细、婉丽,而是显得刚劲有力;在表演上,也吸收了许多武生和小生的程式,如剑指、快步、云手、独脚式口等,这些传统程式,与现实生活中的掏枪、拉皮带等动作糅合一起,既有助于突出这个无产阶级战士的英雄气质,也发挥了粤剧的特色。"[1]

16日,周恩来、陈毅到广州迎宾馆礼堂观看《山乡风云》,演出后接见演员并祝贺他们演出成功。[2]

8月

上旬,红线女在中南区戏剧观摩演出大会的一次座谈会中做了长篇发言,谈她演刘琴的体会。

---

[1] 阳友鹤. 漫谈戏曲表演艺术的继承与革新——中南区戏剧会演观摩散记[J]. 戏剧报.1965,(10):38-39.
[2] 中国戏曲志编辑委员会. 中国戏曲志·广东卷[M]. 北京:中国ISBN中心出版社,2000:56.

9月

上旬，红线女到深圳演出《山乡风云》。当时深圳还是个县城小镇，按照通常的情况，一个戏在这里演出一场至两场，观众就要饱和。《山乡风云》足足演了10场，观众达1.4万人次，其中香港观众有9500多人。当日，剧场气氛热烈，高叫"女姐好嘢！""鉴哥好嘢！""虾哥好嘢！"之声不绝。本来文觉非的表演也十分精彩，可是剧场却没有人喊"七哥好嘢"的，原来是他演的那个外号斩尾蛇的军统特务万选之，那种阴险毒辣的嘴脸让观众恨透了"他"，所以不肯喊他"好嘢"。当时香港观众到深圳看戏，一般都在深圳买两三瓶国产名酒，看戏看到精彩处，忘形地鼓掌，手上的酒瓶却掉在地上，一时剧场四处响起了乒乒乓乓的酒瓶破裂声，茅台、竹叶青满地流淌，成为当时人们谈话的笑料。香港戏剧界人士则赞扬《山乡风云》是"革命的粤剧，粤剧的革命"。

12月

从7月到12月初，《山乡风云》先后在广州、深圳等地演出了86场，吸引了包括港、澳同胞在内的观众12万人以上。

25日起，《山乡风云》赴北京演出，这是粤剧第一次将现代戏呈现在首都观众面前。《人民日报》报道："扮演刘琴的著名粤剧演员红线女，运用了粤剧中武生的某些传统动作和多变的二簧、梆子唱腔，塑造了一个智勇双全且具有深厚阶级感情的革命军人形象。"[1]

---

[1] 粤剧革命化的新成就[N]. 人民日报.1965.12.27.

红线女到罗浮山黄草岭英雄连学习

粤剧《山乡风云》，红线女饰刘琴

1966年（42岁）

1月

1日，文化部在人民大会堂宴会厅招待各地剧团来京演出，并为在京过元旦的艺术团体举办元旦茶话会，《山乡风云》剧组全体成员参加。

《山乡风云》先后在全国政协礼堂、人民大会堂小剧场、中南海怀仁堂、军事学院礼堂演出，还在人民剧场、五道口剧场为首都观众公演了半个月。周恩来、叶剑英、廖承志等中央领导来看了演出。周恩来再一次接见了剧组的主要演员，并和他们合影。"周总理在第一场和最后一场都到人民剧场来看了戏，全国各地移植《山乡风云》的就有20多个剧种。眼见粤剧前程似锦、后继有人，我的心情和同行们一样，真有说不出的欣慰。"[1]

其时，经江青等人策划，由姚文元署名的文章《评新编历史剧〈海瑞罢官〉》已于1965年11月在上海《文汇报》发表，后被《北京日报》《解放军报》《人民日报》先后转载。文艺界当时已是"山雨欲来风满楼"的形势，人们对于发表关于文艺问题的意见慎之又慎。但首都文艺界仍为《山乡风云》召开了座谈会，《人民日报》《戏剧报》先后发表了张颖的《粤剧革命化的新成

---

[1] 红线女. 红豆英彩：我与粤剧表演艺术及其他[M]. 广州：广东人民出版社. 1998：158.

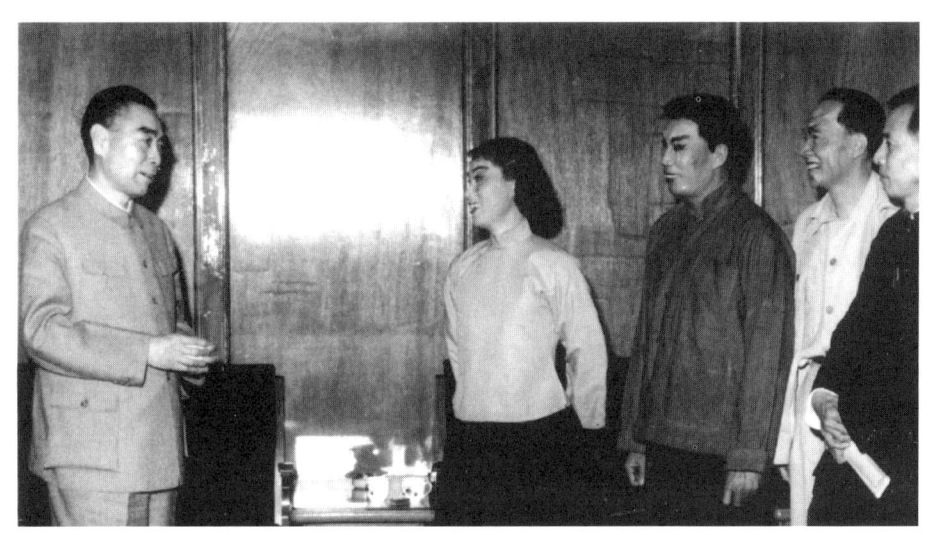
广东粤剧院赴北京演出《山乡风云》后,剧组受到周恩来总理的接见(左起为周恩来、红线女、罗品超、文觉非)

就——谈广东粤剧院演出的〈山乡风云〉》[1]，草明的《革命人演革命戏——看〈山乡风云〉后给红线女的一封信》[2]等评论文章，肯定这个戏的成绩。

2月、3月

《山乡风云》在上海公演。在沪期间，剧组全体成员访问了"南京路上好八连"，并与好八连官兵合影留念。

2日和9日，上海《文汇报》先后发表了张东川《粤剧〈山乡风云〉的成就》[3]、袁雪芬《在戏剧革命的道路上快步前进——给广东粤剧院红线女同志的一封信》[4]、筱文艳《粤剧艺术革命化的可喜收获——看粤剧〈山乡风云〉》[5]等文章，对《山乡风云》给予热情的鼓励。

在上海公演结束的前两天，江青和张春桥来看戏。江青问陪同她看戏的剧团党支部书记刘菲：刘琴、黑牛、何奉等可有这样的人物原型？刘菲回答：据她所知，这些人物都有生活原型作根据，但经过作者的集中、概括和改造，已经是作品中的艺术形象，不是生活中的原人，姓名也不是原来的姓名。广东解放前还有"奴才村"，有些当过"奴才"的人现在还活着，广东许多地方都有"六女投潭"的传说。江青听后一笑，接着又说："这样真人真事的题材不好处理，我不大赞成。"江青看完戏后到后台，红线女一边卸装一边向她汇报："出省前请示过省委宣传部，同意出来演出时多方面向兄弟剧种和专家请教，听取意见后回去继续修改提高，然后拍摄电影。"江青听后哈哈大笑说："我看不要再去浪费那么多时间和精力了，拍这样的戏没有什么必要。"她和张春桥临走时还告诉剧团的负责人："回广东告诉陶铸书记，暂时不要搞这个戏。"

---

1 粤剧革命化的新成就——谈广东粤剧院演出的《山乡风云》[N]. 人民日报 .1966.01.06.
2 草明 . 革命人演革命戏——看《山乡风云》后给红线女的一封信[J]. 中国戏剧 .1966,(1)：28-29.
3 张东川 . 粤剧《山乡风云》的成就[J]. 文汇报 .1966,(2)：2.
4 袁雪芬 . 在戏剧革命的道路上快步前进——给广东粤剧院红线女同志的一封信[J]. 文汇报 .1966,(9)：2.
5 筱文艳 . 粤剧艺术革命化的可喜收获——看粤剧《山乡风云》[J]. 文汇报 .1966,(9)：2.

在剧团回到广州前,《山乡风云》舞台演出本的编剧、导演和珠江电影制片厂的谭友六、李鸣两位导演合作,已写成了电影本的初稿,在此形势下,只好作罢了。

6月

"文化大革命"开始。红线女接到通知,要求她去广东省政法干校集中学习。红线女只收拾了两套衣服、一床毛巾被、一顶蚊帐就去学习了。

秋、冬

红线女被规定住在位于广州市东山的广东省粤剧院三楼,不许回家。她被停发工资,红线女本人每月20元生活费,发给红线女的母亲和未成年儿子每月18元生活费。长子马鼎昌只能在每周六下午的探访时间到恤孤院路探望母亲,不时陪母亲看大字报。[1]

红线女不久即被关进"牛棚"接受批斗。"一看到他们贴我的大字报,我就不回家,搬到院里去。……别人都是希望早点回去,谁愿意住在那个地方啊?我不回去,我对自己有信心。"[2]正当红线女艺术创作趋于高度成熟的黄金时代,遇上了这场浩劫,被迫离开粤剧舞台达13年3个月之久。

---

[1] 马鼎昌.马师曾与红线女[M].香港:中华百科出版社.2016:265.
[2] 安志强.徜徉在红腔乐海中[M].北京:中国文联出版社.2005:31.

1967年（43岁）

7月至9月
红线女避住在四姐邝健成位于广州西关逢源路的家中[1]。

这一年，广东省形成军事管制，成立军管会，进驻文化机关。派系斗争日渐激烈。

---

1 马鼎昌. 马师曾与红线女[M]. 香港：中华百科出版社 . 2016：268.

1968年（44岁）

9月

15日，广东省革命委员会政工组文艺办公室采取"连锅端"的办法，把文化局及其所属单位共1000多人，集中在二沙头体育馆和珠江电影制片厂举办"毛泽东思想学习班"，进行"清理阶级队伍"和"斗私批修"。红线女被定为二沙头学习班的重点批斗对象。[1]

---

[1] 马鼎昌. 马师曾与红线女[M]. 香港：中华百科出版社.2016：269.

1969年（45岁）

红线女被遣送到英德茶场边劳动边接受审查，禁止参加一切艺术活动，连练功、练声也不允许。每当风雨雷鸣的时候，她借大自然声音的掩盖，躲起来练声。每天管几百只鸡，又利用喂鸡的机会，放开喉咙大声叫唤，借此练练嗓子。"她身在鸡场，心系艺术，深信总有一天会重登舞台。所谓'拳不离手，曲不离口'，她多么想唱上一两段，但当时的社会环境不容许她唱曲、练功。为了不使自己的功力荒废，她在撒鸡食时，像平时吊嗓练声那样，气贯丹田，放开喉咙地叫唤'啾——啾啾——'，其高低跌宕的声音回荡在田野山村；她一边叫一边如在舞台上表演那样'走动'，仿佛在演着《拾玉镯》中的孙玉姣。"[1]

---

[1] 曾石龙主编. 粤剧大辞典[M]. 广州：广州出版社.2008：1280.

1970年（46岁）

4月

25日，红线女参加了在广州举行的为庆祝三国四方会议[1]成功举行的文艺晚会，她在晚会上演唱了《荔枝颂》，得到周恩来以及西哈努克等人的欣赏。

年中

红线女感到喉咙不适，到北京治病。经过诊治，排除了她声带上的白斑癌变的可能。当时，江青去见红线女，当面对她说，以后可以当教师，从事教学工作，至于戏嘛，就不要再演了，红线女这个名字也不要再用了[2]。

这一年，红线女从"牛棚"被"解放"出来，在伙房里当杂工。红线女与家人被安置在广州市东山区松岗东31号二楼居住[3]。

---

1 1970年4月24日，中国经过与越南、老挝的领导人以及西哈努克亲王磋商后，决定在广州举行三国四方会议（三国是指越南、柬埔寨、老挝；四方是因为越南尚未统一，有越南南方的领导人参加），建立联合抗美救国统一战线。参加会议的四方代表有：柬埔寨的西哈努克亲王、老挝的苏发努冯亲王、越南南方民族解放阵线的阮友寿，以及越南北方代表范文同。

2 自此至"文化大革命"结束，红线女在一切场合只用邝健廉原名，为便于叙述，本书中仍称红线女。

3 马鼎昌. 马师曾与红线女[M]. 香港：中华百科出版社. 2016：273.

1971年（47岁）

11月

26日晚，红线女应周恩来要求，参加了接待外宾的外事活动及相关演出。当天，红线女演唱了粤剧《沙家浜》选段，越南总理范文同等人观看了演出。

这一年，广东省粤剧团移植演出了样板戏《沙家浜》。广东省革委会指示文化部门，做好粤剧改革尤其是接班人的培养工作，红线女复出，并任广东省文化局副局长，挑起下乡选苗的担子。

1972 年（48 岁）

2 月

22 日至 23 日，广东省文艺战线革命委员会召开省直文艺界高级知识分子座谈会，红线女、罗品超、关山月、黄新波、苏怡、白驹荣、陶金、陈残云等 17 人到会[1]。

8 月

13 日，红线女到火车站为瓦尔特·伦施勒率领的瑞士议员小组送行，该议员小组结束了在中国的友好访问，乘火车离开广州回国[2]。

下半年

红线女调入广东粤剧训练班[3]，即"五七"粤剧学校担负专业教学工作。

---

1 广东省地方史志编纂委员会编．广东省志·文化艺术志[M]．广州：广东人民出版社．2001：69．
2 瑞士议员小组离开广州回国[N]．人民日报．1972.08.14．
3 广东粤剧学校创立于 1960 年，首任校长白驹荣，其前身为 1959 年创立的广州粤剧学校。学校建制 1968 年被撤消，1972 年重新成立此班。

1973年（49岁）

年初

粤剧移植"样板戏"《沙家浜》要拍成电影。国务院办公厅提出，影片要拍得有质量、有影响，应由红线女演阿庆嫂，广州有关部门只好同意让红线女用"邝健廉"一名去演阿庆嫂一角。参与拍摄这部影片的主要演员还有容剑平（饰郭建光）、仇小冰（饰沙奶奶）、关国华（饰刁德一）、王中玉（饰胡传奎）、黎国荣（饰程天民）等，电影导演为于得水。电影拍完后，红线女仍不能在舞台上演出。

2月

9日，红线女与华山[1]结婚。

---

1 华山，广西南宁人，1938年入延安鲁迅艺术学院学习，不久到《新华日报》社工作，开始战地记者生活。抗战胜利后任新华社总社记者，先后采访东北前线和朝鲜战场、地质勘探工地等。1957年下放到三门峡工地。1965年至1976年在河南林县劳动。除创作了优秀小说《鸡毛信》外，还出版了通讯特写集《光荣属于勇士》《英雄的十月》《踏破辽河千里雪》《劳动旗手甄荣典》《黄河散记》《童话时代》《黄河断流》《远航集》《朝鲜战场日记》，其中《窑洞阵地战》《承德撤退》《阵地春节散记》《大戈壁之夜》等篇，都是通讯报告佳作。

5月

19日至26日,红线女与罗品超、仇小冰等人赴京参加中央人民广播电台粤剧《沙家浜》《海港》《红色娘子军》等七个唱段的录音、录像工作[1]。

---

[1] 广东省地方史志编纂委员会编.广东省志·文化艺术志[M].广州:广东人民出版社.2001:70.

红线女以本名邝健廉,主演粤剧电影《沙家浜》

红线女(后排左二)与广东"五七"粤剧培训班师生合影

1974年（50岁）

2月

13日，白驹荣[1]病逝，红线女参加相关悼念活动。

9月

为移植"样板戏"《杜鹃山》，红线女与该剧组23人到井岗山深入生活。

23日，红线女参加为招待菲律宾共和国总统马科斯的夫人伊梅尔达·罗穆亚尔德斯·马科斯等菲律宾贵宾举行的音乐会。出席音乐会和参加演出的文艺界知名人士还有谭富英、袁世海、杜近芳、刘长瑜等人[2]。

30日，红线女作为文化艺术界代表之一，出席在人民大会堂举办的盛大招待会，热烈庆祝中华人民共和国成立25周年[3]。

---

[1] 白驹荣（1892—1974），粤剧白派艺术创始人，被粤剧界的人尊称为七叔。原名陈荣，字少波，广东顺德人。1958年任广东粤剧院艺术总指导，次年任广东粤剧学校校长，培养了大批粤剧接班人。白驹荣曾任广东省人民代表大会代表、中国戏剧家协会广州分会主席。

[2] 江青同志举办音乐会招待马科斯总统夫人，李先念、吴德以及有关方面负责人出席音乐会，江青同志介绍我国文艺界著名人士同菲律宾贵宾见面[N]. 人民日报.1974.09.24

[3] 周恩来总理举行盛大招待会，热烈庆祝中华人民共和国成立25周年[N]. 人民日报.1974.10.01.

在人民大会堂的国庆宴会上,红线女(左二)、杨春霞向周恩来总理敬酒

10月、11月

10月底至11月初,红线女与《杜鹃山》剧组到北京参加国务院文化组举办的《杜鹃山》学习班。

11月8日,在广州火车站,红线女为前来访问的澳大利亚代表团送行[1]。

春、夏间

红线女到延安参观学习,她念念不忘要继续演好刘胡兰,绕道到山西文水县云周西村,访问了刘胡兰的父亲、继母和乡亲。在乡亲的指引下,一一凭吊了烈士的遗迹。如烈士被杀害之处、烈士被囚禁处和杀害烈士所用的铡刀等。

这一年,红线女调入广东省文化局,主要工作仍是负责粤剧训练班的教学和协助广东省粤剧团[2]移植"样板戏"。

---

[1] 澳大利亚文化代表团离开广州回国[N]. 人民日报.1974.11.10.
[2] 广东粤剧院建制被撤销,重新成立此团。

1975 年（51 岁）

1 月

13 日至 17 日，红线女在北京出席第四届全国人民代表大会第一次会议，并担任主席团成员。

本月，广东省在肇庆举办移植"样板戏"《杜鹃山》学习班。红线女与《杜鹃山》剧组到肇庆向本省各剧种、剧团代表进行辅导和对口排练。

5 月

1 日，红线女参加首都各界群众庆祝"五一"国际劳动节的节日联欢活动[1]。

---

1 首都工人阶级和劳动人民热烈欢庆"五一"[N]. 人民日报 .1975.05.02.

1976年（52岁）

1月

8日，周恩来去世。红线女全家向邓颖超发出唁电，沉痛悼念周恩来。

18日，红线女得到有关部门通知，获准进京悼念周恩来。

5月

2日到6日，红线女接待泰国艺术厅艺术团来华访问。6日，红线女作为中国人民对外友好协会广东分会副会长到广州机场为艺术团送行[1]。

---

1 泰国艺术厅艺术团离开广州回国[N]. 人民日报.1976.05.07.

1977年至1978年（52岁—54岁）

粉碎"四人帮"后，红线女又被强加上"江青亲信"等不实之词，再次被审查，不能参加艺术活动。

红线女（左二）与邓颖超（右二）等人合影

1979年（54岁）

对红线女的不实之词一一得以澄清。经历过"文革"的浩劫，又经历了"文革"后的种种不公平待遇，红线女对自己从香港回到内地的选择却从未后悔过。她说："我回来肯定是对的，没有感到回来是错的，如果不回来才是错的。因为我对艺术有追求，但在香港没有办法，没有人能够帮我的忙。搞了真善美剧团，搞了个《蝴蝶夫人》，你看，搞得我精疲力竭。……就不如我回来，想学什么就有什么，想找哪个老师就找哪个老师，这是很重要的。所以，我一点后悔的想法也没有。"[1]

9月

3日，红线女调任广州粤剧团任艺术总指导。

30日，红线女在广东省、广州市庆祝中华人民共和国成立30周年晚会上，演唱了《李香君·守楼》一曲。这是她在"文化大革命"后，第一次重登舞台演唱，备受瞩目。

---

[1] 安志强. 徜徉在红腔乐海中[M]. 北京：中国文联出版社. 2005：31.

10 月

红线女赴京参加第四次全国文代会。30 日,她听了邓小平同志《在中国文学艺术工作者第四次代表大会上的祝辞》。

香港无线电视台在广州采访红线女时,红线女与粤剧前辈梁醒波见面

红线女与著名导演阿甲合影

1980年（56岁）

3月、4月

3月19日至4月23日，以红线女为艺术指导的中国广东粤剧团一行59人，经香港到新加坡访问演出，主要演员有陈笑风、陈小茶、卢秋萍、白玉珊、郎秀云、吴粉超、许玉麟等。港澳和海外广大粤剧观众，对于红线女的情况一直非常关注，得知她重登舞台的喜讯，纷纷邀请她到外边演出，殷切期望能看到这位阔别20余年的艺术家在舞台上的风采。新加坡当局成立"中国广东粤剧团莅新演出工作委员会"负责接待工作。剧团在新加坡演出32场，其中由红线女主演的剧目有长剧《搜书院》，折子戏《昭君出塞》《打神》等。这是中华人民共和国成立后，中国的粤剧团首次赴新加坡演出，红线女精湛的表演艺术，引起很大的轰动。当地报刊纷纷发表文章，予以热情的赞扬[1]。

5月

5月12日至7月8日，以红线女为艺术指导的中国广东粤剧团原班人

---

[1] 周丽娟编著. 中国戏曲艺术对外交流概览 (1949–2012)[M]. 北京:文化艺术出版社 .2014: 79.

马在香港、澳门两地演出共50场[1]。这是红线女自1955年回广州工作后首次赴港、澳演出，成为轰动港、澳和海外的一大新闻。

12日下午，剧团乘火车抵达九龙红磡车站时，香港市民早已闻风而来，伫立等候，车站外万头攒动，专为一睹红线女的风采。香港当局虽已出动警察维持秩序，接待人员见人群过于拥挤，只好护送红线女从另一通道出站。当地报纸称之为掀起了"红线女旋风"。

14日，广东粤剧团开始在香港的演出，演出剧目包括《搜书院》《宝莲灯》《绣襦记》和折子戏《昭君出塞》《山伯临终》《春草闯堂》《夜战马超》等。为广东粤剧团的演出，港澳许多报刊纷纷增加版面和出专刊介绍演出盛况，热情评论红线女等人的表演艺术，认为广东粤剧团的到来"使沉静多时的本地粤剧重现生气"。粤剧老行家、老观众认为阔别20余年的红线女在舞台上"神采依然"，演技更为"炉火纯青"，台风更见"大家风范""大将风度"。

6月

24日至25日，香港举行"省港红伶大会串"，参加大会串的省、港艺人约300人。红线女与邓碧云、梁醒波合演了《三跪一拜进喜堂》[2]和《慰妻》[3]。

港、澳演出归来后，红线女马上着手准备她复出后的第一个新戏——根据曹禺话剧《王昭君》改编的粤剧《昭君公主》。在选择这个戏时，她曾经听到各种各样的意见：有人认为通过王昭君这个人物表现民族团结的主题，只是出于政治的需要；有人认为王昭君自愿请行，虽有正史的记载，也是不可信的；较多的人都是觉得她的《昭君出塞》已经演了近30年，《出塞》一曲更是"红腔"代表作之一，四方传唱，家喻户晓，还在世界青年联欢节上得过金质奖章。现在又演一个戏剧主题和人物都大不相同的王昭君，另唱一支新的《塞上曲》，为她重登舞台的第一个新戏就自己和自己"打擂台"而担心。

---

1 其中香港44场，澳门6场。
2 马派名剧《刁蛮公主戆驸马》的一折。
3 薛派名剧《胡不归》的一折。

红线女经过反复思考，认为即使撇开国家民族的大问题，王昭君只从个人命运考虑，她自愿请行也是可信的，远嫁异邦还可以过人的生活，总比囚禁宫廷过着像孙美人那样人不像人、鬼不像鬼的生活强。古典剧目、传统剧目的王昭君表现民族屈辱，有当时的历史、社会原因，表达了当时人民的感情和意愿，因而有它的存在价值。而今天的社会和人民，更需要根据历史的真实，表现民族团结的王昭君。两个王昭君可以在舞台上并存，自己也两个都演，让观众自由选择。至于《昭君出塞》的成就和影响，那都是过去的事了，一个演员不能满足于自己的过去，必须对自己不断做出新的要求，进行新的探索，取得新的发展。最后红线女决定编演这个戏，并特邀京剧著名导演李紫贵前来执导。

9月

29日，红线女参加广东省剧协为成都市川剧院赴穗演出举行的座谈会，并在会上发言：

> 第一场我病在床上未去看演出，但我请了个代表去。他回来说，你没有看到《王熙凤与尤二姐》真是个遗憾。剧本很好，把曹雪芹的潜台词都表现出来了，说明了王熙凤为什么要害死尤二姐，主要是一场夺权斗争。这戏今天看都有现实意义。

> 我想，川剧为什么敢于这样改编曹雪芹的书？叫我们改，我们就不敢碰，更不敢动，被框框条条束缚着。川剧敢，是因为作者对《红楼梦》很熟悉，她才知道该摘取哪一段，她有很好的基本功和写作能力，所以才敢写。观众现在对戏曲厌倦，主要是剧本老一套，演出老一套。

> 刘成基、阳友鹤、曾荣华这些老师没看见，很遗憾。高兴的是晓艇、筱舫都是成熟的演员了。这次川剧来，有新人、有新戏，是因为他们团结起来，互相没有保留。我不相信他们原来就这么完整、丰富。是大家团结一致，积累起来的，我们也学过川剧的东西，但学回来后各打各的仗，所以始终没有搞出东西。

川剧这次在编、导、演上都有突破，《鸳鸯谱》的舞美简单但能说明环境，适合戏曲表演。[1]

冬

广州粤剧团一团在广州公演《昭君公主》，红线女饰王昭君，陈笑风饰呼韩邪单于。参加演出的主要演员还有黄志明、梁金城、陈锦心等。在广州首演后，又转到从化等地巡回演出。

这一年，红线女在编演《昭君公主》的同时，对她原来演出的《昭君出塞》作了第三稿的修改。第一稿是1953年香港"真善美"剧团的演出本，结尾是昭君从京城随呼韩邪出塞到匈奴。第二稿是1956年初，回广州工作后的演出本，马师曾依据元杂剧《汉宫秋》和明传奇《和戎记》，把结尾改为王昭君投黑水河自尽。无论一稿和二稿都只是长剧中的一场，拿来独立演出就觉得情节过于简单，观众主要是欣赏"出塞"一曲。红线女希望在保留"出塞"一曲的基础上，改写成为一个有唱、念、做、舞的完整的折子戏。此时马师曾已去世多年，红线女请与她合作多年的老编剧杨子静改写。前面增加一段文武官员送行，昭君看到这一群尸位素餐、不能保国安民的官员，更添感触。悲从中来，送行酒果难以下咽，怅然四顾，不见家乡父母，不见故国长安的情节铺垫和内心刻画，丰富了上路、换装的表演。结尾改为呼韩邪单于与匈奴牧民前来迎接，增加"仿昭君怨"一段曲，单于为昭君敬上一杯葡萄酒，百般劝慰，亲自为她执鞭牵马，共归匈奴，使整折戏的情节和表演都丰富了。当时也有人认为有了表现民族和睦的《昭君公主》，她原来的那个《昭君出塞》就没有存在价值了，但红线女仍坚持认为两者可以并存的。这个第三稿经过她精心重排，一直演了下去，到海外演出时，还让许多老华侨产生思国怀乡之情，收到意想不到的效果。

---

[1] 李致主编. 名家论川剧[M]. 成都：四川出版集团，2007.2：145.

红线女(中)与陈一民(左二)等在新加坡牛车水人民剧场门前合影

红线女复出后,在香港红磡火车站受到热烈欢迎

粤剧《昭君公主》，红线女饰王昭君

1981年（57岁）

1月至3月

中国剧协广东分会《南国戏剧》《百花园》编辑部评选1976年至1980年广东省粤剧百花奖。红线女和《昭君公主》获得的奖项有：红线女获最佳女演员奖[1]。《昭君公主》的改编者红线女、秦中英（执笔）获最佳编剧奖。《昭君公主》的导演李紫贵，副导演郭慧、冯小娟获最佳导演奖。[2] 颁奖仪式于当年5月6日举行。

5月

广东省文化局举行1981年全省专业戏剧调演，5月5日至21日为第一轮，9月11日至11月4日为第二轮，共有12个剧种30个剧团的31个剧目参加。《昭君公主》参加第一轮演出，获二等奖[3]。

---

[1] 以下是卢秋萍、倪惠英。

[2] 中国戏曲志编辑委员会. 中国戏曲志·广东卷[M]. 北京：中国ISBN中心出版社，2000：63.

[3] 一等奖空缺。参见中国戏曲志编辑委员会. 中国戏曲志·广东卷[M]. 北京：中国ISBN中心出版社，2000：64.

8月

下旬，广州市举行1981年专业文艺调演。红线女主演的《昭君公主》和《陈铁军》两个戏都参加演出。《昭君公主》获演出一等奖，舞台美术一等奖，音乐唱腔设计二等奖[1]，导演一等奖。《陈铁军》获表演二等奖，舞台美术二等奖。红线女获表演奖。

10月

月初，辛亥革命70周年前夕，红线女到广东省中山县（今中山市）新建的"中山温泉"，参加纪念辛亥革命70周年举办的"中山之夜"文艺晚会[2]。

11月

5日，广东省文化厅、省文联联合广州市文化局等单位，为著名粤剧表演艺术家靓少佳从艺62年暨74岁寿辰举行庆祝会[3]。红线女在会上发言，热烈祝贺和赞扬靓少佳的艺术成就和贡献，并撰写了《佳叔带我进入文艺界》一文，发表于《舞台与银幕》第22期。

12日，在广州中山纪念堂，参加纪念孙中山诞辰115周年仪式及相关活动。

12月

14日至17日，广州粤剧团举行了为期四天的青年演员、音乐员技艺比赛。作为艺术总指导的红线女每场都到场观看，并对参赛的青年演员进行辅导。

---

1 该奖项没有评出一等奖。
2 周毅之，阮国光. 翠亨行——记港澳各界瞻仰孙中山故居[N]. 人民日报．1981.10.14.
3 靓少佳(1907—1982)，原名谭少佳，字春田，广东南海县（现佛山市南海区）平洲人，粤剧表演艺术家。出身于粤剧世家，他是红线女的舅父。其父为谭杰南（艺名"声架南"），叔父谭叶田（艺名"公爷创"），两位都是著名武生。6岁跟随父亲到新加坡读书学艺，12岁登上舞台，19岁便在人寿年戏班当正印小武。成名的演出作品包括《龙虎渡姜公》《十美绕宣王》《十奏严嵩》等。

夏

演出反映大革命时期广州革命斗争的现代戏《陈铁军》,红线女饰陈铁军,黄志明饰周文雍。

粤剧《陈铁军》,红线女饰陈铁军

1982年（58岁）

3月
29日，红线女的舅父靓少佳逝世。

4月
6日，红线女参加了靓少佳的追悼会，并撰写了《悼念佳叔》[1]一文。

6月至8月
6月10日[2]至8月7日，应加拿大温哥华中华文化中心和美国旧金山中华文化中心的邀请，以广州粤剧团为主，红线女、陈笑风任艺术指导的中国广东粤剧团，赴加拿大的温哥华、埃特蒙顿、蒙德利尔、多伦多，美国的纽约、旧金山、洛杉矶等7个城市演出。访问长达57天，共演出39场，观众近10万人次。

红线女主演的剧目有《搜书院》《焚香记》，折子戏《昭君出塞》。除演出外，红线女等还应邀访问了加拿大的维多利亚、渥太华和美国的费城、华

---

[1] 红线女．悼念佳叔[N]．广州日报．1982.4.13.
[2] 红线女在《1982年赴美加演出日记》中所记录的时间为6月11日。参见红豆英彩：我与粤剧表演艺术及其他[M]．广州：广东人民出版社，1998：209.

盛顿四个城市，在各地会见各界知名人士、侨领、华侨社团负责人及侨胞达数千人。

这是中华人民共和国成立后，中国粤剧团第一次赴北美演出。侨胞看了演出后，盛赞粤剧改革取得很大成绩。一些老观众看了《搜书院》后，认为红线女演翠莲演得惟妙惟肖，她的唱功比30年前更加炉火纯青，令人倾倒。不少老华侨看《昭君出塞》时，一曲"尽把哀音诉，叹息别故乡"，那如怨如慕、如泣如诉的歌声，勾起了他们的思乡情绪，不禁鼻酸泪流。演出不但在华人中引起极大轰动，对外国朋友也有巨大的吸引力，赢得他们热烈的赞赏。美国戏剧评论家爱德华·罗斯坦撰文赞美《搜书院》是"奇异的演出，令人神往惊叹"。美中友好协会主席罗森说："虽然我不懂红线女的唱词，但她的表演很感动人，她是一位水平很高的艺术家。"联合国交响乐协会主任伊格看了《焚香记》后说："中国粤剧的艺术性很高，演得很出色，在最后一场（按：指"活捉王魁"一场）戏里，我差点哭起来了。"美籍华裔钢琴家李献敏认为《焚香记》可与意大利歌剧《蝴蝶夫人》媲美，她看了演出之后，感动得掉下眼泪来，连声称赞："优美、伟大的演出。"人们称这次红线女与粤剧团到北美的演出是"南国红豆，北美飘香"。

12月

18日至31日，文化部调红线女主演的剧目《昭君公主》《昭君出塞》《刘胡兰·大庙》到北京演出[1]。这是"文化大革命"后红线女首次进京，因而特别令人瞩目。

23日晚，红线女在北京人民剧场首场演出。1983年元旦前夕，还到中南海怀仁堂演出了两场，杨尚昆、万里、习仲勋、乌兰夫、廖承志等中央领导和周扬、贺敬之、朱穆之、曹禺、周巍峙、吴雪等文艺界知名人士观看了演出，并赞扬"粤剧团演出很成功""红线女风采不减当年"。乌兰夫看了《昭君公主》后高兴地握着红线女的手说："这个是真正的王昭君。"话剧原作者

---

[1] 易凯. 红线女率团来京演出粤剧《昭君公主》，习仲勋、杨尚昆、廖承志等观看演出[N]. 人民日报.1982.12.24.

曹禺认为粤剧加了"出塞"一场，写了王昭君的内心矛盾，人物更加丰满了。廖承志主张把该剧拍成电影。叶剑英委员长在家中亲切地接见了红线女及剧团领导。红线女在人民剧场公演时还演出了《刘胡兰·大庙》，北京观众见演刘胡兰的演员身材扮相还是这么年轻，身手动作还是那么矫健利索，声音又是那么圆润透亮，许多人不相信扮演16岁刘胡兰的红线女已经50多岁了。

这一年，香港影视出版社出版了《红线女小传·日记·文选》[1]一书。书中收有不少记录红线女生平的照片，还有红线女的手迹。文字部分有红线女的生平、日记以及她谈唱腔艺术的心得体会，还有她撰写的散文《勒杜鹃》以及悼念靓少佳的文章。

同年，红线女发表的文章还有《给〈羊城晚报〉读者的信》[2]《赴美加演出日记》[3]。

---

[1] 红线女（邝健廉）. 红线女小传·日记·文选[M]. 香港：香港影视出版社.1982.
[2] 给《羊城晚报》读者的信[N]. 羊城晚报 . 1982.07.27.
[3] 1982年9月25日至10月1日《羊城晚报》连载，收入《红豆英彩：我与粤剧表演艺术及其他》一书。

广东粤剧团赴美、加演出粤剧《昭君出塞》,红线女饰王昭君,黄志明饰呼韩邪

红线女在北京演出《昭君公主》,杨尚昆(左三)、曾生(左四)、万里(左二)等中央领导向演员祝贺

红线女指导红虹排《搜书院》的翠莲

1983年（59岁）

1月
9日，《人民日报》刊载李紫贵的文章《红线女与粤剧〈昭君公主〉》[1]。

10月
红线女与广州粤剧团一团赴深圳市，为广东省儿童福利会筹款义演两场。红线女主演《刁蛮公主》一剧。

11月
红线女应邀赴香港为东华三院筹款义演，她重演了1961年用粤剧梆子、二簧曲调配谱的《思凡》，剧中她饰演小尼姑。红线女还与新马师曾合演了《白蛇传·祭塔》，她饰白娘子，新马师曾饰许仕林。当晚，二人的演出通过电视台现场直播，观众反响强烈，并筹得善款1388万港元，为当晚义演最高数额。

这一年，红线女把主要的时间、精力都放在培养青年的工作上。为了充

---

[1] 李紫贵. 红线女与粤剧《昭君公主》[N]. 人民日报. 1983.01.09.

实艺术力量、积极培养人才，根据红线女的建议，广州粤剧团以原青年剧团为基础，组建实验粤剧团，并先后调入红虹、王凡石、叶伟雄、谭志基、梁慕玲、许玉麟和梁耀安等主要演员。经过半年的调整，新组建的剧团开始排演新剧目。9月，实验粤剧团正式成立并推出两台大戏，一台是根据莎士比亚《威尼斯商人》改编的粤剧《天之娇女》，红虹、王凡石、钟康祺、叶伟雄等主演；一台是整理改编的传统剧目《白蛇传》，由倪惠英、罗伟华等主演。

两台戏红线女都要求在继承传统的基础上有所革新，从编写剧本到排练演出，都在她具体的指导下进行，同时她还兼任两个戏的导演。两台大戏均以崭新的面貌和较高的艺术质量，受到广泛好评。

这一年，根据红线女的建议，剧团派出倪惠英、罗伟华、陈永红等一批青年演员到北京、四川等地学戏，学习移植了《双下山》《踏伞》等一批经典折子戏。

红线女在香港"欢乐满东华"筹款义演活动上演出剧目《思凡》，红线女饰小尼姑

1984年（60岁）

1月、2月

1月16日至2月12日，由广州粤剧团实验剧团组成的中国广州粤剧团，以红线女为艺术指导，应邀赴新加坡，在牛车水剧场演出29场，剧目有《白蛇传》《刁蛮公主》《李慧娘》《春草闯堂》《昭君出塞》等。此次演出以青年演员为主，前26场由倪惠英、红虹、王凡石、钟康祺、罗伟华等青年演员担纲主演，最后3场红线女亲自披挂上阵。由于每个戏都经过精雕细琢的排练，有较高的艺术质量，青年演员朝气蓬勃，技艺娴熟。各方面反映良好，青年演员首次在国外演出挑大梁，也得到很好的锻炼。最后3场红线女参加演出，又一次引起全埠轰动。此次到新加坡的演出，就在高潮中结束。

在新加坡期间，红线女到敦煌剧坊指点演员排练《宝莲灯·仙遇》和《昭君出塞》。[1]

10月

4日，经过半年的筹备，红线女独唱会于国庆期间参加广东省艺术节，在中山纪念堂隆重演出。当晚，纪念堂内座无虚席，上演的节目有《一代天

---

[1]【新加坡】胡桂馨. 红线女——良师益友. 参见论红线女舞台艺术[M]. 北京：奥林匹克出版社. 1996：519.

娇》《摇红烛化佛前灯》《文君叹月》《红娘》《昭君出塞》《刘胡兰》《荔枝颂》《香君守楼》《山乡风云》《昭君塞上曲》《祭塔》《娄山关》《大江歌罢棹头东》《花市》《明月几时有》《游子吟》《花城之春》，以及《搜书院·柴房自叹》《蔡文姬·哭坟》《焚香记·打神》《焚香记·梨花落》《苦凤莺怜·平湖秋月》《关汉卿·蝶双飞》《关汉卿·沉醉东风》《昭君公主·长相知》等折子戏[1]。其后，她又到中山大学、友谊剧院、南方剧院、佛山市市桥镇等处演出9场，观众达1.7万人次。随后，在举办的座谈会上，专家、学者们充分肯定了独唱会取得的成绩，认为个人独唱会的形式在戏曲界开了先河。广东省艺术节的《简报》集中了各方面的评论，认为"红线女独唱会集中了她的戏曲声乐艺术精华，反映了她从艺45年的艺术成果，体现了她的学识广博、才华出众和极高的艺术造诣。""红线女年近花甲，仍保持艺术青春，这是戏曲界少有的佳例，堪称当代杰出的戏曲表演艺术家和歌唱家。"[2]

除去开支，独唱会收入20余万元，连同友人资助独唱会的50万元，红线女把这70多万元全部存入银行作为红线女粤剧艺术基金，所得利息用于培养粤剧新苗及奖励对粤剧艺术有贡献的人。在文艺界有些人到处"走穴"，索要高额出场费的风气下，红线女的做法尤为可贵。

这一年，音乐家李凌的《音乐漫话》由中国文联出版公司出版。书中谈到红线女的演唱艺术时予以很高评价，李凌认为："粤剧女歌者发展成为有深度而又有创造性把粤剧女声声乐艺术提到一个新的高度，应该说是从红线女开始的。""她在粤剧女声中，成为承先启后的一代艺人，影响国内外，在我国民族声乐艺术上独树一帜，并占有重要的位置。"

在具体分析红线女的声艺时，李凌说："红线女音质优美，基础深厚稳实，音色清脆秀丽，富有变化。高、中、低音区的声音统一、匀称，很少歌者能像她那样，既有嘹亮的歌音，音域特别宽阔，又柔美而有力度。特别是高音区，发音行腔自然、婉转、丰美，结实而又达远。""红线女演唱的最大特点，是在她掌握了人物性格特色之后，能够应用丰富而多变的歌唱音色，在音乐

---

[1] 参见《红线女独唱会节目册》，非正式出版物。
[2] 谢彬筹，谢友良主编．红线女粤剧艺术[M]．北京：中国戏剧出版社．2006：158．

上创造出不同的歌音风格……人们可以从她歌唱的韵味、色调、力度、节奏、语气、起承转合中，领会她所饰的角色的性格和际遇。这种创造，在戏曲舞台上，在声乐的表演艺术上是特别可贵的，是艺术创作高度成熟的标志，也是许多人所努力追求而不易获得的。"[1]

红线女独唱会

---

[1] 李凌．音乐漫话[M]．北京：中国文联出版公司．1984：154−156．

1985年（61岁）

2月

19日，红线女参加1985年中央电视台春节联欢晚会，演唱粤曲《花市》《花城之春》。

4月

亚洲协会（Asia Society）表演中心给红线女颁发"杰出艺人奖"，联合国交响乐协会给红线女授予"太阳和平奖"。这是红线女继1957年在世界青年联欢节获金质奖章之后，又一次受到国际艺术组织的奖励。"杰出艺人奖"和"太阳和平奖"的奖牌交由当时正在北美演出的广州粤剧团带回来。同时，带回来的还有美国纽约各界华侨赠给红线女的一个刻有"桃李满门"四个字的银碗，表达了广大侨胞对红线女悉心培养粤剧事业接班人的敬意。

6月

广州粤剧团对下属演出团进行了一次较大的调整，组成了实验、春风、新时代、群英四个不同类型、风格的演出团。红线女兼任实验剧团的艺术总监，指导该团排出"挂牌戏"《凤阁双姝》[1]。

8月

为参加文化部举办的1985年全国戏曲观摩演出剧目评选，在红线女的邀请下，珠江电影制片厂在广州军区礼堂现场录制《天之娇女》的舞台演出。当年的评选结果是，该剧荣获"观摩奖"。

9月

为培养粤剧新苗，根据红线女的建议，广州粤剧团开办青年演员培训班，筹备工作从五六月份就开始进行，从物色演员、挑选演员到现场考试，红线女都亲力亲为。该年的考核结果是，新招收了9名学员，于9月正式开班。第一课即是红线女教唱《一曲赞歌奉献给党》[2]，使演员们一入学便受到热爱党、热爱社会主义的教育。

22日，红线女的丈夫华山因肝癌医治无效于广州去世，享年65岁[3]。

12月

中国艺术研究院派人来广州，进行粤剧传统剧目的录像工作。红线女在《三娘教子》中饰王春娥，这是她曾经演出过多年并拍过电影的角色。

---

1 由倪惠英、许玉麟、罗伟华、郭凤女等主演。
2 用粤剧小曲【小桃红】填词。
3 著名新闻记者华山逝世[N]. 人民日报 .1985.09.25.

中央文化部艺术研究所赴广州拍摄红线女主演的粤剧《三娘教子》,红线女饰王春娥(三娘),王志明饰薛保,郭凤女饰倚哥

1986年（62岁）

4月

20日，《光明日报》发表了红线女为悼念华山逝世一周年写的散文《插柳岳西》。这是她从丈夫墓地返回时，在太原停留的两个夜晚泣泪写成的。文章尽情抒发了红线女对巍巍太行和华山的无限深情。

4月至6月

实验剧团编演新编古装长剧《吴起与公主》，红线女从剧本的讨论、修改到排练都十分关心，提出不少意见和点子，帮助该剧成功演出。

7月

1日至7日，为庆祝中国共产党诞辰65周年，广州粤剧团举办了优选剧目演出周。红线女在首场主演了现代戏《山乡风云》的选场。

8月

《红线女自传》由香港星辰出版社出版。红线女这本自传，原计划由她

《红线女自传》，香港星辰出版社出版

1927年[1]出生写到1985年，初定书名为《我的五十八年》，但写到1956年中就戛然而止。内容涉及从香港回广州后参加广东粤剧团演出《搜书院》，就因事耽搁下来。星辰出版社的编辑觉得已写成的部分，其内容可以自成篇幅，并考虑到关心红线女的读者或有先睹为快的要求，因此决定将这部分内容改名为《红线女自传：1927—1956》先行出版。

全书约7万字，附有较有资料价值的生活照和剧照41幅。作家秦牧为此书题写了《风雨梨园五十年》的序，序文说："这本书是很有出版价值的，原因是它既反映了一位著名女演员的成长道路，又保存了许多粤剧史料，文笔也相当活泼清新。"[2] "书型虽小，它的内容倒的确丰富多彩，记叙的事迹，有不少是相当出人意表的。"[3]

10月

为筹备纪念著名粤剧艺术家薛觉先逝世30周年活动[4]，由欧阳山任筹委会主任，红线女等12人为副主任，广东粤剧界举办了隆重的纪念活动。在纪念大会上，红线女做了发言，并由她亲自整理成《怀念与学习——纪念粤剧杰出表演艺术家薛觉先五哥逝世30周年》一文，收录在筹委会编印的《薛觉先纪念特刊》中。文中，红线女叙述了她身受薛觉先教益的经历，对薛觉先的艺术成就和粤剧贡献作了高度评价，并提出观点"对他的艺术，我们要有点科学的态度，要比较准确而又全面地去进行研究"。

在纪念演出第一晚，红线女与香港名伶林家声合演了薛派名剧《胡不归·慰妻》，红线女饰赵颦娘，林家声饰文萍生。第三晚，红线女以平喉与青年演员白雪红对唱了《慰妻》。

---

1 这本自传说红线女出生于1927年。
2 红线女（邝健廉）.红线女自传：1927—1956[M].香港：星辰出版社.1986：5.
3 红线女（邝健廉）.红线女自传：1927—1956[M].香港：星辰出版社.1986：5.
4 薛觉先逝世于1956年10月31日。

1987年（63岁）

9月、10月

9月底至10月初，经文化部挑选，广州粤剧团以红线女独唱会的部分曲目和实验剧团的《吴起与公主》，参加在武汉举行的"第一届中国艺术节"[1]中南片的演出活动。红线女与当年在北京一同参加戏曲表演艺术研究班的常香玉、陈伯华、尹羲又会聚一堂，并在武钢剧场举行专场演出。当日，红线女独唱会的部分曲目受到观众热烈欢迎，《吴起与公主》的演出也获得好评。武汉的各大报刊纷纷发表了新闻报道和评论文章。

12月

广州粤剧团举办全团性的青年技艺比赛，红线女担任评委会主任。全团挑选出30多个折子戏进行初赛，再从中选出十多个艺术质量较高的剧目在剧场公开决赛。其中在1985年秋，由红线女亲自招生创办的"青年演员培

---

[1] 1987年秋，由中国政府批准，在北京举办首届中国艺术节。此外还有十一届三中全会以来优秀美术作品和几个不同的民间美术展览，以及全国少数民族传统乐器展览和彝族服饰展览、表演等。第一届中国艺术节的地区性活动，从8月15日起，到10月10日止，分别在华东（上海）、中南（武汉）、西北（兰州）、四川、贵州、新疆维吾尔自治区（乌鲁木齐）、大连市和天津市举行。

训班"[1]经过两年多的学习和训练,并经红线女指导排出的《三岔口》《搜书院·柴房自叹》等折子戏,在这次青年技艺比赛中表现突出,取得好成绩。

夏

广州粤剧团以广东粤剧学校分配来的 39 名毕业生为基础,组成新的青年剧团。红线女从 8 月起主持该团工作,抽调了许玉麟、郭凤女等中青年艺术骨干加强该团力量。8 月下旬至 9 月初,该团人员到武警总队接受为期两周的军训,并聘请优秀教师授课,加强青年剧团成员的基本功和唱功,用几个月的时间排出了大型现代戏《山乡风云》和马派剧目《宝鼎明珠》。这两个剧都是红线女演出过多年的戏,排练时红线女逐个动作、逐个唱腔一丝不苟地向新分配来的毕业生和青年演员传艺。此外,还排了一批折子戏。

---

[1] 1986 年秋纳入广州市文艺中专的校外班,学制三年。

1988 年（64 岁）

1 月

27 日，红线女率领广州粤剧团到澳门演出[1]。

2 月

春节期间，红线女带领青年剧团送戏下乡，在高要、东莞等地演出十余场。其间除由该团中青年演员演出《山乡风云》《宝鼎明珠》及折子戏《刁蛮公主戆驸马·三步一拜进喜堂》等剧目外，红线女还登台演唱了《红娘》《昭君出塞》《荔枝颂》等"红腔"名曲。

3 月、4 月

红线女当选为第七届全国人民代表大会代表。3 月 25 日至 4 月 13 日，她在北京参加第七届全国人民代表大会第一次会议。

9 月、10 月

自 9 月底至 10 月初，红线女率领以实验剧团为基础组成的广州粤剧团

---

[1] 彭承进. 红线女率广州粤剧团到澳门演出[N]. 人民日报. 1988.01.28.

赴京举办红线女艺术专场演出¹。

28日，红线女在北京人民剧场进行演唱会首场演出。许士杰《听红线女演唱会（三首）》诗云：一九八八年九月二十八日晚，红线女在北京人民剧场做演唱会首场演出。"红腔"飘逸隽永，给首都观众以美的享受。

（一）红腔润脆动京华，三日绕梁入万家。颂得荔枝莹似玉，岭南塞北竞繁花。

（二）疑是丝丝荡笛箫，长空秋雁撩心潮。幽香缕缕人如醉，弥漫声情上碧霄。

（三）飞流直泻溅珍珠，奔放回旋音韵殊。激越戛然情未尽，华灯明月照清渠。²

当天，红线女除演唱《荔枝颂》《柴房自叹》《香君守楼》《蝶双飞》《昭君出塞》等"红腔"代表作外，还演出了折子戏《刁蛮公主·三步一拜进喜堂》。由红线女的学生倪惠英、黄志明、罗伟华、黄宇星等演出《关汉卿》之"狱中蝶双飞"、《白蛇传》之"断桥、产子、合钵"等。出席观看演出的中央有关方面负责人和文艺界知名人士有习仲勋、荣高棠、夏衍、曹禺、马少波、张君秋、王蒙等。演出后，马少波赋诗《贺红线女再度进京演出成功》："弦歌一曲蝶双飞，绝唱千秋六月悲。不减当年红线女，天涯芳草岭南梅。"³5场演出观众踊跃，现场气氛热烈。《人民日报》和北京各大报刊，中央电视台、中央人民广播电台等都做了专题报道和发表了相关评论文章。中国剧协组织了专门座谈会，首都文艺界、新闻界和观众称赞红线女的表演无美不备，给人以极好的美的享受。"人们惊喜地发现，她的歌喉还是那么清脆、圆润，'红腔'还是那么醇美、委婉、沁人心脾。"⁴

---

1 易凯. 一歌一荡气，一唱一回肠. 红线女在京举办演唱会[N]. 人民日报.1988.09.29
2 许士杰. 听红线女演唱会[N]. 人民日报.1988.10.08.
3 马少波. 贺红线女再度进京演出成功[N]. 北京晚报.1988.10.03.
4 曲六乙. 红线女的挑战自我[J]. 红线女艺术研究（第1期）1999,(6)：14.

10月

1日,《人民日报》刊登常立的文章《爱我所爱,无怨无悔——访著名粤剧表演艺术家红线女》[1]。

11月

1日,广东粤剧院成立30周年,红线女撰写了《回顾也是力量》一文,发表在《广东粤剧院成立30周年纪念特刊》中。

11日,红线女应邀赴港,参加香港保良局的慈善筹款义演活动。

---

[1] 常立.爱我所爱,无怨无悔——访著名粤剧表演艺术家红线女[N].人民日报.1988.10.01.

红线女暨广州粤剧团赴京汇报演出

1989年（65岁）

3月

红线女在北京出席全国人民代表大会。

24日，她在出席人民代表大会广东代表团举办的分会时，赋诗抒发心中的感情。"第二位朗诵诗篇的是粤剧名伶红线女，她的作品是首新诗，描述'文革'后重临人民大会堂广东厅的感受。诗中讲到她对广东厅多年来一成不变的惋惜。在时间飞逝、时代前进的今天，红线女觉得广东厅衰老了。"[1]

5月至8月

红线女赴美国、加拿大探亲，在美国期间，她曾连续两天到百老汇观看《歌剧院魅影》(The Phantom of the Opera)。"观看这个名为《歌剧院魅影》的戏，令我对这个戏的表演、导演、舞台美术赞叹不已。"[2] 也观看了《西贡小姐》和《猫》等音乐剧，从中得到不少启发。"这两个戏虽然内容、风格各异，但共同的一点是，他们都在千方百计地使作品能争取到观众的认同，努力地去争取观众的心。"[3]

---

1 赋诗抒怀[N]. 参考消息 .1989.03.26
2 谢彬筹，谢友良主编 . 红线女粤剧艺术[M]. 北京：中国戏剧出版社 .2006：27.
3 谢彬筹，谢友良主编 . 红线女粤剧艺术[M]. 北京：中国戏剧出版社 .2006：29.

红线女主演的《李香君》由香港华雅影业公司拍摄为粤剧艺术片。

《李香君》首演于1963年1月，至此已过了26年，人事已有很大的变迁。当年饰杨龙友的薛觉明、饰马士英的少昆仑、饰苏昆生的王中玉已先后去世，而饰侯朝宗的罗品超已到美国定居，饰李贞丽的李燕清已转业多年从事教学工作，饰郑妥娘的黄洁屏年老退休，也多年息影艺坛。此次拍电影，原班人马中只有红线女和黎国荣两人，新参加的演员有罗家宝（饰侯朝宗）、关青（饰郑妥娘）、郭凤女（饰小红）、赵锦荣（饰苏昆生）、梁金城（饰马士英），还有香港演员阮兆辉和尹飞燕（饰杨龙友和李贞丽）。导演是香港的楚原。影片是在租赁的珠江电影制片厂的场地拍摄的，杨资元等领导出席了开拍仪式。电影本为适应电影镜头的需要，个别场次的情节与舞台演出有所不同，结尾也没有让李香君死去，而是根据明末清初文人笔记中，李香君"随下玉京以终"的记载，处理成她与侯朝宗决裂时表示从此青灯礼佛。红线女觉得这样的处理比原来好。戏中，红线女不但保持了26年前的风采，而且演技更为老到，塑造人物性格更为鲜明，尤其是最后与侯朝宗从劫后重逢到撕扇决裂一段戏，比当年舞台演出更加感人。影片于当年9月22日在香港首映。

9月

下旬，红线女率领由文艺中专粤剧班老师、学员组成的小分队到茂名市演出5场，红线女登台加唱"红腔"名曲，受到热烈欢迎。在广东茂名期间，红线女与小分队成员还参观了茂名石油公司，为石油工人表演了节目。

10月

3日，红线女与小分队在茂名演完最后一场，连夜拉上衣箱，奔驰数百公里赶回广州，如期参加"羊城艺术博览月"的折子戏专场演出。

5日，红线女与罗家宝合演了《搜书院·书房会》。她和小分队演出的折子戏专场，获广州市文化局颁发的荣誉奖。

粤剧电影《李香君》，红线女饰演李香君

1990年（66岁）

1月

30日，为培养粤剧人才，学习、继承、弘扬粤剧艺术，根据红线女的建议，在广州市委、市政府和市文化局的关心支持下，由红线女担任团长和艺术总监的"小红豆粤剧团"正式成立，并积极排戏准备挂牌演出。

2月

22日，为表彰红线女在艺术上勇于攀登、不断革新以及热心培养粤剧事业接班人的积极奉献精神，广东省人民政府特别给予她通令嘉奖的殊荣："二月二十二日省政府通令嘉奖广州粤剧团艺术指导红线女，表彰她为发展粤剧事业做出的新贡献。"[1]

3月

红线女在广东省戏剧家协会代表大会上当选为广东省戏剧家协会主席，并致了闭幕词。剧协专职副主席：吴世枫，兼职副主席：孔雀屏、姚璇秋、梁素珍、姚锡娟、范敏、陈仕元、李毅。

---
[1] 广东省地方史志编纂委员会编.广东省志·文化艺术志[M].广州：广东人民出版社.2001：104.

为筹备粤剧艺术大师马师曾90周年诞辰[1]纪念活动,成立以秦牧为主任,杨奎章为常务副主任,红线女等10人为副主任的筹备委员会。

4月

纪念活动开始,红线女在纪念大会和马师曾艺术研讨会中都做了发言。她在纪念大会上的发言,由她亲自整理成《拳拳赤子心》[2]一文。

在纪念演出中,红线女除全力指导排出马师曾生前的首本戏《关汉卿·蝶双飞》《苦凤莺怜·庙遇》《搜书院·搜院》《刁蛮公主·三步一拜进喜堂》,还在《搜书院·步月抒怀》中反串演出谢宝。

5月

31日,小红豆粤剧团正式挂牌演出,演出剧目有《搜书院》、新编古装戏《梁红玉》、新编现代戏《家》。

7月至9月

红线女指导小红豆粤剧团又排出了《瑞珏之死》《孙悟空三战红孩儿》《六郎罪子》《宝黛盟心》《白蛇传·盗草》《搜书院·搜院》《苦凤莺怜·庙遇》等。先后参加广州粤剧团和广州市文化局举办的1990年度中青年演员技艺比赛,取得了好成绩。

12月

首届羊城国际粤剧节在广州举行。

为筹备羊城国际粤剧节,该年5月成立了以红线女、杨应彬、欧初、张汉青为主任,梁威林为名誉主任的筹备委员会。经过几个月的筹备,粤剧节于12月顺利开幕[3]。

---

1 马师曾生于清光绪二十六年三月初三,即1900年4月2日。
2 红线女. 拳拳赤子心[N]. 人民日报.1990.03.27.
3 梁兆明. 羊城国际粤剧节开幕,李瑞环致信祝贺[N]. 人民日报.1990.12.14.

12日晚，在海内外粤剧演员联合演出的首演式上，红线女代表筹委会致揭幕词。

18日晚，红线女与罗家宝、黄志明、郭凤女、姚志强等在南方戏院演出《搜书院》。她又策划、组织了广州粤剧团的倪惠英、郭凤女与香港颂新声剧团的林家声、陈好逑在黄花岗剧院联合演出"折子戏、粤曲专场"，红线女现场演唱了"红腔"名曲《荔枝颂》《花城之春》，观众反响十分热烈，把整个粤剧节的演出推向高潮。在粤剧节期间，红线女还参加了一系列学术研讨会和互访联谊活动，为促进艺术交流、增进友谊做了许多有益的工作。

在纪念马师曾诞辰90周年晚会上,红线女饰谢宝(反串)

1991 年（67 岁）

年初

红线女带领小红豆粤剧团下乡巡回演出，先后在江门、新会、恩平、开平、鹤山、顺德等地演出 25 场。红线女在每个地方都登台加唱她的名曲，城镇和四乡群众闻讯蜂拥而来。各地报刊纷纷报道了这一盛况，并盛赞红线女为人民服务、为社会主义服务的精神。

4 月

16 日，红线女在《人民日报》上发表了评论文章《声腔美妙，卓然成家——看京剧演员李维康演出》[1]。

与香港艺人黄霑合作近 3 年的 CD 专辑限量版 5000 套发行。专辑名为《四大美人》，由黄霑监制，红线女主唱，共有《貂蝉再拜月》《昭君乐》《西施喜》《长恨歌》和《古强官话"木瓜腔"》5 支曲组成，当代艺术娱乐有限公司出品。这是红线女和黄霑以精益求精的态度制作的光盘，两人对此都很满意。

---

[1] 红线女 . 声腔美妙，卓然成家——看京剧演员李维康演出 [N]. 人民日报 .1991.04.16.

7月至9月

《白燕迎春》在"七一"献礼演出后，又参加1991年羊城艺术博览月和广东省第四届艺术节。在羊城艺术博览月中，该剧获优秀演出奖和戏曲现代戏鼓励奖。在第四届艺术节中，该剧获剧本二等奖，唱腔音乐一等奖，红线女本人获特别奖。其后，《白燕迎春》还为广东省人民医院等单位的医务工作者做了专场演出。

8月

红线女连日演出《白燕迎春》，同时还参加了广州市为华东赈灾举行的筹款义演。红线女在新落成的天河体育场演唱了《山乡风云·望月抒怀》。

11月

红线女应澳门新艺公司邀请，率领小红豆粤剧团到澳门永乐戏院演出3场。首场演出，红线女加唱《昭君出塞》《荔枝颂》两曲，场内掌声不断。自红线女1980年到澳门演出后，至此又过了11年，观众盛赞她宝刀未老、风采依然。在澳门期间，红线女还应邀出席新华社澳门分社社长郭东坡的欢迎宴会，拜会了澳门知名人士马万祺、崔德祺、陶开裕等。小红豆粤剧团还和澳门人士举行了演唱联欢。

12月

8日，由广州市文联等单位主办的芳艳芬艺术欣赏会在广州举行[1]。这是1949年后香港名旦芳艳芬首次来广州演出，引起海内外人士关注。红线女到车站迎接了她，并陪同时任全国政协副主席的叶选平会见芳艳芬。1939年，红线女与芳艳芬同在胜寿年班学艺，红线女当时用"小燕红"的艺名，芳艳芬则用"梁燕芬"之名，头台演《六国大封相》，就是这两只"雏燕"扮演提宫灯的宫女并肩出场，至今时过52年。在这次"欣赏会"的首场演出中，

---

1 广州年鉴编纂委员会编．广州年鉴1992[M]．广州：广东人民出版社．1992：476．

红线女与芳艳芬登台献技兼叙旧,畅谈了她们当年共同学艺时的友情和种种趣事、乐事,引起观众极大的兴趣。后来经观众的传播,这一段"红线女与芳艳芬的故事"成为粤剧戏迷们津津乐道的一段梨园佳话、艺苑美谈。

春

为筹备建党70周年献礼剧目,红线女与编剧秦中英多次到医院深入生活,与医护人员交流,创作了讴歌医护人员高尚情操和良好医德的现代戏《白燕迎春》。她在剧中饰演主角沈洁,其余角色由小红豆粤剧团的中青年演员姚志强、郭凤女、张雄平、方红莲等担任。红线女在剧中塑造的沈洁这个人物,是一个忠诚的共产党员,优秀的知识分子。她无论身处逆境还是顺境之中,都不计较个人的恩恩怨怨,竭尽全力救死扶伤治病救人。该剧在唱腔音乐方面也有新的创造和发展,如第四场"昭君怨"一段,原是有固定曲谱的传统古曲,经红线女和乐师共同研究,按照剧中特定情境和人物内心感情的需要,在旋律、腔调和节奏上进一步突破,更准确地表现了戏剧内容,使观众看到红线女演唱艺术的创造性。"红腔"总是随着所塑造的人物感情、性格、遭遇的不同,而有不同风貌的艺术特色。

现代粤剧《白燕迎春》，红线女饰沈洁

现代粤剧《白燕迎春》，红线女饰沈洁，郭凤女饰沈兰

1992年（68岁）

3月

红线女参加第七届全国人民代表大会第五次会议。会议期间，她观看了黄梅戏《红楼梦》等演出，并撰写文章《成功的闯关——学习黄梅戏〈红楼梦〉手记》[1]，于次月发表。

4月

1日至18日，应新加坡方面的邀请，红线女作为广东粤剧代表团[2]的艺术指导，参加新加坡狮城国际粤剧节。在粤剧节期间，应主办方的邀请红线女举办了多场粤剧讲座，回答新加坡粤剧观众提出的有关粤剧历史沿革、剧本创作、表演艺术、各流派唱腔、表演以及人才培养等方面的问题。在回答与表演相关的问题时，她让学生郭凤女、张雄平等当场示范，与观众互动交流，引起当地粤剧爱好者极大的兴趣。每次参加讲座的人都很多，座位不够

---

1 红线女.成功的闯关——学习黄梅戏《红楼梦》手记[N].人民日报.1992.04.10
2 包括广东粤剧院、广州粤剧团、佛山青年粤剧团、肇庆粤剧团和广东粤剧学校等单位的代表。

而站立旁听的人也不少，现场提问十分踊跃[1]。

15日，红线女在晚上的演出中演唱了《香君守楼》等"红腔"代表作。

7月

1992年两广南派粤剧汇展在香港举办，南宁市粤剧团演员欧小胡（后改为欧凯明）的表演才华被红线女发现，当年就将其调往广州小红豆粤剧团，成了享誉粤剧界的表演艺术家，两度获得梅花奖。这一段故事，成就了红线女慧眼识珠的佳话。

9月

红线女应日本福冈市政府的邀请，于1992年9月24日至10月3日，率领小红豆粤剧团东渡日本，参加福冈市亚洲艺术节，这是历史上首次有粤剧团在日本演出[2]。小红豆粤剧团参加了艺术节的化装游行，演出了《孙悟空三战红孩儿》《盗草》等剧目，以饱满的热情、出色的演出，胜利完成了这次广州—福冈姐妹城市的文化交流活动。在日本期间，红线女一行观摩了日本宝塚歌剧团的演出，还进行了其他参观访问活动。

10月

红线女率小红豆粤剧团参加广西合浦采珠节，演出《山乡风云》《刁蛮公主戆驸马》等剧目，红线女加唱"红腔"名曲。红线女曾在1961年到越南访问演出，回程路经南宁时在广西做过短期演出。此次32年后重回广西，广西的粤剧观众闻风而来，十分热情。

在广西合浦演出后，红线女率领小红豆粤剧团的部分演员赴港参加香港仁济医院的筹款义演。

---

1 周丽娟编著.中国戏曲艺术对外交流概览（1949–2012）[M].北京：文化艺术出版社.2014:79.
2 红线女.红豆英彩：我与粤剧表演艺术及其他，广东人民出版社,1998：178–179.

11 月

7 日,为集结社会力量、扶持粤剧事业,在广州市委、市政府的支持和具体部署下,经过半年时间的宣传、发动、联络、筹备,广州振兴粤剧基金会正式成立,红线女任基金会顾问。在基金会成立大会上,红线女和她的学生张雄平等演出了折子戏[1]。

---

[1] 广州市地方志编纂委员会编. 广州市志 1991–2000(第 1 册)[M]. 广州:广州出版社. 2010:205.

红线女在狮城国际粤剧节记者招待会上发言

巡游车上的红线女

1993 年（69 岁）

2 月

16 日，广东中华民族文化促进会、广东娱乐制作公司为粤剧编剧陈冠卿举办陈冠卿作品欣赏会，当时红线女因病住院治疗。欣赏会在平安大戏院进行首场演出，红线女从医院赶来剧场，登台演唱前首先向观众介绍，她1951 年"红腔"始创的第一首曲，就是陈冠卿编剧的《一代天娇》，后来成为"红腔"代表作之一的《荔枝颂》也是陈冠卿的作品。之后，红线女演唱了《一代天娇》。当晚大家都看得出，红线女带病演唱，唱得很累。

3 月

1 日至 7 日，红线女率小红豆粤剧团赴香港参加由香港电台与广东电台联合主办的"万千希望在人间"为希望工程筹款义演活动。7 日晚在香港红磡体育馆，红线女与香港粤剧名伶新马师曾演出折子戏《胡不归·慰妻》，与歌星张学友演唱《搜书院·初遇诉情》，与歌星刘德华、叶倩文演唱《十八相送》。红豆粤剧团演出《六国大封相》，香港艺人曾志伟在《六国大封相》中笑骑胭脂马。

11 日晚，原班人马和节目移师广州天河体育馆演出，这是新马师曾阔别广州 40 多年后首次莅穗演出。

8月至10月

红线女与加拿大北美影城合作,把她主演的《苦凤莺怜》《刁蛮公主戆驸马》《昭君出塞》《思凡》及《打神》等戏,以及她数十年积累的名曲,录制成《红线女粤剧戏宝》。8月初,在广州南方戏院举行开拍仪式,并拍录了《刁蛮公主戆驸马》。随后率领小红豆粤剧团部分演员赴加拿大,除继续拍摄《红线女粤剧戏宝》外,还参加了为成立"国际粤剧艺术协进会"而筹募基金的演出。在此期间,她还在加拿大的多伦多、美国的旧金山等地举办粤剧讲座,向当地粤剧观众讲授粤剧历史和粤剧艺术的知识,吸引了众多的外国朋友前来听讲。在旧金山时,红线女与小红豆粤剧团成员应邀出席了中国驻美国旧金山总领事馆的国庆招待会,并演出了节目,使招待会的喜庆气氛更为热烈。

12月

26日,为纪念毛泽东同志诞辰100周年,红线女亲自将毛泽东诗词《忆秦娥·娄山关》《蝶恋花·答李淑一》谱成粤曲,在广州市委宣传部等单位主办的大型纪念晚会上演唱,以其饱满的感情、激越的声腔、出色的表演,博得全场如雷般的掌声[1]。

红线女接受《广东艺术》编辑部谢彬筹、叶丹蓉的采访,畅谈了振兴粤剧的政策和策略问题。谢、叶两人后来根据谈话内容写成文章《红线女谈振兴粤剧的政策和策略》[2],发表于该刊的创刊号。

这一年,红线女还率领小红豆粤剧团为香港仁济医院、宋庆龄基金会筹款义演。

---

1 杨资元总纂. 广州市志1991—2000(第8册)[M]. 广州:广州出版社.2009:671.
2 谢彬筹,叶丹蓉. 红线女谈振兴粤剧的政策和策略[J]. 广东艺术 1993,(1):5-9.

红线女与新马师曾（前排中间者）参加省港两地巨星为希望工程筹款义演活动

红线女（右二）在香港红磡体育馆参加"万千希望在人间"筹款义演活动

1994年（70岁）

5月

11日，红线女倡议成立广东省粤剧工作者联谊会，得到全省粤剧团体和粤剧界人士积极响应。联谊会在广州市广东大厦隆重举行成立大会，由红线女任会长，欧阳山、黎子流任名誉会长。李兰芳亲临大会并主持揭匾仪式。

12日至13日，为纪念毛泽东同志《在延安文艺座谈会上的讲话》发表52周年、庆祝广东省粤剧工作者联谊会成立，全省举行粤剧工作者联合大会演。参加演出的单位有广东粤剧院、佛山青年粤剧团、深圳粤剧团、珠海粤剧团、江门粤剧团、广东粤剧学校等。由著名编剧杨子静撰写了歌颂粤剧界大团结的粤曲《芳华远飘海内外》，由红线女等50人合唱，作为大会演的开场曲。

12日晚，各剧团演出了《孙悟空借扇》《罗成写书》《斩经堂》《梦游月殿》《别馆盟心》《大闹青竹寺》等一批折子戏和粤曲。红线女演唱了《荔枝颂》。

13日晚，各剧团联合演出《搜书院》，由何笃忠、张雄平、梁健忠等3人扮演谢宝，苏春梅、李池湘、郭凤女、林锦屏、红线女等5人扮演翠莲，姚志强、梁耀安、小新马、小神鹰等4人扮演张逸民，张智强、黎锡坚、林炳泉等3人扮演镇台，黎奕红、陆秀霞分别扮演夫人，何永林、余楚杏分别扮演林伯。

6月

红线女率红豆粤剧团部分演员赴香港,参加华南紧急赈灾义演。这次赴港的红豆剧团有50多人,阵容鼎盛,首场演出时观众爆满。剧团表演了《杨继业碰碑》《活捉张三郎》《卧薪尝胆》《罗成写书》等几个折子戏和粤剧名曲《一代天娇》《昭君出塞》。[1]

8月

23日,作家吴有恒逝世。红线女曾于1964年邀请吴有恒参加《种子》的剧本创作,1965年演出的《山乡风云》又是根据吴有恒的长篇小说《山乡风云录》改编,吴还亲自参加了剧本的编写工作。1987年,红线女为广州青年粤剧团重排《山乡风云》时又多次登门向吴有恒请教。对吴有恒的逝世,红线女撰写了《他为粤剧立了大功》[2]一文,表达悼念之情。

9月

广州粤剧团体制进行重大改革,撤销总团一级建制,调整成立直属广州市文化局的3个剧团,分别是广州市粤剧一团、广州市粤剧二团、红豆粤剧团,还成立了粤艺发展中心。红线女继续担任红豆粤剧团团长兼艺术总监。

12月

1日至5日,由广东省文化厅、广东省戏剧家协会、广东粤剧工作者联谊会合办的广东省首届粤剧演艺大赛在广州举行。广东20个粤剧院团、学校和广西玉林粤剧团的68名演员参加了决赛,这是一次对粤剧中青年演员表演艺术进行检阅、比较、研讨、交流的大会。红线女担任大赛组委会执行主任和评委会主任。大赛演出了54个折子戏,开了2次座谈会,最后评出金奖10名,银奖20名,表演奖46名。所颁发的金、银质奖章制作费用和奖金,全部由红线女粤剧艺术基金支付。

---

[1] 红线女赴港献艺[N].杭州日报.1994.08.11.
[2] 红线女.他为粤剧立了大功[N].羊城晚报.1995.05.

中旬，红线女和红豆粤剧团应文化部艺术局的邀请晋京演出[1]。这是红线女继 1956 年演《搜书院》，1959 年演《关汉卿》，1966 年演《山乡风云》，1982 年演《昭君公主》，1988 年举办红线女艺术专场后，第 6 次晋京献艺。

15 日，红线女主演的现代戏《白燕迎春》在中国儿童剧院首演。国务委员李铁映，全国人大副委员长雷洁琼、王光英、吴阶平以及刘忠德、高占祥、陈昌本、杨伟光、曾志、王光美、周巍峙、张庚、王昆、李超、袁世海、梅葆玖等出席观看。年过花甲的红线女在舞台上仍是容光焕发、神采飞扬、声遏行云，尤其是她塑造的白衣战士沈洁这个艺术形象，可以看到一代知识分子坎坷的境遇和至死不渝的爱国情怀。红线女精湛的表演和感人肺腑的"红腔"，使全场观众为之深深感动。演出结束后，观众久久不愿离去，涌到台前请求红线女签名。

19 日，中国剧协召开座谈会，首都文艺界知名人士张庚、郭汉城、刘厚生、曲润海、齐致翔、薛若琳等人参会，大家盛赞红线女"无愧是一位大艺术家""她的演出是艺术上的一种奇迹"。首都各大报刊发表的文章和报道，除了盛赞演出成功外，一致认为"红线女是艺术工作者学习的榜样"。此后，《白燕迎春》获中宣部 1994 年度"五个一工程"提名奖。

27 日，在纪念梅兰芳、周信芳诞辰 100 周年之际，江泽民、李瑞环在中南海怀仁堂与部分在京戏曲表演艺术家和专家举行了座谈会，红线女作为梅兰芳、周信芳百年诞辰纪念活动组委会委员出席了座谈会。会上，她听了江泽民的讲话及同行们的发言后，深有感触地说："粤剧要发展，艺术基本功不能丢，要狠抓不放松。因为没有唱、念、做、舞、身段的扎实基本功，就失去自己剧种塑造戏中人物的手段，就不能创造出赶上时代的粤剧艺术了……团结就是力量，真正使老中青的戏曲工作者团结起来，摒弃门户之见，扔掉个人恩恩怨怨，共同努力创造我们戏曲艺术更美好的明天。"[2]

---

[1] 彭寿辉. 霜重色愈浓，万缕"红豆"情：记红线女暨红豆粤剧团晋京演出[J]. 广东艺术.1995,(1)：19-21.
[2] 梅兰芳周信芳诞辰 100 周年纪念委员会学术部主编. 梅韵麒风——梅兰芳周信芳百年诞辰纪念文集[M]. 北京：中国戏剧出版社.1996：597.

1995年（71岁）

年初

红线女和红豆粤剧团在北京演出归来后，重新投入到《妙计周郎》的修改工作中。《妙计周郎》原是红线女在1993年就开始为红豆粤剧团酝酿的新剧目，她与创作人员合作编写这个戏的意图是改变传统戏中周瑜被刻画为气量狭窄，不能容人，被人"三气"而死的形象。在这个新编戏中，通过赤壁之战，孙刘联合，以弱胜强，以少胜多，大破曹兵，重现他雄姿英发、儒雅风流的一代名将风采。剧中还穿插了周瑜与小乔之间的感情纠葛。周瑜为江东的安危而夙夜操劳，小乔与他聚少离多，经常独守空闺而多有埋怨。后来了解到曹操大军压境，江东形势危急，她不但消除了对周瑜误会，还在这场抗曹的战争中，对周瑜倾力相助。

初稿写成后，请了总政话剧团的导演王贵来执导。原计划把它作为1994年冬赴京演出的剧目之一，但戏排出来后，大家都感觉很不理想，剧本基础比较单薄，表导演的处理又与粤剧的形式、风格，与戏曲观众的欣赏习惯距离太大，因而没有把它带往北京。从北京回来后，经过几个月的反复修改，仍是进展不大。当时红线女要腾出手来策划和组织纪念抗日战争胜利50周年的大型粤剧晚会，剧团又要抽调力量进行《武松》一剧的创作，所以《妙计周郎》的修改工作只好搁置下来。

后来红线女谈到《妙计周郎》时，认为是一次不成功的创作，而这次"败下阵来"使她更深刻地认识到，要改变一个长久以来在舞台上已经为观众所熟悉的人物形象，必须要剧本和表导演都过硬。《昭君公主》之所以能改变传统剧中王昭君的形象，首先是有曹禺过硬的剧本，后来的粤剧就是根据他的剧本改编和加工的。加之导演李紫贵和剧中演员都有较理想的艺术创造，所以演出能折服观众，取得成功。《妙计周郎》要想取得同样的效果，必须编、导、演思想统一，通力合作，还要有"十年磨一剑"的精神，锲而不舍地不断修改、加工和提高，才能办得到。

1月

14日，红线女在《人民日报》发表了《一瓣心香献梅师》，追忆与梅兰芳的交往，赞扬梅兰芳对中国戏曲的贡献。"梅兰芳先生的表演艺术不是一个人的，也不是一个剧种、一个流派的，而是属于我们中华民族的，也是属于世界的。应该有一本和时代、我们国家地位相称的专门研究梅兰芳表演艺术体系的巨著，这是戏曲艺术的需要，也是振兴民族文化的需要。"[1]

2月

26日，《浙江日报》刊载了王季思教授的《岭南春五首》。其中，第三首为："石家金谷绿珠娘，一曲明妃悲断肠。何似今朝红线女，昭君公主换新腔。"[2]

7月

7日，黎子流主持召开会议，研究筹建红线女艺术中心的问题，同时任命红线女为中心筹建领导小组副组长。

10日至11日，由红线女主持的广州红豆粤剧团在江南大戏院演出了新编古装粤剧轻喜剧《天作之合》。该剧根据莎士比亚的《第十二夜》改编，

---

[1] 红线女. 一瓣心香献梅师[N]. 人民日报.1995.01.14.
[2] 王季思. 岭南春五首[N]. 浙江日报.1995.02.26.

由欧凯明、苏春梅、杨小秋、张雄平主演，红线女担任艺术总监。[1]

8月

广州市文化局根据市长办公会议纪要精神，向市政府提出成立红线女艺术中心筹建领导小组的建议，并先后借调3人到筹建处工作，同时租赁了五羊新城丽景大厦17楼A座正式挂牌办公。同月，确定中心建设用地为珠江新城马会以西地块。

这一月，为纪念抗日战争胜利50周年，由红线女任会长的广东粤剧工作者联谊会发起，广州振兴粤剧基金会主办，准备了一台大型的纪念抗日战争胜利50周年粤剧晚会。参加这个晚会的有广东粤剧院一团、二团和艺术发展中心，广州粤剧一团、广州粤剧二团、广州红豆粤剧团、广州粤艺发展中心、佛山青年粤剧团、肇庆粤剧团、东莞粤剧团等10个单位共250余人。节目有粤曲表演唱《历史的回顾》，粤剧街头戏《放下你的鞭子》，粤剧说唱《一弓一箭走天涯》，粤曲大合唱《祖国万年青》，独幕粤剧《红伶劫》《罢演》《梨园抗日之歌》，以及当年粤剧前辈为宣传抗战而编演的表彰民族英雄、痛骂汉奸卖国贼的戏《岳飞》（片段）和《洪承畴》（选场）。这些节目早在4至5月间就在红线女的组织下进行编写和整理，其中《梨园抗日之歌》这个独幕粤剧，是红线女亲自执笔编写并导演的。红线女还参加了《历史的回顾》和《祖国万年青》两个节目的演出。全台节目突出地歌颂了在抗日战争时期，粤剧前辈的爱国精神和民族气节。8月中旬在南方戏院演出两晚，香港粤剧界也派代表前来观看。广东电视台现场直播和录像转播共三次，在全省产生了很大影响，参加演出的青年演员均认为是接受了一次爱国主义传统教育。

12月

红线女应邀重新录制电影《秋》的插曲，这支插曲她在拍电影时早就唱过，当时反响很好。"重新录制，她不喜欢重复自己五十年代的创作，因为

---

1 易红霞. 红线女与莎士比亚戏剧[J]. 红线女艺术研究（第2期）1999,(12)：30.

时代前进了,九十年代的审美与五十年代已有很大的不同。她发现重新打磨唱词,自己的认识也与过去有所不同。过去她采用的唱法是很自然地唱,这次她要求能和现代观众达到沟通,因为唱词是很生活化的,她要求自己的唱也要平易亲切、生活自然,在人类共同情感喜、怒、忧、怨方面达到情感共鸣。经过五六次的试音和不断地微调,她寻求到最佳的表达效果。录音结束后,青年人都非常喜欢,他们不相信这是年近七十岁的红线女唱的。"[1]

红线女在南方剧院参加纪念抗战胜利50周年演出活动(左起为欧凯明、红线女、张雄平)

---

[1] 谭志湘.南天一抹嫣红,红线女的艺术生活[M].北京:作家出版社.1998:141.

1996年（72岁）

3月

5日至17日，红线女在北京参加第八届全国人大四次会议。

24日，红线女刚从北京归来，就在白云宾馆主持召开了广东粤剧工作者联谊会1996年春茗理事会议。她向到会理事汇报了联谊会成立两年以来的工作，并就该年5月纪念毛泽东《在延安文艺座谈会上的讲话》发表54周年和1997年7月庆祝香港回归，粤剧界应如何进行纪念和庆祝活动，提请理事会讨论。

4月

5日，中山（香港）金字实业公司等单位主办了红线女师生艺术欣赏会[1]。红线女带领红豆粤剧团在中山市小榄镇体育馆为3000多位观众做专场演出。红线女独唱了《香君守楼》《花城之春》两曲，并与欧凯明对唱《香君送别》。欧凯明、苏春梅、张雄平、杨小秋、小新马等青年演员分别演出了《罗成写书》《盘夫》《活捉张三郎》《孙悟空大闹火云洞》等折子戏。

---

[1] 仲立斌著. 红线女唱腔艺术研究[M]. 广州：暨南大学出版社. 2011：150.

5月

23日，纪念毛泽东《在延安文艺座谈会上的讲话》发表54周年粤剧晚会在广州南方剧场举行，小红豆粤剧团演出革命历史题材剧目《山乡风云》。开场前，红线女首先放声高歌一曲《娄山关》。"她穿一套紫红色的衣裤，白凉鞋，显得庄重而又大气，她的歌唱给我最强烈的印象是充满激情，大气磅礴。"[1]

同日，中共广州市委和广州市人民政府决定成立红线女艺术中心，并在珠江新城划拨建设中心所用场地。

6月

2日，红线女艺术中心奠基[2]。红线女参加中心奠基仪式。

7月

1日晚，由文化部、广播电影电视局联合举办的"月圆序曲——香港回归倒计时一年"大型文艺晚会在北京保利大厦举行。红线女应邀参加晚会，现场演唱了《故乡情》[3]。

12月

红线女参加中国文联第六次全国代表大会，并在闭幕晚会上清唱粤曲《花城之春》[4]。

夏、秋

红豆粤剧团新编的《武松》一剧进行连排。此剧原是1995年在《妙计周郎》的修改工作被搁置后，红线女与剧团工作人员共同创作的。当时经过

---

[1] 谭志湘.南天一抹嫣红，红线女的艺术生活[M].北京：作家出版社.1998：126.
[2] 红线女艺术中心在穗奠基[N].人民日报.1996.07.12.
[3] 正是花好月圆时[N].杭州日报.1996.07.02.
[4] 江泽民和代表们同台高歌[N].浙江日报.1996.12.21.

红线女参加艺术中心奠基仪式

讨论，议定的方案是在传统戏《武松杀嫂》《武松大闹狮子楼》的基础上，突出阳谷县令与恶霸土豪西门庆的狼狈为奸，把武松因兄长被害，公堂告状，反遭知县杖责，以及县令与西门庆相互勾结的戏，都由幕后推到幕前，突出了武松后来被"逼上梁山"的情节及"官逼民反"的意义。方案议定后，红线女因忙于其他工作，对剧本的编写和排练都没有过问。红线女看了连排，觉得这个戏大大地偏离了原来定下的方案，武松不但同情与土豪恶霸私通而毒杀丈夫的潘金莲，而且爱上了她，和她一同出走，途中被官差衙役追上，武松要保护潘金莲突围，潘金莲触碰武松刀锋而死，武松抱着潘金莲的尸体大声呼号，要"苍天评理"，要为潘金莲"讨回公道"。红线女看后心情很沉重，觉得剧团决不能拿这样的戏去见观众。她决定把这个戏的排练暂时停下来，对剧本的执笔者和导演反复做工作，说服他们按照原来的方案进行修改。剧本改了两稿后，红线女觉得仍未能贯彻原来的创作意图，但也没有太大的问题，剧情有某些改编和出新，武松的表演也能保留粤剧传统艺术的长处，也就同意暂时按照这个本子排练演出。

1997年（73岁）

1月、2月

红线女应加拿大国际粤剧协会邀请，前往加拿大、美国进行艺术交流和参观访问。在加拿大温哥华、多伦多，红线女与当地粤剧爱好者多次聚会。在美国纽约、拉斯维加斯，她观摩了歌剧、音乐剧等综艺表演，还参观了著名的电影博物馆、艺术馆等公共设施。

4月

11日，红线女亲自任编剧、导演的粤剧现代戏《春到梨园》经过5个月的排练，于这天正式彩排。该戏讴歌了一群在香港拼搏的粤剧工作者热爱祖国、热爱艺术的高尚情操。

13日至15日，《春到梨园》在广州江南大戏院首演，省市领导黄华华、于幼军、朱小丹、黎子流等出席观看。"由于是新排的现代戏，女姐不放心。演出前，女姐仍在指挥演员站位和走位，生怕出错。"[1]

15日，红线女唱腔艺术特辑《甜甜梦》CD首发式在珠岛宾馆举行，广州市委宣传部副部长杨苗青，市文化局领导、中唱广州分公司领导以及红线

---

[1] 陈启炎. 追忆女姐艺术生涯[J]. 南国红豆. 2014,(1):54.

红线女在广州文化假日酒店召开的红线女艺术中心成立大会上接受采访

女艺术中心负责人一同出席了活动。省市电视台、电台、报刊记者数十人到场采访报道。

5月

《红线女艺术丛书·论红线女舞台艺术》[1]和《红线女速写》[2]，由奥林匹克出版社出版发行。《论红线女舞台艺术》收集了近百名专家、学者、同行历年来发表于国家级、省级报刊的文章以及近年来的新作。《红线女速写》由徐城北著。

7月

红线女率领红豆粤剧团赴香港演出庆回归粤剧《春到梨园》[3]。

10月

9日，红线女艺术中心成立大会在广州假日酒店召开，高祀仁、朱小丹、姚蓉宾、黎子流、关山月、莫伯治以及社会各界人士数百人出席了大会。朱小丹代表广州市委、市政府对红线女艺术中心的成立表示热烈祝贺，热情赞扬了红线女从艺60年对粤剧事业所做的杰出贡献，对红派艺术给予了高度评价，赞扬红线女是广大文艺工作者尤其是中青年一代学习的典范。红线女在发言中感谢党和人民给予她的殊荣，表示"要在有生之年，一如既往地把全部生命和艺术奉献给人民"。红线女正式就任红线女艺术中心主任。

10日，红线女专程赴港观看红虹与香港中乐团合作的粤曲《昭君出塞》。

11月、12月

红线女艺术中心的设计方案进入最后的确定阶段。其间，红线女与莫伯

---

1 《红线女艺术丛书》编委会编. 论红线女舞台艺术[M]. 北京：奥林匹克出版社. 1996.
2 徐城北. 红线女速写[M]. 北京：奥林匹克出版社 1996.
3 戈歌. 春到梨园：粤剧艺术的明珠——红线女庆贺香港回归的厚礼[J]. 广东艺术. 1997,(3)：5-6.

治多次商谈，反复修改图纸，终于达成共识。

这一年，经过一段时间的酝酿，红线女决定创作一个名为《春到梨园》的现代戏庆祝香港回归。她与省内多位编剧合作，并请来两位广西的编剧帮忙。戏的时间跨度长达半个世纪，从1941年底日本侵略者占领香港写起，一直写到1997年香港回归，讲的是一位粤剧艺人与他的同班兄弟、女友、亲人之间的悲欢离合。通过这个艺人50多年的生活，反映香港的沧桑巨变。在这当中着重表现粤剧艺人爱国、敬业的优良品德，在侵略者的屠刀胁迫下不为其歌舞升平，宁愿忍受饥寒也不让艺术沉沦堕落。当香港回到祖国怀抱时，穗、港两地艺人同台共庆，失散多年的故人在舞台上重逢，共商振兴粤剧，为祖国人民服务的大计。

剧本经过反复修改，由红豆粤剧团排演，6月中旬，在香港回归前夕，红线女带领剧团先到香港演出，7月以后在广州继续公演。剧本虽然情节不够集中，结构也有些松散，但因为反映的内容都有生活根据，所以许多观众特别是一些老年观众看后倍感亲切，勾起了他们对那个年代的回忆。该剧在穗、港两地演出后，收获良好的剧场效果。

由于红线女艺术中心的基建工作顺利进行，可以如期在1998年第四季度举行开幕典礼，因此有关部门决定同期举行红线女从艺60年的庆祝活动。红线女为了集中力量做好一件实事，从9月起辞去了红豆粤剧团艺术总监的职务，全力投入到红线女艺术中心的筹备工作中。但如何办好这个艺术中心，对红线女来说是一件全新的工作，她决心一切从头学起。

1998 年（74 岁）

1 月

红线女赴加拿大进行艺术交流。返回广州后，随即投入到电视艺术片《红线女艺术之路》的脚本撰写工作中。

19 日，高祀仁等一行到红线女家中拜年。高祀仁表示要隆重举办红线女从艺 60 年庆贺活动，要办得让红线女满意。

26 日，红线女应邀前往马来西亚吉隆坡讲学。

2 月

5 日至 12 日，香港临时市政局隆重举办了"银海艳影——红线女从影 50 周年纪念展"[1]，红线女率团出席开幕式及记者招待会，并发表了热情洋溢的讲话。香港临时市政局主席梁定邦和市政总署署长钟丽帼主持了开幕式，对红线女 50 年来在影坛上所取得的杰出成就给予高度评价。香港媒体蜂拥而来，争相采访红线女，现场气氛十分热烈。

5 日至 12 日，西湾河文娱中心剧院和上环文娱中心放映了红线女的电影代表作《慈母泪》《玉梨魂》《秋》《审死官》《家家户户》《人道》《我是一

---

[1] 何自力. 香港举行红线女从影 50 周年纪念展 [N]. 人民日报 .1998.02.08.

个女人》《胭脂虎》《原野》《李香君》等影片。"许多观众是看了整整十部影片，一部不少，消息称影展'轰动香江'。"[1]

20日，红线女参加广东举办的周恩来100周年诞辰大型文艺晚会演出，满怀激情地演唱了根据周恩来诗歌撰曲的《大江歌罢棹头东》。

3月

2日至16日，红线女赴京出席第九届全国人民代表大表会[2]。

4月

《红线女艺术之路》电视艺术片开拍。前一阶段的重点是文学脚本的落实，以及部分资料性镜头的剪辑工作。与此同时，《红线女1998最新代表作》正在紧张筹拍。

5月

4日至10日，红线女与广东省电视台合作录制的《红线女1998最新代表作》于桂花岗广州粤剧团排练厅拍摄，红豆粤剧团、广东省粤剧院、广东省粤剧学校大力支持这项工作，积极参与。化妆师毛戈平为红线女化装。经数日连续工作，共录制以下片段：《天网》《蛇头苗》《昭君乐》《清宫恨史》《祥林嫂》《昭君出塞》《昭君塞上曲》《栖凤楼》《貂蝉再拜月》《西施喜》《周瑜与小乔》《蝶双飞》《打神》《觉新与瑞珏》《思凡》等。"红线女像一位出色的魔术大师，频频'变脸'，使人如入'宝山'，目不暇接。"[3] 关国华、欧凯明、彭炽权等在其中为红线女配戏。6个日夜的连续录像，红线女创造了一个生命的奇迹和艺术的奇迹，她在这15个片断中，尤其是对"四大美人"和"祥林嫂"的艺术创造，完美地记录了红派艺术。

---

1 谭志湘.南天一抹嫣红，红线女的艺术生活[M].北京：作家出版社.1998：67.
2 中华人民共和国第九届全国人民代表大会代表名单（2979名）[N].人民日报.1998.03.01
3 彭寿辉.霜叶红于二月花——有感于红线女'98最新录制代表剧目[J]红线女艺术研究（第2期）1999,(12)：36.

6月

19日，红线女赴京参加田汉基金会成立大会。

20日，红线女参加在人民大会堂举行的纪念田汉诞辰100周年座谈会并在会上发言，缅怀田汉在中国现代戏剧史和革命文艺工作中的业绩。[1]

7月

红线女全力以赴投入到电视艺术片《红线女艺术之路》的制作中，她不仅要与黄霑配合录制部分重要的镜头，还上剪辑台亲自指导剪片。

8月

3日，朱小丹在红线女等人的陪同下，审看《红线女艺术之路》初步剪成的片子，提出许多富有建设性的意见。

15日，红线女应邀前往香港，参加由东华三院、仁济医院及香港无线电视合办的名为"齐心同抗长江水赈灾大行动募捐演出"。红线女演唱《红烛泪》，当场获得50万港元捐款。[2]

9月

2日，红线女赴京观摩张艺谋导演的意大利歌剧《图兰朵》。

9月、10月

红线女与中心同事共同操办三件大事：一、电视艺术片《红线女艺术之路》的修改、加工、定稿工作；二、《红线女从艺60年特刊》《红线女演出剧本选》《红线女唱腔选》《红豆英彩：我与粤剧表演艺术及其他》等几本图书的编辑出版事宜；三、红线女从艺60年庆贺活动的筹备工作。

---

1 尹鸿祝，陈维伟. 首都纪念田汉诞辰100周年，李岚清出席座谈会，丁关根发表讲话[N]. 人民日报.1998.06.21.

2 姜范. 千歌万曲献爱心——全国各地掀起赈灾义演热潮[N]. 人民日报.1998.08.28.

11月

28日,霍英东奖金委员会在番禺南沙高尔夫球场会议中心隆重举行第一届霍英东奖金(中国地区)颁奖典礼。霍英东奖金是霍英东先生以他在番禺南沙新城建设收益所设立的基金,作为奖励对中国地区(包括大陆、香港、澳门和台湾)的文化及社会发展有杰出成就、贡献的人士。红线女被授予首届"霍英东成就奖"。红线女与吴大猷、费孝通等大师同获殊荣,为中国戏剧界争得了荣耀。

本月,《红线女唱腔曲谱选》出版。该书由红线女艺术中心编著,由广州出版社出版发行。收录红线女有代表性的唱腔曲谱33首,分别是《一代天娇》《摇红烛化佛前灯》《文君叹月》《昭君出塞》《柴房自叹》《荔枝颂》《红娘》《苦凤莺怜·平湖秋月》《苦凤莺怜·崔莺娘》《打神》《蔡文姬·哭坟》《刘胡兰·忆生平》《香君守楼》《山乡风云·刘琴抒怀》《祭塔》《娄山关》《大江歌罢掉头东》《沉醉东风》《蝶双飞》《花市》《游子吟》《明月几时有》《花城之春》《大江东去》《长相知》《焚香记》《长恨歌》《昭君乐》《西施喜》《貂蝉再拜月》《祥林嫂》《昭君塞上曲》《艺海抒怀》。

12月

7日至9日,香港临时市政局隆重举办红线女从艺60年庆贺活动。

7日下午,在香港大会堂举行祝贺晚会和记者招待会[1],香港临时市政局主席梁定邦、香港市政总署署长钟丽帼、香港特别行政区政府律政司司长梁爱诗等社会各界人士数百人出席了酒会。陈传誉代表市政府出席了酒会。梁定邦发表了热情洋溢的贺词,红线女在答谢词中说道:"我永远爱香港,她是我艺术成长的摇篮,是我立业的福地,是我心中璀璨的明珠;我永远爱粤剧,60年顺流、逆流、波涌、浪翻的历程,使我对这颗南国红豆爱更深、情更切,我将把有生之年献给粤剧的事业。"酒会结束后,大家一齐观赏纪录片《红线女艺术之路》。

---

1 香港庆贺红线女从艺六十年[N].光明日报.1998.11.09.

8日晚，在香港文化中心大剧院，红线女与香港中乐团合作演出了粤曲《昭君出塞》和《荔枝颂》，关乃忠担任指挥，获得观众赞赏。两支曲目之间放映了《红线女1998最新代表作》。

9日晚，在香港大会堂召开红线女艺术研讨会，钟景辉等专家、学者同百名香港"红迷"共聚一堂，一起探讨红派艺术。

20日上午9点，广州市政府举办红线女艺术中心落成典礼暨红线女从艺60年庆贺活动。红线女同周巍峙、高祀仁、黄华华、于幼军、林树森、王蒙、郭汉城、刘厚生、钱林祥、任仲夷、林若、梁灵光、杨奎章、杨资元、黎子流、黄菘华、端木正、李近维、关山月、王昆、孙道临、朱琳、赵青、潘鹤等为典礼剪彩。全国各地文艺界人士以及来自美国、加拿大、马来西亚、新加坡等国的红派挚友、剧界同人共计300余人参加了活动。剪彩后，嘉宾们兴致勃勃地参观了《红线女从艺60年图片展》。上午10点，庆贺大会在中心小剧场召开。大会由朱小丹主持，林树森在致辞中首先转达了李长春给大会的贺词，而后对红线女的品格和艺术成就给予高度评价。林树森在讲话中还说："拥有红线女，是广州的骄傲，为了更好地研究、展示红线女的艺术成就，广州市政府投资兴建了红线女艺术中心，这也体现了党和政府对红线女的表彰和奖励。"[1] 最后他祝福红线女"艺术之花常红，生命之树常青"[2]。

周巍峙、钱林祥、阎宪奇以及倪惠英先后向红线女祝贺，黄华华代表广州市委、市政府向红线女赠送纪念匾，匾上镂刻着毛泽东1958年送给红线女的一句意味深长的话："活着，再活着，更活着，变成了劳动人民的红线女。"会后播放电视艺术片《红线女艺术之路》。中国戏剧家协会也发来贺信，信中充分肯定了红线女从艺60年来所取得的成就："红线女同志在艺术上成就卓著，她塑造了一系列令人经久难忘的女性形象。在这些形象身上融入了她对正义的歌颂和真善美的追求。在艺术创造上，她一直孜孜不倦地推陈出

---

[1] 中共广州市委副书记、广州市市长林树森在红线女从艺六十年庆贺大会上的讲话.[J] 红线女艺术研究（第1期）1999,（6）: 8.
[2] 中共广州市委副书记、广州市市长林树森在红线女从艺六十年庆贺大会上的讲话.[J] 红线女艺术研究（第1期）1999,（6）: 8.

新,不断地有所发现、有所发展、有所创造。她立足自身的优越素质和条件,发扬粤剧传统,吸收其他戏曲剧种的长处,创造了具有独特艺术个性而又非常完善的女腔,也就是闻名遐迩的'红腔';在她刻苦磨炼,弥补以往粤剧功底不足的欠缺;她还不断提高自己的文化修养,力求塑造思想、生活、性格高度统一的艺术形象。"[1]

21日和22日两晚,在广州军区礼堂分别举行了演唱晚会和折子戏晚会,由红线女携弟子联袂演出。在演唱晚会上,红线女先后演唱了《艺海抒怀》《昭君出塞》,由关乃忠指挥的上海民族乐团伴奏。在折子戏晚会上,红线女演出了她的名剧《祥林嫂》片断和《苦凤莺怜·栖凤楼》,据当时在场的龚和德先生回忆:"全场观众被征服了,真是艺术奇迹!"[2]

23日,在广州文化假日酒店举行了红线女艺术研讨会,刘厚生、郭汉城、张颖、齐致翔、曲六乙、何西来、龚和德、徐城北、谭志湘、安志强等专家、学者与广东省文化戏剧界同人欢聚一堂,对红线女60年的艺术历程做了回顾和评说。[3] 至此,红线女从艺60年庆贺活动圆满结束。

29日,中国戏剧家协会第五次全国代表大会在京闭幕,红线女被聘为中国剧协顾问。[4]

---

1 中国戏剧家协会的贺信[J]. 中国戏剧.1999,(1):23.
2 龚和德. 霜叶红于二月花[J] 红线女艺术研究(第1期)1999,(6):15
3 红线女从艺六十周年艺术研讨会. 参见曾石龙主编. 粤剧大辞典[M]. 广州:广州出版社.2008:730.
4 刘玉琴. 中国戏剧家协会第五次全国代表大会在京闭幕,李默然当选为新一届剧协主席[N]. 人民日报.1998.12.30.

红线女艺术中心落成典礼盛况

《天之娇女》（根据莎士比亚话剧《威尼斯商人》改编），红线女饰鲍西亚（女扮男装当律师于公堂上）

粤剧《祥林嫂》，红线女饰祥林嫂

1999 年（75 岁）

1 月

4 日，红线女研究室召开第一次会议。会上，红线女与莫汝城、林榆、谢彬筹、秦中英、何杰章、蔡衍棻、谢友良、华永健等人在一起探讨红派艺术的研究方向、内容与方法。当日，研究室决定聘任莫汝城为主任，印行内部研究专刊《红线女艺术研究》并成立编委会，聘请张庚、郭汉城、红线女、杨子静为顾问，谢彬筹为主编。

本月，红线女艺术研究室成立。

2 月

春节前，红线女与潘邦榛、谢友良等人商议，决定举办一次粤曲新作大赛。红线女不仅在艺术追求上永不言倦，而且十分关心粤剧粤曲的创作，积极带头排演新剧，对推介新作尤为热心。红线女指出："抓好粤剧粤曲创作是繁荣粤剧粤曲事业极为重要的一环，但现在这方面的人才缺乏，新作不多，成了薄弱环节；而要挖掘、培养这方面的人才，组织创作出优秀新作也十分不易，需要做大量的工作。"[1] 经过充分酝酿，"南粤辉煌五十年"粤曲新作大

---

1 潘邦榛. 繁荣粤曲创作的新举措——"南粤辉煌五十年"粤曲新作大赛系列活动综述 [J] 红线女艺术研究（第 2 期），1999,(12)：40.

赛系列活动，成为红线女艺术中心1999年的一项重要工作，正式开展起来。

4月

13日，经过几个月的紧张筹备，红线女艺术中心正式向公众开放。[1]这天，广东省及广州市粤剧界和社会各界人士600余人欢聚在一起，庆贺这一盛事，红线女亲自主持揭幕礼。肇庆市炎黄文化研究会组织了阵容强大的锣鼓队和醒狮队前来助兴。人们在节日气氛中兴高采烈地参观这座高品位的文化殿堂，浏览内容丰富的《红线女从艺60年图片展》，在别致的小剧场观看电视艺术片《红线女艺术之路》。人们还纷纷在大堂正中毛主席题字前，在红线女塑造的王昭君、朱帘秀、翠莲、刘琴、李香君、沈洁6个艺术形象的雕塑前留影。

22日，卢瑞华、朱森林、李兰芳等领导莅临红线女艺术中心，在她的陪同下参观艺术中心各项设施，观看图片展和电视艺术片。卢瑞华即席挥毫，题词借杜甫诗句赞红派艺术："此曲只应天上有，人间能得几回闻"。朱森林题词"执着的艺术追求，光辉的艺术道路"。寇庆延题词"艺术之光"。

27日，红线女前往广州美术学院，参加该校庆祝"五四"80周年艺术节。她在晚会上为师生们演唱了《荔枝颂》和《花城之春》，还即席发表了热情洋溢的讲话，表达自己多年来希望在大中小学推广粤剧、粤曲的夙愿。[2]

5月

4日，红线女应广东商学院共青团团委邀请，参加该校举行的庆祝五四青年节文艺晚会，为师生们演唱粤曲，并在他们热情的要求下即席演讲，表达自己对祖国和粤剧艺术的热爱，鼓励下一代努力学习，掌握文化科学知识，报效祖国，给莘莘学子上了一堂生动的爱国主义教育课。[3]

18日，红线女策划的"南粤辉煌五十年"粤曲新作大赛评选结果揭晓。

---

1 红线女艺术中心简介[J]. 红线女艺术研究（第1期），1999,(6)：28.
2 红线女与大学生共唱粤曲.[J] 红线女艺术研究（第1期），1999,(6)：5.
3 红线女与大学生共唱粤曲.[J] 红线女艺术研究（第1期），1999,(6)：5.

红线女艺术中心正式对外开放

这项活动自3月初向全省征稿到4月底截稿，共有205篇作品参赛，其中《一统江山入镜来》等13篇作品获奖，收到预期效果。通过这次大赛，红线女力图提升日渐式微的粤曲创作态势，通过发现好作品和新人才，向国庆50周年献礼。同日，颁奖典礼在红线女艺术中心多功能厅举行，红线女亲自给获奖者颁奖，并兴致勃勃地演唱了《文君叹月》和《刘琴抒怀》两首名曲。[1]

6月

月初，红线女主动与广州市妇联联系，共同发起一次爱心助学义演，筹款百万元，帮助增城市一批畲族失学儿童完成从小学到大学的学业，以实际行动贯彻党中央"教育振兴，人人有责"的精神。广州市妇联积极响应，与红线女艺术中心多次筹划、实施这项富有意义的活动。

7日，红线女在市妇联杜美娴等10余人的陪同下，不辞劳苦，前往偏远山区的增城正果镇畲族村小学，和孩子们欢聚一堂，鼓励他们好好学习，天天向上，把从未演唱过的新编粤曲《豪唱大江东》唱给孩子们听，还在孩子们的带领下挨家挨户地走访当地家庭。红线女决定从自己培养新苗的经费中拿出3万元，捐给畲族小学的师生。

为了举办此次义演，红线女还亲自到香港动员著名艺人刘德华、黄霑与她联袂主演这台晚会。同时，红线女还授意蔡衍棻创作讴歌长江抗洪壮举的新词《豪唱大江东》，邀请关乃忠编写《豪唱大江东》和《昭君出塞》的钢琴伴奏曲谱，邀请青年钢琴家黄天东担任钢琴伴奏。红线女在爱心助学义演的准备中，表现了她一如既往的创新意识，既要奉献爱心，又要在艺术上有所突破，绝不肯炒冷饭。[2]

本月，《红线女艺术研究》第1期出版。

---

[1] 潘邦榛. 繁荣粤曲创作的新举措——"南粤辉煌五十年"粤曲新作大赛系列活动综述[J]. 红线女艺术研究（第2期），1999,(12):41.

[2] 蔡衍棻.《豪唱大江东》创作手记[J]. 红线女艺术研究（第2期），1999,(12):9-11.

9月

16日，"九一六爱心助学"义演是一场值得载入史册的演出。这一晚，十号台风从广东登陆，广州市上空风狂雨骤，刘德华因香港挂十号风球封关而未能前来参演。但红线女艺术中心小剧场依然座无虚席，观众是顶着大风大雨赶来的，有不少观众还是从港、澳、吉隆坡过来的，每人手持为支持"爱心助学"而认购的面值5000元的入场券。

经过一个多月的磨合，钢琴伴唱粤曲《豪唱大江东》和《昭君出塞》终于在9月16日与观众见面。她的《豪唱大江东》既蕴含传统"红腔"的神韵，又有当代人审美情趣。她的《昭君出塞》与钢琴伴奏配合默契，韵醇味浓，情真意切，每一个音符都印证着艺术大千世界的歌与哭、爱与恨，强烈震撼了观众的心灵。为了弥补刘德华节目的空缺，红线女临时加唱了她的经典曲目《搜书院·柴房自叹》和《一代天娇》，使观众大饱耳福。黄霑亦做了精彩表演。

当天，前来观看这场演出的有卢瑞华、李善培、朱小丹、伍亮、王守初，以及任仲夷伉俪、刘田夫伉俪、黎子流伉俪、欧初伉俪等，还有乔羽、李长华、赵寰、龚和德、安志强等。这场演出所筹百万善款如数捐给增城正果镇畲族儿童。[1]

23日，红线女参加在冼星海音乐厅举办的第六届羊城音乐花会演出。

10月

5日，在红线女倡导下，由广东粤剧工作者联谊会和红线女艺术中心联合主办的一场题为"与民同乐——广东粤剧工作者国庆献礼演唱会"在中山纪念堂免费向公众演出。50多位来自全省各地的老中青粤剧精英同台高歌颂升平，阵容之鼎盛实为罕见。他们是红线女、罗品超、卢启光、关国华、林小群、白超鸿、郑培英、小神鹰、孔雀屏、倪惠英、彭炽权、丁凡、郭凤女、梁耀安、欧凯明、姚志强、梁淑卿、曾慧、琼霞、蒋文端等。红线女在晚会

---

[1] 言弓."爱心助学"义演记事.[J]红线女艺术研究（第2期），1999,(12)：32-33.

上演唱《豪唱大江东》和《荔枝颂》。[1]

12月

17日，红线女作为应邀参加澳门回归庆典活动的内地艺术家之一，在澳门与记者见面。在记者见面会上，红线女回忆："小时候我曾到过澳门，亲眼看到澳门的贫穷与落后，那时想做一些事也做不成。现在澳门就要回归了，我深深感到只有祖国强大，才能完成统一大业。"[2]

20日，澳门回归祖国第一天，红线女和一批著名艺术家在澳门参加"爱我澳门爱我中华"大型晚会，庆祝澳门回归祖国和澳门特别行政区成立。当地报刊这样评价红线女的演出："粤剧红伶红线女演唱一曲新创作《莲花颂》最受欢迎。女姐虽近年演唱很少，但精彩的演绎技巧，依然获得全场的热烈掌声，将整晚的热闹气氛推向高潮。"[3]

《红线女艺术研究》第2期出版。

---

[1] 幸子. 与民同乐颂升平——广东粤剧工作者国庆献礼演唱会小记[J]. 红线女艺术研究（第2期），1999,(12)：39.

[2] 易凯. 艺术家的心曲[N]. 人民日报.1999.12.19.

[3] 言弓. 红线女欢歌濠江祝回归[J]. 红线女艺术研究（第2期），1999,(12)：5.

2000年（76岁）

1月

5日至11日，红线女与广东粤剧艺术团应邀前往新加坡，参加纪念牛车水人民剧场成立30周年的慈善义演，为新加坡广惠肇留福利医院和崇仁老人痴呆症疗养院筹款。红线女同时担任本次演出的艺术总监。

7日晚，开幕式上红线女领衔高歌一曲《唱不尽中新友好情》，掀起了演出的高潮。连续三晚的演出盛况空前，场场爆满，观众反响十分热烈。本次演出共筹得善款约30万新币。

本月，红线女提出录制《红线女2000音像艺术大观》的想法，准备把自己从艺60多年来所累积的57段（折）精彩唱段收录起来，其中有6首尝试用"红腔"唱儿歌、民谣，使粤剧艺术能为祖国的少年儿童服务。之后，红线女艺术中心正式与香港新乐娱乐公司洽商决定合作制作《红线女2000音像艺术大观》的事宜。

2月

3日，红线女艺术中心成立综合档案室。

3月

5日至15日，红线女赴京参加第九届全国人大三次会议，并在会议上做了题为《文艺不能丢掉传统》的发言。她说："回顾近几年的文化艺术活动，我总觉得缺少了一点什么东西，特别是一些大型文艺晚会、电视晚会。经常听到的，是动辄花费上百上千万的大制作、大排场。许多'大制作'虽然有华丽的舞台效果，但节目质量一般，形式雷同，观众反映看过之后了无印象。这种片面追求华丽、堆砌、繁闹的风气，铺张浪费，有违当今的国计民生和勤俭节约的原则。这种急功近利的做法，也消磨了文艺队伍勇攀艺术高峰的意志。更值得注意的是，削弱甚至泯没了我们在文艺创作中应该特别重视的民族特点和民族形式。对文化传统既要往后看———继承，更要向前看———创新。具体来说，第一，要认真学习和尊重传统；第二，对待传统采取批判吸收的态度，取其精华，弃其糟粕；第三，继承传统是为了今天的创新，要在继承传统的基础上努力创造新的艺术形式，以适应表现现代生活新的内容的需要。"[1]

4月

20日和21日两晚，在广州南方剧院举办了粤剧艺术大师马师曾百年诞辰纪念演出晚会，红线女现场压轴演唱粤剧名曲《关汉卿·沉醉东风》。

22日，马师曾粤剧艺术研讨会与马师曾电影展同时在中心小剧场和多功能厅举办。研讨会由红线女和关国华共同主持，两人妙语连珠，使得整个研讨会既充满学术氛围，又不失轻松活泼。出席这次研讨会的有郭汉城、安志强、刘斯奋、赖伯疆、林榆、袁润澄、陈冠卿、莫汝城、谢彬筹、王建勋、郑培英、马鼎盛等著名专家、学者。

本月，红线女开始排练《红线女2000音像艺术大观》中的有关曲目及部分广州民谣。当月，红线女艺术中心与广东粤剧院共同承办了纪念粤剧艺术大师马师曾诞辰100周年系列活动。

---

[1] 第九届全国人民代表大会第三次会议代表发言摘编[N]. 人民日报.2000.03.12.

5月

红线女开始在中心录音室录制《红线女2000音像艺术大观》中的57个粤剧唱段。本次录音的工作量大，但是视粤剧为生命的红线女，以惊人的拼搏精神，如期顺利完成了本次录音工作。紧接着，红线女不顾身体虚弱，又亲自投入到录音的后期制作中。

7月

《红线女2000音像艺术大观》的DVD拍摄工作在中心小剧场进行。工作期间，红线女经常废寝忘食，她从艺术家的视角确保每一个音符、每一幅画面都能完美地呈现给观众。《红线女2000音像艺术大观》正是她对粤剧艺术爱的结晶，6首儿歌、民谣更实现了她多年来想为少年儿童服务的夙愿。

本月，《红线女2000音像艺术大观曲谱集》由红线女艺术中心编印出版。该书汇集了红线女54个代表唱段，从不同角度展现了红线女粤剧表演艺术的总体风貌。

8月

4日至11日，中共中央办公厅、国务院办公厅邀请红线女作为文艺界优秀代表前往北戴河休假。这次被邀请的50位代表是由中宣部、文化部、广电总局、新闻出版署、中国文联、中国作协推荐的，他们都是全国卓有成就的学者、专家、艺术家。国家领导人江泽民、李岚清亲切接见了红线女等代表，丁关根、张万年、曾庆红、王忠禹等也参加了接见和座谈。座谈会上，红线女、李默然、常香玉等戏剧界代表畅谈了近年来取得的喜人成绩，就如何在新时期进一步发展文艺事业等问题发表了意见。[1]

21日凌晨4时许，一名盗贼潜入华侨新村红线女的住宅行窃。在与该名盗贼搏斗的过程中，红线女头部受伤，被送进医院治疗。

---

1 党中央国务院邀请文化界优秀工作者代表到北戴河休假——李岚清在会见并同他们座谈时强调贯彻落实"三个代表"重要思想，促进文艺繁荣和发展[N]. 人民日报.2000.08.07.

9月

红线女经过精心治疗，在基本康复的情况下，很快又投入到她热爱的粤剧事业中。据马鼎盛回忆："2000年8月，红线女在广州家中遭歹徒抢劫，头部被打伤入院。记者赶到医院探望她，见到她鼻骨折断，脸上头部和双手伤痕累累，不禁劝她，已经年逾古稀，又遭此重创，不如就此退休，谁知女姐反应极大，不再唱粤剧？那活着还有什么意思？"[1]

10月

由于《红线女粤剧艺术经典》部分布景画面不理想，红线女对部分曲目又进行了一次补拍，并将原来的《昭君出塞》《昭君塞上曲》《香君守楼》三个唱段改为三个折子戏，使其艺术效果更佳。

27日，广东省青年粤剧团聘请红线女为艺术总监的仪式，在广东星海音乐厅举行。仪式由曹淳亮主持，他亲自向红线女颁发聘书[2]。红线女受聘为艺术总监，实实在在为该剧团各项艺术工作把关，高标准、严要求，做好艺术指导，她对广东青年粤剧团的青年演员们寄予厚望。

11月

2日至14日，红线女应邀赴马来西亚吉隆坡研艺剧社讲学，传授粤剧表演艺术。

11日，红线女参加了由该社主办的为当地孤寡老人、癌症病人及孤儿筹款的慈善义演晚会。当晚，红线女演唱了粤曲新作《珠江礼赞》，并筹得善款4.1万元。她和香港歌手刘德华即兴表演了小品《红线女教刘德华唱粤曲》，赢得笑声阵阵。义演晚会获得好评。

16日至23日，红线女赶回广州，参加第三届羊城国际粤剧节，在开幕式上演唱粤曲《珠江礼赞》。在粤剧节研讨会上，红线女以《粤剧要在创新

---

1 马鼎盛. 马鼎盛自述：我和母亲红线女[M]. 广州：花城出版社. 2015：270.
2 简文. 广东青年粤剧团聘请红线女为艺术总监[N]. 中国文化报. 2000.11.09.

改革中走向进步》为题发言,后收录在《粤剧论坛》¹一书中。

12月

4日,红线女艺术中心成立红线女粤剧艺术影视动画制作室。红线女、谢友良亲赴上海、北京的动画制片公司参观考察,学习他们在动画制作、发行等方面的经验,为中心日后制作粤剧动画铺路。

12日,红线女在《中国文化报》上发表了《艺精足印深,前途当无限》一文[2]。

红线女艺术中心编印了《红线女粤剧艺术经典曲谱集(2000年)》,同月《红线女艺术研究》第3、4期合刊出版。

---

1 罗铭恩主编.第三届羊城国际粤剧节学术研讨会论文集[M].澳门:澳门出版社.2001:13–20.
2 红线女.艺精足印深,前途当无限[N].中国文化报.2000.12.12.

红线女在北戴河度假

红线女（左五）在新加坡牛车水剧场演出后留影

2001年（77岁）

1月

1日，在广州友谊剧院举行粤剧粤曲名伶新年盛会，红线女担任本场晚会的艺术总监，将新年音乐会打造成广东的一个文化品牌。[1]

2000年底，红线女就提出一个大胆的构想，制作世界上第一部粤剧动画片《刁蛮公主戇驸马》，用动画的形式来演绎粤剧，让画中人唱"红腔"，演红派粤剧故事，为红派艺术开辟一个新的传播途径，让更多的人了解"红派"，了解粤剧。红线女的这一大胆构想得到了市政府和市文化局的支持，遂将此事提到了中心的议事日程上来，并开始寻找动画制作的合作伙伴。与此同时，红线女与郭铭志合作对《刁蛮公主戇驸马》的剧本进行改编，使之适合于动画片的表现形式，并召集红豆粤剧团演出过粤剧《刁蛮公主戇驸马》的原班人马来中心积极排练，做好充分准备。

2月

月初，北京红叶动画公司制作了一段《刁蛮公主戇驸马》的动画试片，但效果不理想。

---

[1] 简文. 粤剧粤曲"新年音乐会"将亮相羊城[N]. 中国文化报. 2000.12.28.

19日，红线女艺术中心档案达标评审会在中心召开，红线女艺术中心被评为"省特级档案综合管理单位"。这次档案达标是红线女艺术中心全体工作人员发扬团队精神、共同努力的结果。

本月，由香港天中公司投资录制的《红线女2000音像艺术大观》（包括珍藏版、平装版）正式出版。文化部获悉后购买了一部分，作为国家对外文化交流礼品。

4月至7月

红线女与秦中英合作，将话剧《西关女人》改编为同名粤剧。红线女在这个戏的排练中既担任编剧、导演，又担任教师，因为饰演七个西关女人的演员是广东粤剧学校一批尚未毕业的女学生，所以红线女需要先创造七个不同年龄、性格、身份的角色，然后一字一句教她们唱，一招一式教她们表演，每一天都累得筋疲力尽。红线女的投入是对年青一代的殷切期望，是对粤剧现代戏的痴情。为了配合《西关女人》的排练，红线女艺术中心全力配合，不仅提供了排练场地，其他人力、物力也是有求必应。该剧公演后受到社会各界的好评。[1]

5月

3日，红线女艺术中心和香港无线电视台联合举办的电视艺术片《红线女艺海抒怀六十年》记者招待会在红线女艺术中心小剧场举行。

12日，红线女赴香港无线电视台演出《红线女艺海抒怀六十年》，为香港保良局筹款并赠送一批《红线女2000音像艺术大观》和珍藏版画册作义卖用途。她说："我除了懂得粤剧艺术外，一无所有。我希望利用这仅有的艺术资产，贡献社会，多做善举。"[2]

13日，红线女在香港举行《红线女2000音像艺术大观》签名会。

17日，红线女艺术中心迎来了新西兰奥克兰市友好代表团的客人们。红

---

[1] 创新求变：卡通红线女[N]. 香港文汇报.2001.05.12.
[2] 红线女艺海六十年[N]. 香港文汇报.2001.05.12.

线女和领队的奥克兰市副市长以及毛利少年们愉快交谈，双方互赠礼物。团员们列队表演了一首当地民歌，红线女则即兴填词、演唱粤曲《祝客人幸福平安》献给客人，气氛十分融洽。

6月

红线女应邀赴美国纽约领取美华艺术协会、纽约市文化局、林肯艺术中心联合颁发的亚洲杰出艺术奖之"粤剧艺术终身成就奖"。

15日，在林肯艺术中心颁奖典礼上，场内1000余名观众全部起立，以最热烈的掌声向红线女致意，随后纽约文化局副局长罗斯柴尔德向红线女颁发奖状。但红线女并不认为此荣誉是她艺术事业的终结，而应视为她艺术生涯上一个新的起点，她还要在艺术的海洋里不断追求和探索。

在美期间，红线女不顾旅途劳顿，到纽约的第一晚便观摩了音乐剧《狮子王》。通过与动画片《狮子王》的对比，红线女萌生了将自己的粤剧作品制作成动画电影的念头。"我在想，把一些舞台作品改为动画艺术，工作可能会好做一些。它只需动用画笔、色彩、电脑、特技等去制作，完全可以表现动人的丰富多彩的画面——从天空到地下、从山岩到深海等，制作者可以尽情发挥创作的潜力和想象力。"[1] 此外，她还应联合国中国书会邀请前往讲学，在联合国大厦一间大办公室里，红线女和联合国总部的100多名工作人员聚会，进行了一场别开生面的讲座。

7月

4日，红线女来到广州芭蕾舞团，为该团芭蕾舞剧《梅兰芳》进行艺术指导。[2]

9日，红线女赴北京，当晚，在人民剧场观看张火丁演出的京剧《江姐》。

14日至15日，红线女参加中国田汉研究会、中国田汉基金会第一届第二次理事会会议。

---

1 谢彬筹，谢友良主编. 红线女粤剧艺术 [M]. 北京：中国戏剧出版社. 2006：32.
2 红线女羊城导芭蕾 [N]. 大河报. 2001.07.06.

红线女荣获联合国职员娱乐委员会、中国书会联合颁发的"粤剧艺术终身成就奖"

红线女荣获美华艺术协会、纽约市文化局、林肯艺术中心联合颁发的亚洲杰出艺术奖之"粤剧艺术终身成就奖"

在北京期间，红线女还观看了北京人民艺术剧院演出的话剧《金鱼池》及中央戏剧学院导演高级研修班毕业话剧《突出重围》等。回穗后，她写了《看戏感言》，发表在第 5 期《红线女艺术研究》上。

8 月

《红线女艺术研究》第 5 期出版。

9 月

3 日，上海越剧院《红楼梦》剧组一行访问红线女艺术中心，并与红线女进行了座谈。

11 月

8 日，香港新界社团联会组织 200 多名粤剧爱好者组成"红派艺术之旅"专程到红线女艺术中心交流、学习。当天下午在中心小剧场举行欢迎仪式，红线女与陈传誉、杨英强、林武、王兆平、李自根等出席了欢迎仪式。晚上，红线女与团友们进行了面对面的艺术交流，耐心解答团友提出的问题。

12 月

红线女赴北京参加中国文联第七次全国代表大会。在人民大会堂举行的联欢晚会上，江泽民与红线女等老艺术家亲切握手，使老艺术家们感受到国家对文化工作者的亲切关怀。

2002年（78岁）

1月

1日，广东省政府为表彰红线女的粤剧艺术贡献，在粤剧新年音乐会上，为她颁发粤剧艺术杰出贡献奖。获奖后，红线女首先发言，她结合江泽民总书记在全国文代会上的讲话精神，谈到粤剧一定要"与时俱进，大步跟上时代，走上改革之路"，粤剧工作者要"对粤剧有深厚的感情"，同行之间"要有一致的追求，互相支持，加强团结，形成合力"。[1]

27日晚，红线女应邀参加了由广州市委宣传部组织排演的粤剧交响音乐会，年逾古稀的红线女以一曲韵味十足的《昭君出塞》再一次震撼了观众。

2月

红线女艺术中心邀请《中国戏剧》副主编安志强撰写20万字的专著《论红腔》。

3月

8日，广州市妇联在红线女艺术中心举办庆祝三八妇女节联欢活动，广

---

[1] 秦田.十位艺术家获奖吐心声[J].南国红豆.2002,(2)：33-34.

州市妇联主席杜美娴，越南、日本、韩国驻穗领事夫人出席了这次活动。郭凤女、梁耀安等为来宾现场表演了精彩的节目。

30日，红线女赴北京保利剧院参加粤剧交响音乐会演出。[1] 演出前，丁关根会见了红线女。当红线女身着一袭白裙走上舞台时，全场爆发了经久不息的掌声，台上的所有演员都起立为这位艺术大师致敬，红线女演唱的《昭君出塞》情真意切、韵醇味浓、一气呵成，"红线女以极富美感和韵味的咏叹，声声倾诉昭君的悲思伤怀……长达近百句的大段落，她张弛收放、峰回路转、起伏跌宕、气韵绵延，始终牵引着听众的心，步步追随，如痴如醉。难得古稀人依旧嗓音通透，运腔自如，音质细腻圆润，几次轻松地把声线抛上端点，堪称梨园奇迹，令人叹服。"[2]

4月

《红线女艺术研究》第6期出版。

深圳动影时代有限公司制作了粤剧动画电影《刁蛮公主戆驸马》的5分钟试片。这次试片有较大突破，为日后合作制作完整的动画片奠定了良好的基础。

5月

14日，红线女荣获国务院颁发的首届造型表演艺术创作研究成就奖，同获此奖的王朝闻、艾中信、华君武、张仃、启功、侯波、曾竹韶、王金璐、袁世海、戴爱莲，全都是中国文化艺术领域内的泰斗级人物。[3]

21日，香港歌星容祖儿一行到红线女艺术中心向红线女学习粤剧唱腔艺术，得到了红线女的悉心辅导。

30日，红线女艺术中心与深圳动影时代有限公司签署合同，正式合作

---

1 粤剧交响令观众赞不绝口 [N]. 人民日报 .2002.04.02.
2 紫茵 ."鸟语"何须懂 [N]. 音乐周报 .2002.04.12.
3 中华人民共和国年鉴编辑部 . 中华人民共和国年鉴2003（总第23期）[M]. 中华人民共和国年鉴社 .2003；814.

制作粤剧动画电影《刁蛮公主戆驸马》。

6月
3日，红线女委托红线女艺术中心余楚杏、蒙菁探望增城市畲族村畲族小学的师生，了解受爱心助学基金资助的小朋友学习、生活的情况，并送上红线女个人捐助的2000元慰问金及一批文娱用品。

7月
红线女参加广东省文联第五次代表大会。

8月
中旬，由红线女策划，在红豆粤剧团、广州市粤剧团、广东粤剧院的协助下，粤剧动画电影《刁蛮公主戆驸马》开始前期合乐排练、前期试验以及正式录音工作。红线女除了参加音乐制作、唱腔设计之外，还承担了剧中女主人公凤霞公主的配音工作。

9月
红线女艺术中心被纳入由广州市文化局和旅游局联合举办的"文化艺术一日游"的景点中。为使中心以崭新面貌迎接"艺术一日游"的客人，经过红线女策划，大家共同努力，中心展销部重新装修、整饰一新，二楼展厅10尊红线女塑造的艺术形象也一一重新改做。

30日中心迎来了"艺术一日游"首批客人。

10月
粤剧动画电影《刁蛮公主戆驸马》前期录音工作基本完成。

红线女参加《红线女艺术研究》第7期研讨会。

11月

6日，红线女在红线女艺术中心多功能厅与广东首届粤剧培训班学员举行粤剧交流座谈会。

13日，红线女艺术中心、珠江电影制片公司、深圳动影时代有限公司的有关负责人齐聚深圳，举行了《刁蛮公主戆驸马》开拍仪式，开创戏曲动画影视的先河。

12月

红线女应邀到番禺英东体育馆为第三届广东省戏剧演艺大赛获奖演员颁奖。

《红线女艺术研究》第7期出版。

红线女赴京参加粤剧交响音乐会演出,受到中宣部部长丁关根(中)接见

红线女在粤剧交响音乐会上演唱《昭君出塞》

2003年（79岁）

1月

11日，红线女应邀赴京参加全国文联迎春联欢会。

14日，林树森专程到华侨新村红线女家中探访，代表市委向红线女拜早年，致以节日的问候。红线女表示感谢并汇报了粤剧动画电影《刁蛮公主戆驸马》的进展情况。林树森对红线女搞粤剧动画一直很支持，曾特批一笔专款来启动这项艺术工程，他期待红线女能把这部电影搞成精品。

过去一年，由于红线女工作成绩突出，被广州市政府记二等功，还荣获广州市文化局颁发的专业技术人员重大科技贡献奖和优秀共产党员光荣称号。

本月，红线女的工作重点放在粤剧动画电影《刁蛮公主戆驸马》上，继续完善配音、动画制作、筹措经费和组织宣传工作，每一件事都让她费尽心力。她加紧步伐，和工作人员共同努力，争取如期完成该项目，开辟一条新的创作路子。

2月

15日，红线女艺术中心、珠江电影制片公司、深圳动影时代有限公司和广东省电影公司联合举办了新春记者招待会，向本省以及港、澳地区二十几家新闻单位的记者通报了有关粤剧动画电影《刁蛮公主戆驸马》的创作情况。红线女首先向媒体介绍自己是个动画迷，希望通过动画这一艺术手段去帮助粤剧寻觅一条新的传播路子，让更多观众能了解和喜欢粤剧，为了实现这个愿望，她经过两年多的艰难运筹，终于同合作者摸索到动画与粤剧融合的路子，形成了一个既保留了粤剧艺术精髓又颇具动画特色的制作方案。红线女接着向媒体介绍了目前的创作进展情况然后答记者问。她说："请不要误解，我从来也没有想过要用粤剧动画电影去取代粤剧，我只是在为我们的粤剧探寻一条新的传播途径……这种类型的动画片从来没有人做过，我们是在做前人没有做过的事，当然要努力去探索、创新；我们既不是抄袭也不是模仿，我们只是借鉴动画来为我所用，是完全从我们这个戏的需要出发的。我希望青少年能接受。"[1]

3月

8日，在红线女倡导下，艺术中心于妇女节当天举办了红线女艺术欣赏专场，接待了从四面八方蜂拥而来参加活动的人们，共计800余人。

12日，广东省文化厅在红线女艺术中心召开粤、港、澳文化合作会议，会议讨论了三地文化合作事项，还讨论了粤剧申报世界非物质文化遗产问题，红线女出席了会议并发了言。与会者还参观了《红线女艺术之路图片展》等各项陈设。

本月，红线女与谢友良等前往深圳动影时代有限公司考察，在张长亮陪同下，了解动画制作的进展情况，并提出改进意见。

4月

8日，张德江在出席广东省文联五届会议时会见了红线女，向她致以亲切的问候。红线女向张德江汇报了粤剧动画电影《刁蛮公主戆驸马》的制作情况。

---

[1] 粤剧动画电影《刁蛮公主戆驸马》新春记者招待会[J]. 红线女艺术研究（第8期）2003,(16)：5-6.

12日，红线女参加在人民大会堂举办的大型晚会"梅花赋"。该晚会是由文化部、中国文联、国家广电总局、北京市人民政府等主办，中国戏剧家协会承办的纪念梅花奖20周年的专题晚会。来自全国各地的400多位梅花奖得主盛装亮相，拉开文艺晚会"梅花赋"的序幕。"百花争艳""星光灿烂""岁月如歌""满园春色""社火锣鼓""凌云壮志"等6个篇章集中展示了中国戏剧梅花奖20年的丰硕成果。晚会融汇了戏曲、歌剧、话剧、儿童剧等诸多艺术门类，尚长荣、李维康、于魁智、濮存昕、茅威涛、孟广禄、梅葆玖等众多明星先后献艺。[1]

红线女为佛山粤剧博物馆题字，"因为大家都知道红线女非常忙，身体又不太好，都以为起码要过一个月时间，她才能题好牌匾。但令人意外的是，红线女非常支持佛山粤剧博物馆的工作，连夜题下'佛山粤剧博物馆'几个大字，第二天就请有关人士打电话来说牌匾题好了"。[2] 题字被用作博物馆的门匾。[3]

5月

为了更好地保存红派艺术音像资料，红线女要来中心档案室将现存磁带资料转刻为CD、DVD。同时，还要求档案室对硬件设施进行了改造和完善。

6月

广东省委、广州市委分别举办了庆祝胜利，歌颂抗"非典"英雄的文艺晚会。红线女不辞劳苦亲自组织乐队，录制了毛泽东词《娄山关》粤曲的伴奏带，并带病参加了两台晚会的演出，表达了自己对战斗在"非典"第一线的医务工作者的敬意。

《红线女艺术研究》第8期出版，这一期是粤剧动画电影《刁蛮公主戆驸马》特辑。

---

[1] 解峭. 大型晚会"梅花赋"明晚举行[N]. 中国艺术报.2003.04.11.
[2] 重现三百年粤韵风华[N]. 广州日报.2003.05.09.
[3] 姚德荣. 佛山粤剧博物馆开馆[N]. 中国旅游报.2003.06.09.

7月、8月

红线女一向非常重视在青少年中推广粤剧、粤曲。暑假期间,她专门部署中心组织学生暑期活动月,开展了一系列丰富多彩的艺术观摩、欣赏和抽奖活动。从7月26日到8月31日,吸引参观者1万多人次。

9月

12日,红线女艺术中心隆重举办了"中秋追月聚会",红线女与部分学生在中心小剧场欢聚一堂,师生们畅怀高歌,演绎了多首红派经典曲目。聚会中,红线女不仅带头演唱,还亲自担任主持人,把气氛营造得十分热烈。师生们叙情研艺,相互勉励,场面感人。出席这次追月聚会的红派弟子有霍林淑端、欧阳炳文、颜叶秀珍母女、南红、欧凯明、郭凤女、张雄平、琼霞等。红线女艺术中心全体员工也出席了这次难忘的聚会。

10月

多年来,红线女一直希望普通老百姓能拥有一本比较完整、实用的介绍粤剧曲牌的工具书。经过红线女策划,梁文通根据她的意见,几易其稿,终于完成了《广东粤剧部分曲牌、板腔介绍》(包括工尺谱和简谱两种记谱方式)一书的编写工作。

11月

在红线女的指导下,粤剧动画电影《刁蛮公主戆驸马》音画合成工作在紧锣密鼓地进行。与此同时,中心员工还完成了这部动画电影和红派代表剧目《天之娇女》全部曲谱的记录、整理工作,为红派艺术的传承积累了重要的资料。

12月

12日至21日,第三届中国音乐金钟奖在广州举行,红线女对此项活动大力支持,为大赛提供了小剧场作为民乐(二胡)比赛场地。红线女艺术中心员工为大赛服务尽心尽力,得到观众、参赛者、组委会、评委、媒体和社会各界的好评。[1]

27日,红线女为广东粤剧艺术大剧院剪彩。[2]

南红女士在中秋追月聚会中演唱《昭君出塞》

---

1 刁艳.中国音乐金钟奖落户广州[N].音乐周报.2003.07.25.
2 粤剧艺术谱新篇,文化园区传佳讯[N].中国文化报.2004.01.06.

2004年（80岁）

1月

2日，红线女召集珠江电影制片厂林西平、深圳动影时代有限公司张长亮、广东音像出版社许卓明等，一起商讨粤剧动画电影《刁蛮公主戆驸马》后期制作的各项工作。实际上，类似的碰头会不知道开过多少次，一有问题，红线女便召集主创人员开会，讨论解决，她还经常到深圳动影时代有限公司的电脑机房去现场指导，力争将动画片打造成为精品。

8日，林树森到红线女家中拜早年，陈建华、陶诚陪同前往。在这次会见中，林树森强调要加强"红派"艺术资料的收集工作，要把散落在各处特别是香港的东西，包括电影拷贝、录像带、唱片、照片等收回来，要下大力气、花大本钱去做这件事。

13日，广东省委宣传部方健宏专程到艺术中心探访红线女。红线女陪同他参观《红线女艺术之路图片展》。

16日，广州市文联刘长安等工作人员专程到红线女家中拜早年。

23日，红线女到广州市政协机关参加新春团拜会。

2月

月初，广东省委宣传部、广州市委宣传部审看粤剧动画电影《刁蛮公主懋驸马》。事后，红线女召集林西平、张长亮等主创人员，共同讨论上级主管部门的审查意见，并制订修改方案。

26日，红线女出席广州市文联第七次代表大会。

3月

5日，红线女邀请省市部分专家、学者在艺术中心小剧场审看粤剧动画电影《刁蛮公主懋驸马》。在场的专家、学者对这部动画电影给予充分肯定，并提出若干修改意见。[1]

19日，香港特区政府旅游发展局专程派人前来广州会见红线女，征集红线女手印。红线女欣然应允，在特制模具上留下珍贵的手印。在香港"星光大道"上，红线女手印和香港几代名伶巨星的手印供游人参观，成为访港游客流连忘返的胜地。

4月

22日，参加"大学生粤剧一日游"的100多名大学生到访红线女艺术中心，参观《红线女艺术之路图片展》、红线女戏剧人物雕塑等各项陈设。当日，红线女、倪惠英和大学生们欢聚一堂，热烈交谈。

本月，粤剧动画电影《刁蛮公主懋驸马》完成音像合成工作，录音、画面、片头、音乐、字幕等方面都已基本达到红线女的要求，再做一些扫尾工作便可杀青。红线女召集各合作单位的有关负责人讨论下一步宣传策略，并酝酿参加中国电影华表奖评奖活动。

5月

《中国戏剧》原副主编、戏剧评论家安志强，经过两年多的采访、写作，终于完成了红派艺术研究专著《徜徉在红派艺术的海洋中》[2]。此书经红线女认可，由中国文联出版社于2005年11月正式出版。

---

[1] 张演钦，熊薇，蒙菁.粤剧头一回走进动画世界[N].羊城晚报.2004.03.05.
[2] 安志强.徜徉在红腔乐海中[M].北京：中国文联出版社.2005.

23日，红线女前往友谊剧院观赏广东粤剧院一团演出的粤剧《君子桥》。演出前，与北京来的专家龚和德、安志强以及该戏的主创人员丁凡、潘伟行等会面。

26日，广东粤剧院院长梅晓带领数十位省粤剧学校学生到红线女艺术中心参观。红线女接待了他们，并与之亲切座谈。红线女对他们寄予厚望，鼓励他们接好粤剧的班，为粤剧的振兴练好基本功。

6月

11日，广东省委、省政府领导在珠岛宾馆放映厅审看粤剧动画电影《刁蛮公主戆驸马》，张德江、蔡东士、朱小丹、雷于蓝等出席审片会。影片放映后，张德江对这部粤剧历史上第一部动画电影大加赞赏，并给予高度评价。红线女、林西平、张长亮等负责人在座。

18日，周恩来的侄子周秉德、侄女周秉均登门探访红线女，红线女喜出望外，如见亲人，在一起有说不完的体己话。红线女对周恩来有很深的感情，他们关系亲密，像恩师，又像朋友。周恩来曾多次观看红线女的演出，还同邓颖超一起到红线女家中探访，吃过红线女母亲做的红烧肉。红线女也曾应邀到中南海西华厅周恩来家做客……周恩来亲人的到访勾起了红线女对周总理、邓大姐的无限怀念。

24日，红线女抵达香港，专程拜访霍英东、霍震霆以及香港电影发行界有关人士，商讨粤剧动画电影《刁蛮公主戆驸马》在海外发行的情况。

30日，《红线女艺术研究》第9、10期合刊出版。

7月

8日，粤剧动画电影《刁蛮公主戆驸马》完成，在广州市中华广场电影城举办专场放映会，邀请广州市委市政府、市文化局领导以及各大媒体记者出席观看。市领导观看后对影片给予高度评价。

15日，粤剧动画电影《刁蛮公主戆驸马》在中华广场电影城举行首映式，社会各界人士应邀前来，座无虚席。开映前，红线女代表摄制组致辞，除了表示欢迎和感谢之外，还谈了创作过程中开拓拼搏的艰难、失败成功的苦乐。粤剧动画电影《刁蛮公主戆驸马》首映大获成功，观众反响良好。红线女在接受采访时说："这部片子本来准备在'五一'期间上映，但由于后期一些工作不能在之前完成，所以推后到了7月中旬才上映。这个时候正好大家（指学生）都放假，热热闹闹，能为电影市场增添一抹色彩也好。我不会期待这部片子有多大的票房表现，毕竟这是一个新品种，又是粤剧的题材。我们制作这个动画片，就是希望在粤剧推广方面做点开拓，最低限度是能为粤剧多增添一个艺术品种，而且这个品种又能多吸引些观众，特别是青年观众。我真的希望多些青年人来看，拉近粤剧与新一代观众的距离。"[1]

30日，红线女应邀为佛山琼花粤剧节专刊题词："琼花盛放"。

8月

从7月初至8月末，粤剧动画电影《刁蛮公主戆驸马》在广州10家电影院同时公映，共放映382场，观众达1.91万人次。

13日，中央政府驻港联络办、新界社团联会、广州市委统战部、广州市文化局在红线女艺术中心联合举办了"红派艺术之旅——再相会活动"，红线女带领艺术中心全体员工，热情接待了来自香港的300多位来宾。"红派艺术之旅"已是第二次举办了，此次规模更大。红线女出席了拜会仪式和红派艺术共赏会，宾主欢聚一堂，以艺会友，气氛十分热烈。

20日，红线女出席广州市文化局举办的纪念邓小平诞辰100周年座谈会，热情赞扬邓小平的功绩，深情回顾了邓小平生前对她谈话的内容。此前，红线女曾给"小平同志告诉我们"中国当代书法展组委会回信，告诉他们邓小平对她说过的话。

22日，红线女出席在广州天河体育馆举办的"永远的春天——纪念邓小平诞辰100周年音诗画大型晚会"。

28日，红线女、廖曙辉、张长亮晋京出席第十届中国电影华表奖暨第

---

[1] 莫艳民，康建. 倾心血塑造形象，创新品弘扬粤剧[N]. 羊城晚报 .2004.07.21.

七届夏衍电影文学奖颁奖晚会,粤剧动画电影《刁蛮公主戆驸马》荣获优秀美术片奖。红线女代表摄制组上台领奖,激动之情,溢于言表。[1]

9月

广东省粤剧工作者联谊会第三次代表大会在红线女艺术中心小剧场召开,红线女提出因身体原因请辞会长一职,希望由年轻一代来接班。大会选举倪惠英为新会长。

3日,红线女接受《广州日报》记者采访,畅谈粤剧动画电影《刁蛮公主戆驸马》荣获华表奖的感受以及回顾这部电影的创作历程。

26日,红线女专程到友谊剧院观摩上海京剧院演出的国家舞台艺术"十大精品工程"之一的《贞观盛事》。演出前,红线女到后台探望尚长荣。

10月

红线女艺术中心决定启动《红线女电影艺术》编写工作,由谢彬筹、莫汝城、谢友良、易红霞组成写作班子。虽然书中关于红线女在粤剧方面的成就论述颇多,但有关她在电影表演方面的评述就很少,这个项目加强了对红线女电影艺术的研究。

31日,第四届羊城国际粤剧节在广州开幕。在开幕式上,红线女受组委会委托,庄重宣布粤剧节开幕。

11月

在第四届羊城国际粤剧节期间,每天都有不少嘉宾来到红线女艺术中心参观访问,得到中心员工的热情接待。红线女还向粤剧节组委会赠送了400套颇具意义的礼品——红线女舞台形象集锦(无锡泥人工艺品)。粤剧节期间,组委会还安排了粤剧动画电影《刁蛮公主戆驸马》的观摩活动。观众们认为该剧是粤剧艺术与动画形式的大胆结合,是一次有益的尝试。动画艺术

---

[1] 第七届夏衍电影文学奖,第十届中国电影华表奖在京颁奖[N]. 文艺报.2004.08.31.

为这出粤剧平添了现代的元素和幽默色彩,打破了有些人认为粤剧跟不上现代社会节奏和科技发展的偏见。[1]

12月

红线女指导艺术中心档案室,做好本年度档案资料的归档工作。艺术中心的一位工作人员在旧货市场淘到红线女早期黑胶唱片8张,其中有20世纪50年代的《昭君出塞》《一代天娇》《慈母泪》《游龙戏凤》,20世纪60年代的《思凡》《蔡文姬》《王魁负桂英》等,填补了红派艺术档案中黑胶密纹唱片的空白。此外,档案室继续将现存的音像磁带转刻成CD、DVD保存,到目前为止,已完成了32个剧目共94张光盘的刻录工作。

粤剧动画电影《刁蛮公主戆驸马》音像制品,由广州音像出版社出版发行。

粤剧动画电影《刁蛮公主戆驸马》海报

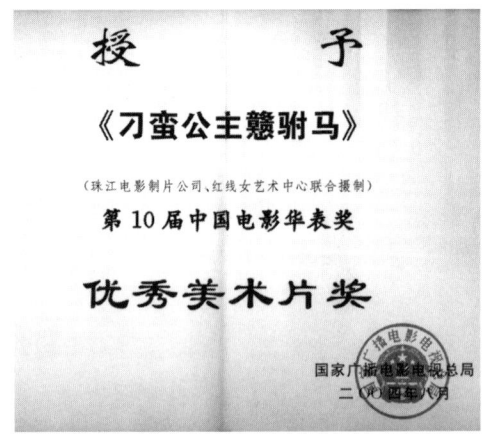

红线女创意、导演、配音的粤剧动画电影《刁蛮公主戆驸马》,荣获国家广播电影电视总局颁发的第十届中国电影华表奖优秀美术片奖

---

1 杨文雯."南国红豆"焕新彩[N].人民日报.2004.11.05.

2005年（81岁）

1月

9日，广东省粤剧工作者联谊会、广州振兴粤剧基金会在荔湾广场联合主办"四海连心粤韵情——为印度洋海啸灾区募捐义演"活动。红线女迎着寒风，与粤剧界同人一起合唱主题曲，共同为赈灾筹款，把爱心献给异国的灾区人民。

18日，林树森与陈建华、杨苗青、陶诚等到红线女家中慰问，向红线女致以新春问候，并表示全力支持红线女的工作。红线女对各位领导的关心表示感谢，并多次强调没有党和政府的支持，自己不可能做好各项工作，更不可能在艺术上取得这样的成就。[1] 当天，红线女还与各位领导一起，出席了广州市歌舞剧院的奠基仪式。[2]

2月

4日上午，粤剧动画电影《刁蛮公主戆驸马》音像制品发行仪式在红线女艺术中心小剧场举行。红线女同广州市文化局张润华、徐彬、潘大庆等一道出席了发行仪式，多家媒体记者到场采访。

---

[1] 周祚，穗宣. 粤剧拟申报世界文化遗产 [N]. 广州日报. 2005.01.19.
[2] 叶平生，李波. 广州歌剧院"圆润双砾"动工 [N]. 广州日报. 2005.01.19.

本月，在保持共产党员先进性教育的活动中，红线女与中心党员一起接受了教育，并重温入党誓词。

3月

4日，在张润华的带领下，各艺术单位领导来到中心参观、交流。红线女亲自接待，并向大家简单介绍了中心的情况。当日，红线女认真听取了张润华以及各位领导的发言。此后不久，她还和各位领导一起，到广州杂技团、广州芭蕾舞团观摩演出及演员训练情况，交流管理经验和艺术观点。

30日下午，广州市文化局在黄花岗剧院举行"保持共产党员先进性教育"专题演出活动。红线女参加演出并献唱了《关汉卿》之"蝶双飞""沉醉东风"两首粤曲，以实际行动表达了一位老共产党员对这项工作的支持。

月初，红线女参加了广州市文化局组织的艺术战线各单位互相参观学习、交流经验的活动。

月底，广州市第十二届人大三次会议及广州市政协第十届三次会议先后在广州召开，红线女分别出席了人大开幕会议和政协开、闭幕会议。

5月

1日，在红线女的倡议下，"五一"黄金周期间，红线女艺术中心向广大市民免费开放。黄金周期间，观众除了能如常看到图片展和实物展外，还能欣赏到多部由红线女主演的粤剧电影。

当日，红线女亲临中心大厅，为热情的观众签名，并在小剧场与观众一起看戏。活动的举办丰富了节日文化生活，受到群众的热烈欢迎。

6月

28日，广州市人民政府在中山纪念堂隆重举办了"保持共产党员先进性教育"大型文艺晚会。红线女获邀在晚会上演唱，曲目是歌曲《唱支山歌给党听》和粤曲《荔枝颂》。红线女深情的歌声和精湛的艺术造诣，赢得了观众雷鸣般的掌声。

29日，湛江小孔雀粤剧团由粤剧艺术家孔雀屏率领，在广州光明戏院演出，红线女到场观看，并嘱咐有关人员献上花篮。当晚演出的是折子戏《武松》和粤剧《董永重会七仙姬》。红线女在中场休息期间到后台慰问演员，并邀请孔雀屏与全体演职人员到中心做客。

30日上午，该团演职员数十人在团长孔雀屏的率领下来到红线女艺术中心参观座谈，与红线女一起畅谈艺术心得。

7月

15日，红线女在中心录音室录制粤曲《貂蝉再拜月》和《奶茶香》。

8月

15日，红线女参加了由广东省粤剧工作者联谊会主办的纪念抗日战争胜利60周年晚会。第一个节目是广东粤剧工作者合唱《大刀进行曲》，红线女亲自上台领唱，表达了爱国之情。

16日，为提高中心员工的思想政治素质，在红线女的带领下，大家来到广州市一宫电影城观看了电影《任长霞》。任长霞的先进事迹，深深感动了大家。

26日，经过一段时间的筹备，由中心艺研部策划并撰稿的《南国红豆》国庆特辑——"红线女师生国庆抒怀"电视节目在广州电视台录制。节目内容除了有红线女与她的5位学生郭凤女、欧凯明、苏春梅、张雄平、琼霞分别演唱红派名曲外，还通过问答的形式向观众讲述红线女1955年自香港回到祖国内地工作后，所度过的50个国庆节中一些难忘的经历和往事，以此来展现红线女对祖国深深的感情。

9月

5日，红线女艺术研讨会在中心会议室举行，会议议题是讨论《红线女电影艺术》一书的内容、分工以及出版等问题。谢彬筹、莫汝城、谢友良、易红霞等专家及部分艺研部成员出席了会议。

21日，红线女得悉倪惠英将于10月率广州粤剧团赴京演出的消息，欣喜之余，当即致函倪惠英表示祝贺，并坦陈戏曲演员如何提高演艺水平的心得和体会，信中她谈道："要继承我们一代代老前辈不怕困难和艰苦，创造出我们粤剧的这种精神，这种精神，首先值得我们学习，而且要重视。……作为一个优秀的粤剧演员，也应该永远葆有这种宝贵的精神，才能以旺盛的创造力和想象力，勇往直前地在舞台活动中不断创造生动感人的艺术形象。……期望你在今后的艺术创造和工作实践的过程中，努力把自己造就成为既能创造艺术业绩，又是经营管理有方的德艺双馨的艺术人才。……愿你我都遵从大师的指导，为努力攀登艺术高峰，为粤剧艺术的繁荣发展，贡献自己的一切力量。"——炽热的话语，深深体现了一位粤剧艺术家对粤剧艺术的赤子之情。

10月

"十一"黄金周期间，红线女艺术中心再次免费对广州市民开放，欢度国庆。

1日上午，红线女来到中心与观众见面并一起观看节目，还热情地在抽奖箱中抽出幸运观众，令得奖者既意外又兴奋。

2日上午，福建省梨园戏实验剧团主创人员到中心进行艺术交流，红线女接待他们，双方展开了友好座谈，并就共同关心的戏曲方面诸问题互相探讨，气氛相当融洽、热烈。

17日晚，红线女得悉文坛巨匠巴金逝世的消息，深感悲痛。在随后接受《羊城晚报》记者的采访中，红线女追忆了与巴金先生交往的一些往事，同时提到自己在1953年主演由中联电影公司根据巴金同名小说改编的电影《秋》的经过。为了表示对巴金的悼念，红线女特意安排中心在18日上午播放了该片。

21日上午，在红线女的倡议下，"今夜不平凡——丁凡艺术专场"艺术研讨会在中心多功能厅举行，广东省文化厅艺术处周建平、广州市文联周帼英、粤剧词作家蔡衍棻、演员丁凡等出席了研讨会。

26日，为了进一步鼓励粤剧工作者为粤剧做出更大贡献，红线女写出文章《希望》。文中她提到："在我的记忆中，这种粤剧艺术研讨会，还是我们中心艺术研讨会的第一次。我为此而兴奋，而怀着一种强烈的希望：希望今后不断地、更多地这样的粤剧艺术研讨会出现——希望！"

31日晚，由广东省政协主办的"中华之声——2005名家名曲广东演唱会"在广州中山纪念堂隆重上演，全国八大剧种十多位表演艺术家登台亮相，各自表演了拿手曲目。红线女作为粤剧代表演唱了粤曲《荔枝颂》，全场观众报以热烈的掌声。[1]

11月

3日，高州粤剧团到广州平安戏院演出，红线女得知消息，叮嘱工作人员送去祝贺花篮。晚上她亲临剧场观看演出，还来到后台与演职员见面，邀请他们到中心参观。

4日上午，高州粤剧团数十人来访，红线女亲自接待并赠送纪念品。

8日下午，香港浸会大学第46届毕业仪式暨荣誉博士颁授典礼在浸大礼堂举行，红线女获颁荣誉文学博士学位，她亲赴香港接受颁赠。香港特区行政区长官曾荫权为红线女加冕，红线女随后还出席了浸会大学专门举办的庆贺酒会，并作了即席发言。"女姐听到赞辞人重提她曾说的一句'香港是哺育我艺术成长的摇篮，香港是我艺术的发祥地。几十年来，我常常挂念着她。'曾特首闻言后也露出认同的表情，并望向女姐点点头，而女姐听到赞辞时，也一度感动流泪，不时以手拭泪，其后当她在曾特首面前接过博士帽后，便向在场来宾九十度鞠躬，获得全场热烈鼓掌。"[2]这是红线女的艺术成就得到社会广泛认可的又一明证。[3]

7日至14日，第五届中国音乐金钟奖古筝比赛在红线女艺术中心小剧场举行。在红线女的带领下，中心员工同心协力，再一次出色地完成了场地

---

[1] 吴春燕，郭子建.八大戏种领军人物联袂在穗唱响"中华之声"[N].光明日报.2005.11.05
[2] 红线女听赞辞感触拭泪[N].香港文汇报.2005.11.09.
[3] 陶存主编.香港回归十年志2005[M].济南：山东人民出版社.2007：312.

承办工作，赢得组委会、评委、参赛者、观众的一致好评。

15日上午，红线女为红豆粤剧团成立15周年题词"红豆发新枝"。

17日，原广东省委书记任仲夷逝世，红线女得知消息，与姚锡娟一起前往任仲夷家中吊唁。

18日下午，为庆祝红豆粤剧团成立15周年，拟重排红派经典剧目《关汉卿》，剧团举行重排动员会。红线女到桂花岗红豆粤剧团排练场参加会议，对重排工作非常重视，寄予厚望。

28日上午，红线女率领中心工作人员驱车100多公里，来到增城市正果镇畲族村，探望畲族小学师生。在简陋的教室里，红线女给孩子们送上文具、水壶等慰问品，和孩子们愉快地交谈。这是红线女继1999年初次到访之后，再次来到畲族村，看到畲族村面貌前后发生的巨大变化，红线女感慨万千。

12月

本月初，红线女艺术中心从香港购回《红线女2000音像艺术大观》的母带及版权。红线女分批审看母带，选取比较有代表性的录像片段为日后出版发行DVD做储备。

5日，红线女组织中心团支部会议，选举产生第一届团支部委员。会上，红线女及林洛对团员提出了要求与希望。

9日上午，红线女、林洛率领中心全体员工到番禺冼星海纪念馆参观学习。

12日上午，"红豆芳菲满园春——广州红豆粤剧团15周年志庆暨马、红艺术流派经典剧目展演"新闻发布会在中心小剧场举行。红线女与广州市文化局张润华、徐彬，红豆粤剧团团长余勇，主演欧凯明、曾慧、张雄平等一起出席了会议。[1]

14日，红豆粤剧团连排《关汉卿》，红线女前往观看，一时激动不已，

---
[1] 苏华，李建容，苏小玲.广州红豆粤剧团15周年志庆活动（一）[J].南国红豆.2006,(2)：2-2.

红线女与担任博士学位颁授仪式监督的前香港特首曾荫权合影

粤剧艺术家孔雀屏率领湛江小孔雀粤剧团到访红线女艺术中心（右一为孔雀屏，右二为红线女）

红线女被香港浸会大学授予第46届荣誉文学博士学位

随后写就《〈关汉卿〉魅力永存》一文，发表在 16 日的《广州日报》上。在《关汉卿》剧组排练期间，红线女多次来到现场，从剧本、导演、表演、舞美等各方面都给予了关心和帮助，对排练工作的顺利进行起了关键的作用。

15 日，红线女受聘为广东戏剧家协会第八届主席团名誉主席。当天上午，新当选的广东省戏剧家协会主席倪惠英与常务副主席张建渝一起来到中心，向红线女颁发聘书。

2 日和 19 日，红线女先后两次主持召开红派艺术研究专家组会议，谢彬筹、莫汝城、蔡衍棻、谢友良、郭铭志、易红霞等专家先后到会，就《红线女粤剧艺术》《红线女电影艺术》《红线女创作·生活》等三本书的出版、组稿等工作进行磋商，达成了基本共识。

20 日晚，红豆粤剧团在南方戏院首演《关汉卿》，红线女到场观看，并在演出后走上舞台，向演员们表示了热烈祝贺。"与戏迷一别四十八年的《关汉卿》剧目日前进行了复演，女姐认为，自己被整出戏给深深吸引，可以看到这两三年，广州粤剧舞台上呈现新的面貌，下一辈的粤剧人才已成长，舞美也胜过当时，更为干净、利落、有质感，艺术舞台全面提高。"[1]

24 日晚，在中心小剧场，红线女与马来西亚研艺音乐剧社社长颜叶秀珍、副社长陈引彩、社员颜华意、黄淑珍及欧阳炳文、郭凤女、欧凯明等人一起开展艺术交流，以特殊的方式共度平安夜。红线女压轴演唱粤曲《西施喜》《荔枝颂》，众人尽兴而归。

本月，《红线女艺术研究》第 11、12 期合刊出版。

---

[1] 红线女：粤剧传承承靠"新戏好团"[N]. 香港文汇报 .2005.12.27.

2006年（82岁）

1月

6日和14日，红线女艺术中心先后两次举行红线女艺术研讨会，进一步商讨红线女艺术专著组稿等有关事宜。红派艺术研究特聘专家秦中英、莫汝城、谢彬筹、谢友良、何杰章、蔡衍棻、郭铭志等出席了会议。会议议定，三本书暂定名为《红线女粤剧艺术》《红线女电影艺术》《红线女创作·生活》，由谢彬筹、谢友良分别担任主编，委托中国戏剧出版社出版，中心艺研部负责书籍出版的联系等具体工作。

7日，红线女到桂花岗红豆粤剧团的排练场，教8位儿童合唱粤曲《珠江礼赞》。这是为2006年9月举办的红线女艺术中心成立10周年庆贺活动，准备的一个有新意的节目。为了保证节目质量，红线女多次亲自教导小朋友们演唱。

12日，广州市档案局对红线女艺术中心综合档案室进行达标复查，评审小组不仅对红线女主管档案工作的认真与执着给予了高度评价，还针对档案工作提出了不少有益的建议。最后，经认真审核，决定继续授予中心档案室"省特级档案综合管理单位"称号。红线女对这项工作非常重视，表示将一如既往地做好单位档案工作。

13日，红线女应邀赴中山纪念堂出席"庆祝广东省文学艺术界联合会成立55周年暨2006年广东文艺界新春大联欢"活动。省市部分领导雷于蓝、蔡东士、朱小丹等以及文联领导刘斯奋、陈中秋等出席了此次盛会。会前，红线女还与各位领导一起，观看了广东省文学艺术成果图片展。

17日，红线女出席了2006年度广州文化工作会议。

20日，广东省委宣传部方健宏、艺术处周建平代表广东省委、省政府到中心慰问红线女，并献上了春节的祝福和问候。

23日，林树森、陈建华等领导来到华侨新村红线女家中，对红线女表示了亲切的节日问候，同时也传达了党和政府对人民艺术家的关心和支持。其间，红线女提出了希望排演现代粤剧《三家巷》以及举行红线女艺术中心成立10周年庆贺活动的想法，得到了各位领导的肯定和支持。

25日，红线女先后出席了广州市文学艺术联合会第七届委员会主席团暨全体委员会议、广州市文艺界迎春茶话会及广州市各界人士迎春招待酒会。

26日，为了贯彻落实上级关于深化事业单位人事制度改革的有关规定，红线女艺术中心决定实行全员聘用制。红线女当天逐一与中心员工签署聘用合同，并从保护劳动者合法权益的角度对合同条款提出合理化的修改建议。

2月

3日，广东粤剧工作者联谊会新一届理事会部分成员倪惠英、何笃忠、梅晓、曹秀琴、卜灿荣、梁郁南、谢海涛等，来到红线女艺术中心给红线女拜年。他们就粤剧的前景与改革等多方面问题进行了愉快的交谈。有感于部分外省人在广州从事粤剧工作甚至在领导岗位，红线女在谈话中提出了"从事粤剧工作必须学习广州话"的建议。

6日，红线女参加广州市政协新春座谈会及参观活动。

20日，广州市新图书馆奠基仪式在珠江新城隆重举行，红线女应邀到场祝贺。

21日，广东省繁荣粤剧基金会成立。[1] 广东省政协办公厅在广州友谊剧

---

[1] 伍福生. 广东省繁荣粤剧基金会成立将筹1亿元[J]. 南国红豆. 2006,(2): 40-41.

院举行了"广东省繁荣粤剧基金会成立暨粤剧名剧名曲欣赏晚会"。不少粤剧界、曲艺界的著名艺术家在晚会上表演了拿手的曲目,红线女到场观看。

22日晚,湛江粤剧团在广州友谊剧院演出《双枪陆文龙》,张德江、朱小丹、曹淳亮、陈中秋等出席并观看了演出。红线女在演出前与张德江亲切交谈。演出完毕,红线女到后台看望了主演梁兆明、麦文洁等,并嘱咐团长孔雀屏注意身体。

23日,红线女致信湛江粤剧团演员梁兆明,对他的演出给予肯定和鼓励。当晚,红线女又来到友谊剧院,参加潮剧院举办的"春满花城——潮剧晚会"。

3月

8日,红线女艺术中心举办妇女节免费参观活动,播放电影《我是一个女人》《慈母泪》,吸引众多观众前来。红线女多次到场与观众互动。

中旬,红线女着手进行《红线女粤剧艺术》一书的初审工作。

21日,红线女主持召开《红线女艺术系列丛书》编委会会议,谢彬筹、莫汝城、谢友良、郭铭志等应邀出席。会议讨论了书籍的出版问题,决定成立丛书编委会,并确定了各分编编委名单。当日下午,红线女到广州市委礼堂出席中国人民政治协商会议第十届广州市委员会第四次会议开幕式。

27日,红线女到广州市文化局参加局领导民主评议生活会。

28日,陶铸的女儿陶斯亮到中心探访红线女。她们共同追忆了陶铸的往事,红线女还兴致勃勃地带领陶斯亮参观图片展。临走前,陶斯亮亲笔为中心写下了留言:"我父亲很久以前就深知红线女的价值。今天我参观了红线女艺术中心后,更加认识到红线女对粤剧之重要,是任何人都无可比拟的。"

31日上午,红线女应共青团广州市委员会邀请来到广州市少年宫,参加"我最喜欢的青春之歌"交流活动。在活动上,红线女与三元坊小学的少先队员进行有趣的艺术交流,还教他们演唱《荔枝颂》《松花江上》等歌曲。少先队员为红线女系上鲜艳的红领巾,红线女的兴奋之情溢于言表,还挥笔写下了对少先队员的殷切希望。

4月

3日至11日，应马来西亚研艺音乐剧社邀请，红线女于3日飞赴吉隆坡，参加由音乐社主办的"研艺爱心慈善夜"筹款演出，并担任开幕式嘉宾。[1]演出前数天，红线女对她们的演出剧目进行了耐心、细致的艺术指导。在开幕式上，红线女对研艺剧社的艺术精神给予高度赞赏，她说："我被她们感动了，她们学到的东西没有被浪费，而是拿出来贡献给社会上有需要的人。"

11日下午，红线女返回广州。在路上，红线女听说当晚举行"留得诗韵在人间——陈自强作品欣赏会"，便主动提出要在晚会上演唱粤曲《一曲赞歌奉献给党》，以纪念作者陈自强。早在1985年，红线女为新招收的粤剧学员上的第一课，就是教唱的这首曲目。当天下午，红线女不顾旅途辛劳，赶赴黄花岗剧院参加彩排。晚上，她一袭红衣走上舞台，观众报以热烈的掌声。一曲唱罢，更是掌声雷动，经久不息。这一次，饱含激情的"红腔"再次感动了观众。

21日，红线女参加广东省民族团结促进会理事会议，听叶选平同志做报告。当日，香港粤港青少年文化交流大使团到中心参观，红线女挑选动画片《刁蛮公主戆驸马》及粤剧《昭君公主》片段向团友播放，团友深受感动，并向中心敬赠锦旗表示谢意。

28日，为增进中心职工的业务知识和对红派艺术的了解，红线女邀请莫汝城来中心，为大家做了一堂精彩生动的红派艺术讲座。

5月

12日，莫汝城再次来到红线女艺术中心，为员工们讲述红派艺术。

18日，红线女在中心录音室录制了《珠江礼赞》《西施喜》《荔枝颂》《初遇诉情》（红线女、欧凯明演唱）等曲目。

19日晚，红线女撰写了录制《珠江礼赞》《西施喜》《荔枝颂》《初遇诉情》的艺术心得，后在《广州日报》发表。

---

1 颜华伦. 第五届"研艺爱心慈善夜"粤剧演出晚会剪影[J]. 南国红豆. 2006,(3)：1-2.

30日，增城畲族小学师生以及中学生代表到访中心。红线女与文化局领导张润华一起，陪同远道而来的孩子们观看了粤剧动画电影《刁蛮公主戆驸马》，并愉快地与孩子们在"爱心助学"的背景板前留影。当天，她还领着孩子们参观图片展，与孩子们促膝谈心，并在多功能厅举行简单的座谈会。会上，身着民族服装的孩子们羞涩地用本地土语唱起歌曲，感谢党和祖国的栽培。红线女开心地跟他们一起歌唱，把整个活动推向高潮。[1]

6月

15日，红线女录制访谈节目，为粤剧申请联合国非物质文化遗产做准备。

23日，由广州市直机关工委、广州市文化局联合主办的"广州市直属机关纪念建党85周年表彰先进暨文艺晚会"在中山纪念堂举行。红线女应邀出席晚会，并在现场演唱了粤曲《荔枝颂》。

26日，红线女再次来到中山纪念堂，出席广东省"庆祝建党85周年暨保持共产党员先进性总结会"，张德江向红线女等授予"三有一好"优秀党员证书和奖牌。

28日，红线女与郭铭志、杨澄碧及倚天影视有限公司负责人等一起，商谈制作中心成立10周年电视专题片合作事宜，双方达成了一致意见，并签订了合作协议。

30日，红线女飞赴北京探望病中的周巍峙，因有工作在身，红线女未敢多留，星夜返回广州。由于当天雷雨交加飞机延误，直至翌日两点多她才回到广州。据周巍峙回忆："2006年，我因为生病住院了很久，一度身体很不好，红线女千里迢迢从广州飞来，别的什么也没有，连行李都没带，就坐着飞机两手捧着一罐汤来京，在病房里小坐了一会儿又飞回广州去了。当时她也80岁出头了，飞来飞去就送来了一罐汤，她说这是'千里送鹅毛'，我们全家都特别感动。"[2]

---

[1] 红线女与畲族娃庆六一[N].信息时报.2006.05.31.
[2] 马鼎盛.马鼎盛自述 我和母亲红线女[M].广州：花城出版社.2015：3.

7月

1日，红线女顾不上刚从北京赶回来的旅途劳累，主持召开党员民主生活会，庆祝中国共产党成立75周年。中心党员、预备党员、入党积极分子等参加了座谈。

4日，红线女决定印制梁文通、杨枫编写的《广东粤剧部分曲牌、板腔介绍》，以满足广大粤剧初学者的需要。

6日，广东粤剧院二团将排演《山乡风云》，红线女应邀来到粤剧院，为青年演员讲述自己当年排演的情况。她说："当时剧组开赴罗浮山，自己与当地的战士一起训练和生活了15天，专门去体验军人气质和保卫祖国的献身精神。经历过军营生活之后，整个剧组的精神面貌焕然一新，演员们深刻地体会到团结和组织纪律的重要性。"红线女现身说法，分析了体验生活对于演员角色塑造的重要性，鼓励演员向生活汲取艺术养分。

7日，朱小丹到红线女家中访问，与红线女商谈举办红线女艺术中心成立10周年庆贺活动事宜。

10日上午，张润华、王丽贞、易红霞、应汉杰、陈晓玲、谢友良等来到中心，与中心领导及中层干部共同商讨中心成立10周年庆贺活动事宜。

11日至12日上午，红线女投入到中心成立10周年专题片《平凡的使命》拍摄工作中。

12日下午，红线女召集欧凯明、郭凤女、张雄平、苏春梅及部分小学生演员到中心进行10周年演出活动的排练。

13日，红线女与易红霞、林洛、谢彬筹、谢友良、秦中英、莫汝城、蔡衍棻等召开会议，讨论中心成立10周年特刊的内容编排、工作分工、出版等事宜，并请谢友良同志具体负责。

14日，红线女为东莞长安业余剧团题字"粤艺苑"。

22日，红线女为中心成立10周年专题片《平凡的使命》配音。下午，张润华、易红霞到中心与红线女、林洛、郭铭志、杨澄碧等审看专题片《平凡的使命》，并提出修改建议。

31日，中国唱片总公司代表送来了红线女早期录制的一些黑胶唱片，并请红线女为梅兰芳唱片封套签名,还转交了喻宜萱写给红线女的信。1957年,红线女前往莫斯科参加世界青年联欢节,喻宜萱同为代表团成员。读完信后,红线女十分高兴,即席回复,并请中国唱片总公司代表把信转交喻宜萱。

8月

9日,陈建华、陶诚来到红线女家中,三人就广州市文化事业建设的问题交换了意见,并共同商议了中心成立10周年庆贺活动事宜。

17日,张润华、易红霞、应汉杰到中心与红线女等召开工作会议,进一步落实庆祝活动相关工作。

18日,徐咏虹到新村探望红线女。红线女教徐咏虹唱粤曲《荔枝颂》。

23日,红线女撰写《红线女从艺絮语》[1]一文,刊登于《红线女艺术研究》第13、14期合刊卷首。

25日上午,在红线女的积极倡议下,"师恩如海永难忘——陈晓明粤剧表演艺术专场"座谈会在中心多功能厅召开。红线女出席座谈会并作了发言,她高度赞扬了陈晓明虽改行但仍不忘粤剧的精神,难能可贵地保持了较高的艺术水平并有所创新,鼓励他把自己的艺术无私地贡献给粤剧的后辈们。陈晓明感谢了老师的栽培,并表示听从老师的建议,愿意把自己的艺术贡献给后人。陈晓明原是广东粤剧院一位很有潜质的文武生,年轻时在红线女的帮助下,师从京昆表演大师俞振飞等名家,获益良多,后来因故定居香港,远离舞台。

30日,"知遇之恩、知音之情——红线女艺术中心成立10周年庆贺活动"新闻发布会在中心小剧场召开,红线女和市文联副主席周帼英等领导出席了新闻发布会,各大媒体数十名记者到场采访。红线女即席回答了记者们提出的各种刁钻问题,她妙语连珠、从容应答、游刃有余,会场气氛十分热烈。[2] 发布会结束后,红线女与几位领导一起观看了《平凡的使命》专题片。

---

1 红线女. 红线女从艺絮语[J]. 红线女艺术研究 2006,(12):1.
2 邓琼,张斯华,梁嘉琪. 红线女:要把粤剧送上互联网[N]. 羊城晚报.2006.08.31.

9月

2日，香港艺人刘德华到红线女家中探望，并送给她新版唱片。会面结束后，红线女马上回到中心，亲自教小朋友演唱《珠江礼赞》《荔枝颂》。

3日晚，红线女到南方剧院观看茂名粤剧团演出。演出前，她先到后台探望演员，并指导主演化装。

4日上午，红线女邀请茂名粤剧团演职员到中心参观访问，并进行了座谈。座谈结束后，红线女陪同文化局徐咏虹、陶诚等到中心检查10周年庆贺活动准备情况，并在会议室召开办公会议，进一步部署工作。

6日上午9点，由广州市委宣传部、广州市文化局和广州市文联主办的"知遇之恩，知音之情——红线女艺术中心成立10周年庆贺活动"在红线女艺术中心小剧场举行。活动由陈建华主持，朱小丹代表市委、市政府向红线女赠送纪念品，市长张广宁、京剧表演艺术家尚长荣先后发表了热情洋溢的讲话。随后，红线女上台讲话，感谢领导的关心支持以及广大同人和观众的厚爱，并演唱了粤曲《西施喜》以为答谢。卢瑞华、刘斯奋、林墉等文化界知名人士200余人出席了活动，黎子流等还作为嘉宾代表在活动中演唱粤曲助兴。红线女的学生钟丽容、郭凤女、欧阳炳文、欧凯明、苏春梅、琼霞以及马来西亚研艺音乐剧社社长颜叶秀珍、副社长陈引彩等纷纷献上拿手名曲。联欢演出中，红线女精心安排的小朋友演唱粤曲节目深受欢迎。

8日上午，《南方日报》记者陈祥蕉到中心采访红线女，请她发表对林墉画作的看法。红线女具体谈了自己对林墉画作的观点，还对他的艺术成就给予很高的评价，认为林墉的画技、画风已经自成一派，可称"林墉画派"。

14日，红线女到番禺南沙参加广东粤剧工作者联谊会会议。

18日，红线女主持召开新一期《红线女艺术研究》和《红线女创作·生活》书籍组稿会。红派艺术研究专家莫汝城、谢彬筹、秦中英、蔡衍棻、谢友良、黄英谋等出席了组稿会，中心书记及艺研部部分成员列席了会议。

19日，红线女率领中心员工到维家思广场的电影城一起观看了大型纪实电影《东京审判》。

25日上午，红线女与中心员工一起到广州艺术博物院观看《纪念红军长征胜利七十周年图片展》。

28日,红线女到南海渔村酒家出席广东省繁荣粤剧基金会老艺术家之家成立仪式暨中秋茶话会,一同出席的还有杨懂、曹淳亮、戴德丰、罗品超、罗家宝、王光炎、陈小汉、陈小茶、秦中英、莫汝城、林榆、黄壮谋、关国华、郑培英、李燕青、王克曼、刘美卿、小神鹰等知名人士。

29日上午,红线女参加广州市文联在广州大厦举办的"广州市文艺界迎国庆·贺中秋茶话会"。当天下午,中国文联委托广东省文联向红线女表达中秋、国庆的问候,并送来慰问金和花篮。红线女收到慰问金后,把其中的一部分拿出来,委托林洛分发给中心员工,同时把剩下的大部分钱款用于慈善事业。

30日晚,红线女到光明戏院观看广西南宁粤剧团演出。

10月

1日至7日,红线女艺术中心举行国庆免费开放周活动,并举行"你最喜爱的10部(出)红派剧目(电影)投票活动",观众选出《搜书院》《刁蛮公主戆驸马》等一批剧目,为加强中心与观众之间的互动交流起到了重要作用。

3日,广西南宁粤剧团到访中心并与红线女座谈。

19日,广州市档案局、广州文化局档案室负责人就名人档案问题与红线女开会研讨。

25日,广东粤剧青年团演员曾小敏到中心向红线女讨教如何表演《山乡风云》,红线女毫无保留地把演出经验传授给她。

28日,红线女到南方剧院出席纪念薛觉先逝世50周年专场演出活动。

31日,红线女参加由广州市文化局组织的学习十六届六中全会精神座谈会,会后分别参观了广州歌剧院、广州新图书馆、东圃前进街文化站等文化设施,并在前进街文化站发表了讲话。

11月

5日,红线女到广东国际大酒店出席广东省潮剧发展与改革基金会成立大会。

8日上午,在香港中联办九龙工作部部长林武率领下,九龙社团联会组织的"红派艺术之旅"一行200多人访问红线女艺术中心。[1]

8日至15日,红线女赴北京参加中国文联第八次全体代表大会,当选为第八次文代会荣誉委员。9日,红线女在全国文联第八次全体代表大会广东团分会上发表讲话,她说:

> 我特别的兴奋、幸福,感觉很难得。毛主席、邓小平同志、江泽民同志,现在我们的胡主席,很重视培养我们中国的文艺工作者队伍,所以我感到很幸福。今天胡锦涛同志讲的:'我国广大文艺工作者为推动我国社会发展进步,弘扬民族精神和时代精神,满足人民群众的文化需求,促进人的全面发展付出了辛勤劳动,做了重要贡献,历史将永远记住同志们的杰出创作和奉献,党和人民感谢你们。'我感到党和国家对我们文艺工作者的重视和鼓励,我觉得我的工作当中就有许多鼓励,它一直推动着我前进。我们也对党和政府、国家非常尊敬,希望尽自己最大的努力做好工作,同时也深感责任重大。有时候我感觉到自己的努力与国家的重托是不对称的,尽管如此,我们还是要努力工作。我为什么要讲几句?因为历来党和国家对我们文化艺术工作都是那么重视,令我感到很幸福。我觉得我们有理由尽最大的努力去做好我们的工作,不是一时一事,而是长期几十年。我觉得,我们干文化艺术工作的人都应该有这个有利的条件。这几十年当中虽然也发生过一些不好的事情,但是过去的就过去了,过去的只能更有力地推动我们的工作。我不会想过去不如意的事情,那些事情不必要想。
>
> 世界上我去过的地方不多,但是我感觉在那些地方,同样干我们工

---

1 红线女向港小花旦索签名[N]. 香港文汇报 .2006.11.24.

作的人，没有我们这样的条件和地位。以前我没有想过，来北京开会，能见到我们国家的最高领导人。但是解放以后，我们就有这样的机会。所以我自己觉得，不仅仅我自己，还有大家，都同样能感觉到有一种强大的力量推动着我们，推动我们更有信心做好我们的工作。

最近我去了广州市郊东圃镇前进村，他们搞的文化活动，我想象不到竟然搞得那么好，建的大厦很大、很新颖，老百姓每天都可以去那里活动。我看到有几十位中年以上的妇女，大家一起在舞台上唱歌，歌唱得很好，包括表演在内也都很好。还有一些乐队，他们说刚从北京参加比赛回来，他们得了奖，10个获奖单位，他们是其中之一。所以我觉得我们广东整个文化艺术的氛围很好，我想象不到。所以，我就感觉到自己下去的时间太少了，了解的情况不多，所以得到的消息就没有那么多。我感觉，如果我不注意……幸亏这次去看到了。我心里好几天都不安，觉得脱离群众，你就得不到创作的动力。创作，当然，自己本身也有一定的因素、力量，但是更重要的基础就是群众，你不深入生活，不深入群众，你就一无所知，那是不行的。这番话在广州我没有讲过，我就在这里跟大家谈谈心。其实很多创作的源泉，很多创作的力量，前提是一定要深入生活。

文代会期间，红线女在住地京西宾馆巧遇了京剧演员关栋天，他在《廉吏于成龙》《曹操与杨修》中都有精彩的表演，是京剧界不可多得的人才。在聊天中，红线女得知他近几年去了香港发展，也做了一些生意。回到房间后，红线女想了一晚，认为他是个人才，精力必须放到艺术上来。次日红线女又专门找关栋天谈心，语重心长地告诉他，"要投入，做出有价值的艺术作品来"。离开前还特地送给他粤剧动画电影《刁蛮公主戆驸马》光盘，红线女爱才、惜才，可见一斑。

14日，文代会闭幕后，红线女与全国文化工作者一同在人民大会堂与胡锦涛主席共聚联欢。

24日，红线女与中心全体员工一起观看粤剧《祥林嫂》，并畅谈学习心得，这是一次难得的红派艺术交流会。

25日，红线女与学生欧凯明、郭凤女、张雄平、琼霞在中心会议室共聚，谈十年里各自的创作情况，以及如何吸收艺术养分的问题。红线女针对学生们提出的"专业粤剧演员是否应该与业余演员合作演出"问题，提出了客观、中肯的建议，她说："专业演员应影响和带动业余演员在艺术上提高，由此收取一定的劳动报酬是合理的。"

26日，是一年一度的"穗港澳粤剧日"，红线女应邀出席在广州英雄广场举行的"穗港澳粤剧日"活动。[1] 她上台致辞，群众反映十分热烈，演讲掀起了活动的高潮。

12月

21日，红线女与中心员工一起到艺术博物院观看《长征图片展》，接受革命历史教育。

25日，红线女与来访的马来西亚研艺剧社学员及红虹、欧阳炳文等人在中心多功能厅交流、座谈，表演了各自的拿手曲目。红线女用心指点这些远道而来的学生，并与他们一起观看了自己在20世纪50年代主演的电影《人道》。

26日上午，广州市文化局维稳综治检查小组在何继青的带领下到中心检查工作。红线女亲自陪同检查，并与小组工作人员座谈、交流。

---

1 红线女明出席"穗港澳粤剧日"[N].香港文汇报.2006.11.25.

红线女出席"研艺爱心慈善夜"活动

2007年（83岁）

1月

13日上午，红线女在中心录音室录制《珠江礼赞》《荔枝颂》两首粤曲的CD。

14日上午，香港联艺娱乐公司组织成员到中心拜访红线女并参观展览。晚上，红线女到增城文化广场参加"走进新农村——广州市艺术院团送戏下乡活动闭幕晚会"演出，在凛凛寒风中演唱粤曲《珠江礼赞》《荔枝颂》，掀起了晚会的高潮。

16日，红线女前往珠海观看珠海粤剧团彩排《山乡风云》并提出意见。在返回广州途中，她看到昔日纵横交错的河汊渡口上架起了一座座崭新的桥梁，天堑变通途，从珠海回广州仅需两个多小时。看着珠三角处处展现出富饶繁荣的景象，红线女不禁感慨万分，一个创意在她心中油然而生——创作一首新曲，借着这一座座崭新的桥梁，讴歌改革开放以来珠三角发生的翻天覆地的变化以及人民生活水平得到的极大提高。此后数月，她找来蔡衍棻合作撰词，经过酝酿和反复修改，终于创作出粤曲《水乡桥韵》（调寄"雨打芭蕉"）。这是红线女在2007年的又一扛鼎之作。

17日上午，红线女把动画电影《刁蛮公主戆驸马》送到桂花岗小学播放，与600多名师生齐聚一堂。播放现场掌声阵阵、笑声连连，几乎没有冷场，这部创新的粤剧动画电影受到孩子们的热烈欢迎。随后,红线女还与小学生代表合唱《荔枝颂》和《珠江礼赞》。晚上,红线女到黄花岗剧院观看浙江小百花越剧团演出的《春琴传》,并与团长茅威涛、郭小男及演员交流、合影。

18日上午,红线女到广东粤剧艺术大剧院指导演员排练。下午,到市委礼堂出席广州市文化工作会议。

19日,红线女到广州市第三中学参加送粤剧动画电影《刁蛮公主戆驸马》进校园活动。影片播放完毕后,她寄语同学们:"好好珍惜今日优越的学习条件,努力学习,长大后为祖国建设贡献力量。"在学生们的簇拥下,红线女与他们站在一起,脸上绽放出甜美的笑容。

2月

6日上午,方健宏到中心探望红线女。随后,广州市档案局领导到中心检查档案整理工作,红线女亲自接待。

9日上午,红线女艺术中心召开年度工作考核会议。中午,红线女参加广东省繁荣粤剧基金会老艺术家迎春茶话会。广东省政协领导以及广东省繁荣粤剧基金会会长戴德丰,粤剧表演艺术家罗品超、罗家宝等出席了宴会。

13日上午,朱小丹等领导到华侨新村探望红线女。朱小丹称赞红线女是棵梨园常青树,扎根于人民,精益求精,吐故纳新。红线女表示,她这棵树是因为有党的培养作土壤才常青的,是"大家推动着我,拉动着我去干"。其间,她还提出了广州市排演粤剧《刑场上的婚礼》的建议,得到领导的一致肯定。

18日上午,正月初一,红线女与全体员工在中心举行新春茶话会。

25日,红线女到珠江宾馆出席有广州市政协历届领导参加的新春茶话会。

26日,红线女前往香港,与浸会大学校长吴清辉、周恩来侄女周秉德及香港各界嘉宾共同出席《周恩来生平业绩展》开幕式。红线女坦言:"我是他的子民,他是我的领导,他既是老师又是朋友,今天会有这么多人来纪念他，我心里感到好开心！"[1]

3月

3日，红线女再赴香港浸会大学参观《周恩来生平业绩展》。

8日上午，徐咏虹来到红线女艺术中心参加三八妇女节座谈会，并与红线女及全体员工唱起了粤曲《荔枝颂》。

13日晚上，红线女观看江门粤剧团演出。

22日下午，40多名全国艺术档案工作会议代表在中国艺术档案学会会长胡珍的带领下参观红线女艺术中心，交流艺术档案的整理情况。红线女与全体代表进行了座谈。

24日上午，红线女在中心录音室录制新曲《水乡桥韵》。

27日，红线女到西关培正小学、南海中学了解学生学习粤剧的情况，商谈粤剧动画电影《刁蛮公主戆驸马》进校园事宜。

29日，红线女为广东电视台《粤韵风华》栏目开播10周年题词"广东电视台粤剧风华十周年"。

30日，红线女在中心工作会议中谈及个人艺术经历，鼓励年轻的同事多了解粤剧和红派艺术。

4月

5日，红线女与全体员工在中心召开艺术研讨会，谈《祥林嫂》的演出。

16日，国务院研究中心吴象及夫人刘玉，广东省离休老干部文迅偕同夫人到中心探访红线女。

5月

1日至7日，红线女艺术中心免费开放，红线女选择劳动节这天在中心小剧场为观众首唱新曲《水乡桥韵》，作为献给劳动者的节日礼物，同时还

---

1 红线女为周总理展来港 [N]. 香港文汇报 .2007.02.27.

邀请了词作者蔡衍棻出席活动。这次新曲首唱，赢得了观众的热烈欢迎和高度赞赏。

2日，红线女在中心指导广东粤剧一团演员蒋文端演出现代粤剧《山乡风云》。

7日，红线女召集众多专家在中心多功能厅召开粤剧《刁蛮公主戆驸马》研讨会。

9日、10日两晚，红线女前往友谊剧院观看中国京剧院演员张火丁广州演唱会，观赏其代表作《锁麟囊》《白蛇传》。[1]

11日，红线女在家中与张火千、张火丁兄妹二人探讨艺术，交流人生。

16日，红线女到广东粤剧学校观看"百场粤剧进校园"演出并参与座谈，广东省领导出席观看。

17日，华南文艺学院粤剧编剧班师生代表来到红线女艺术中心，向红线女汇报粤剧编剧班三年的学习情况。

自16日看过广东粤剧学校演出后，红线女经过反复思考，于18日邀请粤剧学校教导主任钟健到家中做客。在二人的交谈中，红线女提出教学意见，她认为《搜书院》的行当较齐全，可作为粤剧学校的教材，希望粤剧学校排戏要以技为主，带着唱念做打，这样学生可以较全面地发展。现在应该找几个戏作为教材，在艺术上应适应新时代的要求，但万变不离其宗，必须坚持是粤剧。学校老师也要多看戏，要在实践中学习，学然后知不足。

23日，红线女到广东粤剧学校指导学生表演。

26日，红线女到江南大戏院观看东莞长安业余剧团演出的粤剧《山乡风云》。

30日下午，红线女邀请东莞上岸镇上沙村粤剧协会到中心参观。她表示，看了东莞长安业余剧团演出的《山乡风云》后，激动了一整晚，想不到剧团的演出有人物、有味道。

31日，红线女与广东粤剧学校的老师探讨粤剧教学问题。

---

1 红线女捧张火丁场[N]. 信息时报 .2007.05.11.

6月

1日，红线女在中心工作会议中提出，准备在今年把新曲《水乡桥韵》拍摄成影视作品，并将邀请珠影导演邓原合作。

4日，《卜灿荣广东音乐选集》首发式暨音乐会在红线女艺术中心小剧场举行，红线女出席观看并向卜灿荣表示祝贺。

9日，红线女到北京路光明广场出席"中国文化遗产日暨南越国水闸遗址揭幕仪式"。

11日，开平市委宣传部一行来到红线女艺术中心探访红线女，并向她汇报"开平碉楼与村落"申报世界遗产的情况。

13日，红线女回到家乡开平市水口镇泮村辖区的向北村参观访问，受到了当地群众热烈欢迎。她重临故居，游览了开平市马降龙村、自力村、立园、周文雍纪念馆等地。[1]

16日，广东省粤剧学校初一学生到访红线女艺术中心，向红线女求教粤剧相关问题。

18日上午，红线女与全体员工在中心听消防安全讲座。

20日，红线女在中心小剧场指导广东省粤剧学校学生排练折子戏《打神》。

25日，香港李海泉小学的学生们来访中心，红线女亲自接待。

27日，红线女到番禺华南文艺职业学院，出席粤剧编剧研究生课程进修班结业典礼，并向学生们颁授结业证书。

7月

1日，红线女与中心全体党员参加党支部庆祝建党86周年会议，会上高唱《歌唱祖国》《一曲赞歌奉献给党》。

2日上午，红线女到红豆粤剧团参加粤剧《刑场上的婚礼》导演阐述会。下午，红线女到省政协机关大楼出席2007年广东省粤剧大会演首次会议。

---

[1] 红线女真情家乡行[N]. 江门日报.2007.06.15.

她认为粤剧大会演的目的有两点：一是促进业内观摩学习，二是吸引更多的观众观看粤剧。

8日下午，广州市合唱比赛在红线女艺术中心小剧场举行，红线女观摩了整场比赛。

17日，红线女到红豆粤剧团观看粤剧《刑场上的婚礼》响排。

8月

3日至5日，连续三个晚上，红线女到黄花岗剧院观看粤剧《刑场上的婚礼》首演。

8日，由于上次录音效果不理想，红线女在中心录音室重录新曲《水乡桥韵》。

9日下午，粤剧《刑场上的婚礼》研讨会在红线女艺术中心多功能厅举行，红线女与主创人员及专家、学者、媒体、观众代表进行了一场气氛热烈的讨论。

10日，澳门"国情教育培训课程广东之旅"学生团参观中心，红线女亲自接待。

19日上午，红线女在中心与员工举行乞巧节茶话会，还演唱了粤曲《荔枝颂》《水乡桥韵》。晚上，红线女到中山纪念堂观看文艺展演周参展剧目京剧《走西口》，并到后台探望主演于魁智等演员。

9月

1日上午，粤剧演员曾慧到中心向红线女讨教如何演好粤剧《刑场上的婚礼》。

17日上午，红线女邀请谢彬筹、莫汝城、黄壮谋、黄英谋、谢友良、琼霞等专家、演员到中心参加艺术研讨会。会上，红线女深情演唱了粤曲《香君守楼》，谢彬筹听罢深受触动，即席发表了《五情毕现，动地感天》的讲话，他感叹红线女演唱的《香君守楼》充分表达了词情、曲情、声情、世情、人情，其他专家和演员也发表了各自对红派艺术的见解。

24日,红线女到广州杂技团小剧场出席观看了由广州市文化局主办的2007年"关爱下一代"广州市未成年人思想道德教育百场免费演出,并在现场与学生互动。

26日上午,林雄、方健宏到华侨新村看望红线女。林雄称赞红线女是广东粤剧界的一面旗帜,是广东的骄傲,祝愿她艺术生命常青。一头银发、精神抖擞的红线女充满激情地表示:"我为生长在广东而骄傲!"并当场唱起新创作的《水乡桥韵》[1]。

27日,红线女飞赴北京,到北京大学百年讲堂出席经典粤剧《山乡风云》晋京演出新闻发布会。

28日,红线女艺术中心制作的粤剧动画电影《刁蛮公主戆驸马》荣获广东省委宣传部颁发的广东省第六届精神文明建设"五个一工程"特别奖。

30日下午,红线女向广州市困难家庭张姨捐赠了一台电脑。晚上,红线女到黄花岗剧院探望上海越剧院《红楼梦》剧目全体演职人员。

当月,红线女获得由《羊城晚报》、广东省文联、广东省作协联合主办并评选的"读者喜爱的当代岭南文化名人50家"称号[2]。

10月

1日,红线女参观广东省首届少儿美术优秀作品展,随后返回中心与观众见面,并就《山乡风云》再度晋京接受记者采访。

5日,红线女与珠影导演邓原及摄制组主创人员开会,商讨影视片《心路之桥》(根据新曲《水乡桥韵》改编)开拍事宜。

8日至10日,红线女赴京出席《山乡风云》再次晋京演出系列活动。

8日晚,红线女在北京大学观看了《山乡风云》的演出[3],并受到李长春、张德江、孙家正、王岐山等人的接见。

---

1 符信.红线女:我为生长在广东而骄傲[N].羊城晚报.2007.09.27.
2 金龙.红线女、罗品超等候选"岭南文化名人50家"[J].南国红豆.2007,(5):39.
3 粤剧《山乡风云》晋京公演[N].人民日报.2007.10.10.

9日,《中国文化报》刊登红线女的文章《好戏磨砺出,京华会知音》[1],讲述了《山乡风云》的前世今生。

14日至18日,红线女投入到电视艺术片《心路之桥》的拍摄中,分别到红线女艺术中心、番禺等地取景[2]。

23日晚,红线女应邀到中山纪念堂观看2007名家名曲广东演唱会。

25日和26日两晚,红线女到白云国际会议中心参加广州市庆祝十七大胜利召开文艺晚会彩排,演唱新曲《水乡桥韵》[3]。

本月,广东省国际文化交流中心聘请红线女为第四届理事会顾问。

11月

2日,红线女到广州艺术博物院参加广州市文化局组织的学习十七大精神会议。

5日,广东省政协、广东省繁荣粤剧基金会、广东电视台在粤韵风华10周年庆典上授予红线女最高荣誉奖。

6日,红线女与红豆粤剧团演员曾慧探讨艺术问题,并指点曾慧演唱《关汉卿》唱段。

17日晚,红线女到南方剧院观看红豆粤剧团演出粤剧《关汉卿》。

18日,红线女来到红豆粤剧团与欧凯明、曾慧交流《关汉卿》的演出情况。

22日至23日,红线女到红豆粤剧团指导粤剧《关汉卿》《刑场上的婚礼》排练。

26日,红线女审看电视艺术片《红线女心路之桥》。

27日至30日,红线女应红豆粤剧团邀请,赴北京观看粤剧《刑场上的婚礼》《关汉卿》演出,演出后提出改进意见。

27日晚,红线女观看中国京剧院更名为国家京剧院暨梅兰芳大剧院落

---

1 红线女.好戏磨砺出,京华会知音[N].中国文化报.2007.10.09.
2 邓琼,阙道华,陈韵诗,余楚杏.八旬红线女开腔录特辑[N].羊城晚报.2007.10.15.
3 张演钦.红线女亮嗓庆十七大晚会[N].羊城晚报.2007.10.20.

成典礼专场演出。

30 日，红线女出席红豆粤剧团在北京召开的研讨会。

12 月

1 日晚，红线女到南方剧院观看湛江粤剧团演出粤剧《珍珠塔》。

2 日上午，红线女在家中指导湛江粤剧团青年演员莫燕云表演。

3 日，红线女再次审看电视艺术片《红线女心路之桥》。

4 日，红线女与广州市文化局领导张润华交流工作情况。

7 日上午，红线女参加由越秀区区委、区政府主办的新河浦地区历史文化图片展暨整治工程开工剪彩仪式。

17 日，红线女为电视艺术片《红线女心路之桥》补录配音。

24 日，广东省文联代表中国文联莅临中心慰问红线女。当日，红线女为广东电视台戏曲频道题词"为人民服务"。

25 日，马来西亚研艺粤剧音乐社社员到访中心看望红线女，并进行艺术交流。

28 日，电视艺术片《红线女心路之桥》首发式在红线女艺术中心小剧场召开。[1]

29 日，红线女出席广东省政协新年茶话会。同日，红线女赴香港观看刘德华演唱会。

本月，红线女艺术中心工会被广州市文化工作者工会评为 2007 年度模范职工之家称号。

---

1 《红线女心路之桥》首发 [N]. 南方日报 .2007.12.31.

红线女在开平水口村祖屋内，向父亲及祖辈献花

2008年（84岁）

1月

12日晚，红线女到广州文化公园出席粤剧文化广场开幕仪式。

16日，红线女赴北京在人民大会堂东大厅参加纪念陶铸同志诞辰100周年座谈会。

18日至20日，第二届广东省少儿戏曲"小梅花"选萃活动（总决赛）在红线女艺术中心小剧场举行，红线女出席活动。

20日，红线女与参加第二届广东省少儿戏曲比赛的选手在中心多功能厅座谈，指导选手演唱技巧。会后，红线女还为参加比赛的小演员题词"好好学习，天天向上"。

24日，广州市政协领导来中心慰问红线女。

26日，红线女在中心多功能厅出席广东粤剧工作者联谊会2008新春座谈会。会上，红线女指出："粤剧界同人除发展传统外，应多考虑创作更多反映国家以及广州从过去如何走过来的作品，围绕这些工作组织力量，并加以重视。"

29日上午，红线女参加《昭君出塞》《荔枝颂》两剧的彩排，准备为首长演出。下午，朱小丹到华侨新村探望红线女。当晚，红线女出席广州市文化局2008年历届劳模联欢迎春团拜会。

30日，红线女出席广州市离休干部新春团拜会。

31日上午，红线女在中信广场为首长演出，演唱《荔枝颂》《昭君出塞》。演出后，题字"有容乃大"自勉。

2月

6日，汪洋到华侨新村慰问红线女。汪洋对红线女说："我认识你比认识粤剧早。"

16日至17日，红线女参加广州市政协会议。

22日，红线女参加广州市第十四届人民代表大会第四次会议闭幕式。

25日，红线女获广州市文联颁发的"优秀戏剧工作者"称号及"羊城戏剧贡献奖"。

28日，广州电视台《南国红豆》栏目就电视艺术片《红线女心路之桥》采访红线女。红线女从如何接触粤剧，成名后仍坚持学习，回归祖国的原因，如何度过"文革"那段日子，艺术应该是无止境的，创作现代戏的过程也是学习，着力培养年轻人，时常保持心境开朗，今生无悔，培养粤剧人才不易等方面畅谈其艺术观点和人生经历。

29日，红线女出席桂花岗小学迎奥运"童心动感魅力秀"活动。

本月，红线女被中华人民共和国文化部列入国家级非物质文化遗产项目粤剧代表性传承人。

3月

4日，红线女在家中指导琼霞演唱《搜书院》。

6日上午，红线女带领中心员工到广州农民运动讲习所旧址，参观《周恩来生平事迹展》。

11日，东莞市文化局演出公司原经理李春浩、东莞粤剧发展中心主任方正年到中心看望红线女。

12日，红线女在中心与电影导演邓原、中国国际广播电台主持人梁锦江、余晓波讨论"红线女从艺70周年"活动的相关事宜。

14日下午，红线女参加广州市文化局紧急安全会议，传达市委书记关于加强安全工作的指示。

15日上午，红线女主持召开紧急安全工作会议，传达加强安全保卫工作会议的精神，布置中心安全工作。

17日，红线女与谢彬筹、谢友良、蔡衍棻、秦中英、莫汝城在中心召开专家会议，讨论如何开展红线女从艺70年相关纪念活动。

20日，红线女在中心接受香港记者马龙采访。

21日，海珠区时代廊桥幼儿园、越秀区恒福幼儿园的小朋友集体参观中心，红线女与他们亲切交流。

25日，王丽贞等人检查中心安全生产工作并提出建议。红线女表示，红线女艺术中心立刻对存在的问题进行整改，做到防患于未然。同日，中海名都私立幼儿园教职工参观中心，红线女亲自接待。

27日，红线女与广州市文化局艺术处徐彬、易红霞以及谢友良、秦中英、舒瑞良、陈喜等专家召开会议，讨论70周年纪念活动事宜。

4月

3日，红线女与徐彬、易红霞商量70周年纪念晚会节目安排。

16日，红线女与邓原商讨中心网站建设方案。

23日，中央电视台、广州电视台记者到中心就奥运主题采访红线女。采访中，红线女表达了"我爱广州，我爱粤剧"的心声。

5月

4日，红线女参加潘鹤雕塑艺术园开园典礼。

6日，红线女、林洛等中心主管领导专门与保安、清洁工召开安全工作会议，强调安全工作的重要性。下午，广州市委宣传部领导李兰芬，广州市文化局陶诚、何继青，艺术处徐彬、易红霞与红线女商讨筹备红线女从艺70周年演出事宜。

9日，红线女与莫汝城、谢友良、郭铭志等观看电影《李香君》，并商讨如何推广该片。

10日，红线女在家中指导蒋文端演唱《昭君出塞》，并建议她与丁凡合作排演粤剧《李香君》。

16日，周帼英等人就拍摄电视宣传片等问题到中心座谈。

17日，红线女到上下九步行街为四川地震灾区筹款义演，并献唱粤曲《荔枝颂》。[1] 随后，她马不停蹄地赶到海珠区广百中一城出席广州市文化局主办的抗震救灾义演并再次捐款。[2]

19日，汶川地震全国哀悼日，红线女艺术中心全体员工沉痛哀悼汶川地震遇难同胞。

6月

2日上午，中心员工到红线女家中，为即将召开的广州文化局运动会进行演练。下午，红线女到红豆粤剧团指导排练，对粤剧《关公忠义鼎千秋》提出意见。

6日，红线女艺术中心党支部到红线女家中召开会议，评选优秀党员。

10日，红线女出席广州市文化局政风行风建设动员会。

13日，东莞粤剧发展中心负责人到中心拜访红线女。

27日，红线女艺术中心组织20多位专家举行电影《李香君》看片会，并对该片进行深入的艺术探讨。当晚，红线女到友谊剧院观看"倾国名花——蒋文端艺术专场"。

7月

2日，红线女参加了在中心多功能厅举行的"倾国名花——蒋文端艺术专场"研讨会，景李虎及粤剧界人士参加了座谈。当日，红线女在中心与香港导演高志森见面，畅谈对高志森创作剧目的意见。

21日，红线女邀请中国唱片公司原高级录音师陈玮（现定居加拿大）

---

[1] 陈志凌.红线女——献声上下九[N].广州日报.2008.05.18.
[2] 红线女等义演募300多万元善款[N].南方日报.2008.05.18.

到中心为职工讲解"红腔"艺术。

22日，红线女练唱《娄山关》《大江歌罢掉头东》《花市》三首粤曲，并为新曲《小平同志与奥运》度曲。

24日，"五七"粤训班的学生曹秀琴、郭凤女、梁钧强、胡若宏等到中心探望红线女。

25日，红线女与红豆粤剧团音乐头架卜灿荣及乐队练唱新曲《小平同志与奥运》。练唱期间，红线女与荔湾区少年宫粤剧班的学生会面。

28日，红线女在中心录音室录制《小平同志与奥运》，并与媒体记者见面。[1]

8月

7日，红线女邀请莫汝城、谢彬筹、谢友良、叶丹蓉、胡小云等专家试听新曲《小平同志与奥运》，并听取意见。

10日，"悠悠卅六载，缕缕师生情——'五七'粤剧训练班师生聚会"在假日酒店举行，红线女与全体师生欢聚一堂。

22日，凤凰卫视中文台主持人、红线女的二儿子马鼎盛携《风范大国民》节目组到中心采访红线女，并邀请莫汝城、谢彬筹、谢友良担任嘉宾，共话红线女的艺术人生。

29日，红线女为马来西亚研艺剧社慈善演出录制《香君守楼》唱段。

31日，红线女到南方剧场观看深圳粤剧团演出《刁蛮公主戆驸马》，演出结束后与主演苏春梅等合影。

本月，由红线女艺术中心制作、邓原导演的电视艺术片《红线女心路之桥》获得第六届广州文艺奖三等奖。由谢友良、谢彬筹主编的《红线女电影艺术》和《红线女创作·生活》两本书由中国戏剧出版社出版。当月，由红线女艺术中心录制、广州音像出版社出版的音像制品《红线女粤曲选2008》正式发行。该专辑收录了《小平同志与奥运》《水乡桥韵》《珠江礼赞》等13

---

1 周文. 红线女奥运献曲[N]. 信息时报. 2008.07.29.

首红派新曲。

9月

1日，广西北海电视台到红线女艺术中心采访红线女。下午，荔湾区教育局文艺科科长、荔湾区少儿艺校教师等，就少儿学"红腔"专场演出事宜征询红线女意见。同日，红线女获得广东省实施希望工程15周年突出贡献奖。

2日，深圳粤剧团团长倪健与苏春梅到中心探访红线女。

6日，红线女指导荔湾区少儿艺术学校粤剧班的学生演红派剧目。

9日，红线女到东方宾馆参加2008年广州市老干部迎国庆、贺中秋茶话会。

11日，红线女到广东省文联拜访白洁。

13日，红线女在中心小剧场指导荔湾区少儿艺术学校学生排演粤剧折子戏《山乡风云·访贫问苦》《搜书院·拾筝》。当日，张火丁、张火千兄妹二人到中心拜访红线女。张火丁首先向红线女汇报了自己已调到中国戏曲学院任教一事。红线女听后为张火丁指明了努力方向，她说："你工作的影响面要大。你除了是程派继承人张火丁，既继承了，又创新了。除了是继承程派艺术外，还要继承程先生光明正大的为人，搞艺术的人要朝德、艺方面努力。程先生就因为有德，他的戏才那么热。我不但敬重他的艺术，更敬重他的为人。现在你还年轻，既然接受了发扬程派艺术的责任，就要向这方面努力，走出自己的路子。你一定要继续演出，应以什么为主，你现在可以考虑。你可以创作古典的、历史的人物，以张火丁的特色去创作，创一个现代艺术的戏。"

19日，红线女在中心小剧场指导广东粤剧学校学生唱戏。

20日，红线女在中心小剧场指导荔湾区少儿艺校学生排演折子戏《搜书院·初遇诉情》。

24日，红线女与香港导演高志森，在假日酒店商谈红线女电影及动画电影《刁蛮公主戆驸马》年底赴港宣传事宜。

25日，为庆祝中华人民共和国成立59周年，弘扬伟大的抗震救灾精神和新时期广州人的精神，广州市市委、市政府在友谊剧院隆重举行"祖国，请为我自豪——广州市迎国庆暨弘扬抗震救灾精神"文艺晚会，朱小丹、苏志佳、方旋、凌伟宪、邬毅敏、薛晓峰、王晓玲、杨武、陈国、曹鉴燎、李勤德等领导及红线女等著名演员出席了晚会。

28日，红线女在家中与"五七"粤剧训练班的学生商谈毕业30周年汇报演出事宜。

29日，红线女指导荔湾区少儿艺校学生排演折子戏《山乡风云·访贫问苦》。

10月

2日，红线女与谢彬筹、谢友良、莫汝城及"五七"粤剧培训班代表郭凤女、曹秀琴、钟健、胡若雄等商谈"五七"粤剧培训班毕业30周年汇报演出事宜。

3日，红线女在中心小剧场指导荔湾区少儿艺校粤剧班学生排演《山乡风云·访贫问苦》。

7日上午，红线女和中心职工演练文化局运动会进场式和拔河比赛。下午，红线女到广东省粤剧院观看由谢平安导演，丁凡、蒋文端主演的粤剧《东坡与朝云》彩排。

11日，红线女指导荔湾区少儿艺校粤剧班排练《红娘》《搜书院·初遇诉情》《昭君乐》，并向该校捐赠10万元用于粤剧培训。

12日，高志森与红线女商谈赴港事宜。

14日，无锡市委宣传部领导到中心调研，红线女亲自接待。当日，为解决观众在小剧场跌倒的安全隐患，红线女与中心同事商量在剧场台阶处加装装饰灯，并亲自挑选和调试。

16日，红线女与中心全体党员到南方剧院参加广州市文化局深入学习实践科学发展观活动动员大会。

18日，红线女指导荔湾区少年宫粤剧班的学生排练。

20 日，红线女到军区礼堂观看由广东粤剧院一团演出的粤剧《东坡与朝云》，由丁凡、蒋文端主演。

22 日，红线女与中心全体党员一起到艺术博物院参加广州市文化局艺术战线深入学习实践科学发展观活动动员大会暨辅导发言。

23 日，红线女赴上海参加由广东省文化厅和广东省繁荣粤剧基金会主办，汇集了广东粤剧院一团、二团、广东粤剧青年团、广州红豆粤剧团、佛山青年粤剧团、广东香山粤剧团等 7 个粤剧团合演的《山乡风云》新闻发布会。[1]

25 日，红线女与陈少梅导演商谈筹备从艺 70 周年晚会事宜。同日，红线女在中心小剧场辅导荔湾区少儿艺校学生演出《昭君乐》。

27 日晚，红线女到军区礼堂参加《山乡风云》赴上海演出前的彩排，并演唱"刘琴抒怀"选段。

28 日，中心职工到市二宫参加广州市文化局职工运动会，红线女到场为职工加油助威。

29 日，红线女在中心接受广州电视台纪念改革开放 30 周年节目"三十年三十人"专访。

31 日，红线女与陈少梅等主创人员开会，讨论红线女从艺 70 周年晚会事宜。中午，红线女与张火丁会面。当晚，红线女到中山纪念堂观看"中华之声——2008 名家名曲广东演唱会"。

11 月

2 日，红线女携粤剧《山乡风云》剧组参加第十届上海国际艺术节演出。在开幕前，她演唱了《山乡风云·刘琴抒怀》，博得满堂彩，还与老朋友袁雪芬会面谈心。[2]

3 日，在上海东方艺术中心继续演出粤剧《山乡风云》，红线女在演出前演唱经典粤曲《昭君出塞》。

---

1 胡晓芒，王剑虹 . 红线女上午抵沪 [N]. 新民晚报 .2008.10.23.
2 红线女登台风采依旧 [N]. 新闻晚报 .2008.11.03.

4日，红线女参加在上海万丽大酒店举行的粤剧《山乡风云》研讨会。晚上，红线女观看了广东粤剧院推送的折子戏专场演出。

10日，红线女到白云国际会议中心担任羊城国际粤剧节开幕式嘉宾，并观看粤剧《三家巷》。

11日晚，红线女到江南大戏院观看香港八和会馆演出的粤剧《斩二王》，由罗家英、王四郎、王超群、尤声普、阮兆辉、李龙、敖龙、新剑郎等主演，全部以舞台官话的形式演出。

13日，红线女在石牌同甘同味酒家宴请参加羊城国际粤剧节的香港八和会馆同人以及黎子流伉俪。席间，红线女对他们来广州演出表示欢迎和赞赏，她说："你们来演出我很开心，这样的聚会还没有过，我感觉我们的粤剧很争气，多年来得到了很多领导和群众的支持。昨晚的演出，我认为传统的东西保留得很舒服，没有给人迷信的感觉，看到罗家英出场，我觉得大老倌这个名词应该保留。有行当是对的，但行当如何为粤剧服务？罗家英的表演不只有小武，还有其他行当的东西，我们要给它起一个名正言顺的新名字，现在我们仍然使用以前行当的名字，但其实全部是跨行当的。请你们想一想，应该用一个什么样的新名字来称呼如今的演出？"

15日至16日，红线女到广州大厦参加第五届羊城国际粤剧节学术研讨会，两天的会议她都从头到尾认认真真地聆听。在研讨会上，红线女道出心声，首先感觉自己很幸福，很荣幸能参加本届粤剧节研讨会，希望粤剧节越办越好，接着提出了粤剧从讲舞台官话发展到今天完全讲白话是粤剧前辈不畏艰苦，在传统的基础上改革创新的结果，她说要发扬这种精神，继承、发展、创新。会议最后，她还提出以后举办研讨会一定要邀请当今活跃在粤剧舞台上的骨干精英，让他们有机会多交流学习，否则研讨会起不到应有的作用。

16日，红线女到黄花岗剧院观看第五届羊城国际粤剧节闭幕式演出《刑场上的婚礼》。

19日，红线女到罗岗香雪公园调研，辅导罗岗曲艺社社员唱粤曲。[1]

21日，红线女到黄花岗剧院观看佛山粤剧团演出粤剧《蝴蝶公主》。

22日上午，红线女邀佛山粤剧团团长李淑勤到家中会面，就粤剧《蝴蝶公主》的音乐、剧本、人物等方面的问题提出意见。李淑勤也向红线女汇报了她管理剧团的一些理念，红线女听后十分赞同。

23日，红线女在中心小剧场观看荔湾区少儿艺校学生排练。

24日，红线女与易红霞、应汉杰、秦中英、莫汝城、谢友良等开会，商讨于12月25日在友谊剧院举办的红线女粤剧艺术展演晚会事宜。

25日晚，红线女到黄花岗剧院观看广东省艺术节展演剧目《刑场上的婚礼》。中场休息时，她又马不停蹄地赶往友谊剧院观看广东青年粤剧团演出的青春版《山乡风云》。

26日上午，红线女到广东粤剧院参加广东青年粤剧团演出的粤剧《山乡风云》研讨会。

27日，红线女到白云国际会议中心出席广州市第七次文化发展战略研讨会并发言。她对粤剧人才培养尤其是编剧人才的培养表示担忧，指出广州要培养粤剧编剧人才。

28日，红线女辅导荔湾区少儿艺校粤剧班学生表演折子戏《香君守楼》《打神》《搜书院·初遇诉情》。

29日，红线女到深圳出席第二届罗湖粤剧节开幕式。[2]其间，她抓紧时间召开座谈会，与深圳市文化局局长，罗湖区文化局局长，深圳粤剧团历任团长，粤剧演员冯刚毅、苏春梅等开怀畅谈，进一步了解深圳粤剧发展的现状及困难。

12月

2日，"学粤剧，读好书，做中华小主人——红派辅导表真情少儿粤剧专场"记者招待会在中心召开。当日下午，红线女到艺术博物院参加广州市

---

[1] 谭秋明. 红线女一字一句教粉丝唱腔[N]. 广州日报. 2008.11.20.
[2] 袁粮钢，杨柳. 红线女等名家将莅临开幕式[N]. 深圳特区报. 2008.11.26.

红线女在人民大会堂东大厅参加纪念陶铸同志诞辰100周年座谈会

文化局系统召开的学习科学发展观第二阶段会议。

3日，红线女到广州市文化局参加研究落实"纪念改革开放30周年——红线女粤剧艺术作品展演"工作会议。广州市文化局艺术处领导徐彬、易红霞、应汉杰，以及执行导演陈少梅、舞美设计关振东、红豆粤剧团团长余勇等参加了会议。

6日，红线女辅导荔湾区少儿艺校粤剧班学生演出《山乡风云·访贫问苦》。

8日，广州市文化局艺术处领导与红线女、陈少梅、关振东等主创人员在中心会议室开会，商讨举办"纪念改革开放30周年——红线女粤剧艺术作品展演"活动事宜。下午，由于腰椎病犯了，红线女只能躺在病床上辅导学生郭凤女演唱《刘胡兰·忆生平》和《打神》。

9日，红线女躺在病床上辅导晚会主持人杨小秋串词。她逐字逐句地研究斟酌，甚至细致到语气、感情等都一一纠正。

10日上午，红线女在家中准备与导演陈少梅、主持人杨小秋的串词。下午，"纪念改革开放30周年——红线女粤剧艺术作品展演"新闻发布会在珠江新城广州市政务服务中心召开，红线女、李哲夫、刘宛子等出席了新闻发布会。

11日下午，红线女到桂花岗排练场参加"纪念改革开放30周年——红线女粤剧艺术作品展演"晚会排练，演唱《水乡桥韵》《昭君出塞》两首粤曲，并指导欧凯明、琼霞排练折子戏《刁蛮公主戆驸马·三步一拜进喜堂》。

12日上午，红线女到珠江新城富力盈力大厦参加广东省繁荣粤剧基金会乔迁揭牌仪式。下午，红线女到桂花岗排练场参加"纪念改革开放30周年——红线女粤剧艺术作品展演"晚会排练，并指导欧凯明、苏春梅排练折子戏《关汉卿·决写窦娥冤》。

15日，"纪念改革开放30周年——红线女粤剧艺术作品展演"工作例会在中心会议室召开，广州市文化局艺术处领导及主创人员出席了例会。

16 日，红线女接受《羊城晚报·文艺版》记者邓琼专访[1]。下午，红线女到桂花岗排练场参加"纪念改革开放 30 周年——红线女粤剧艺术作品展演"排练。

20 日上午，红线女在假日酒店与文化局领导易红霞及节目单设计人员开会，进一步落实"纪念改革开放 30 周年——红线女粤剧艺术作品展演"节目单修改事宜，随后返回家中审查晚会主持人杨小秋串词的准备情况。

22 日下午，"纪念改革开放 30 周年——红线女粤剧艺术作品展演"在桂花岗排练场连排，广州市文化局陶诚、何继青以及艺术处领导出席观看。

24 日至 25 日，"纪念改革开放 30 周年——红线女粤剧艺术作品展演"在友谊剧院最后一次彩排，并正式公演。[2] 红线女演唱了歌颂改革开放 30 周年珠三角地区翻天覆地变化的新曲《水乡桥韵》和经典粤曲《昭君出塞》《荔枝颂》，学生南红、郭凤女、曹秀琴、欧凯明、苏春梅等分别演出（唱）了红派经典剧（曲）目《关汉卿·决写窦娥冤》《刘胡兰·忆生平》《刁蛮公主戆驸马·三步一拜进喜堂》《摇红烛化佛前灯》《香君守楼》《柴房自叹》《打神》等。红线女的重孙以及大儿子马鼎昌先后上台献花，二儿子马鼎盛也即席演唱了一段粤曲《男儿为国家》，场面温馨感人，观众热情高涨。当晚，黄华华发来贺信，林雄、朱小丹、张广宁、王晓玲、徐咏虹、陶诚等数十位领导及香港著名演员汪明荃等观看了演出。

26 日，红线女邀请马来西亚研艺剧社社员到中心参观交流。

29 日晚，红线女到黄花岗剧院观看广东粤剧艺术大剧院主办的粤剧新年盛会，之后到后台探望演员。

30 日上午，红线女到广州市文化局参加局党委民主生活会。

31 日，红线女到东方宾馆出席广州市各界人士招待酒会。

---

1 邓琼．八十高龄大师暗学民间艺人[N]．羊城晚报．2008.12.21．她谈到了自己的艺术理念："靠学习，我又没有芥蒂，反正什么人唱、什么人演，我都要去看、去请教。不是我演什么，而是我是什么！我的脑袋、思想、眼睛、说话，全部是角色的。演员既要有投入角色的艺术技巧，也要有能够驾驭角色的演员理智，在戏中'要忘我，又要有我'。"
2 谭志湘．红线女艺术常青创新不断[N]．羊城晚报．2008.12.28．

2009年（85岁）

1月

10日上午，红线女出席在广东粤剧学校举行的"同庆50华诞，共创美好明天——广东粤剧学校50周年庆典大会"系列活动。在校长钟健的带领下，红线女兴致勃勃地观看了该校建校50年成就图片展，还与罗品超、罗家宝、陈小汉、小神鹰、郑培英等表演艺术家在简陋的教研室里召开艺术研讨会，畅谈粤剧艺术的发展及现状。

11日，由香港基本法推介联席会议主办的"同根同心——香港初中及高小学生内地交流计划团"莅临红线女艺术中心参观学习。红线女接待团友，并嘱咐他们珍惜良好的环境，努力学习，为国家建设出力。

12日，红线女应邀到白云国际会议中心出席由广东省文联主办的2009广东文艺界大联欢文艺宴会，广东省委宣传部林雄，老领导朱森林、杨资元等以及广东省文艺界各方代表出席了宴会。广东省文联主席刘斯奋即席作画《金牛贺岁》并转赠红线女作为生日贺礼。

15日下午，朱小丹专程来到华侨新村，代表市委、市政府向红线女致以节日的问候和新春的祝福。朱小丹与红线女进行了愉快的交谈，并对前不久举行的红线女粤剧艺术作品展演表示赞赏。朱小丹说："'红腔'是红线女创造的，不但要在艺术发展史上留下来还要传下去，红线女是德艺双馨的艺术家，不仅在艺术上有追求，而且在粤剧人才的培养方面也做出了贡献。"红线女表示很感谢党和人民对她的关心，没有党和人民给予她的力量，就没有今天的红线女！

16日，红线女到中山市坐落于紫马岭公园的香山粤剧团指导演员排练。排练结束后，她语重心长地告诫青年演员："任何时候都不能放弃政治学习，要跟上社会发展的步伐才能不断进步。"

17日上午，乔羽夫妇携女儿来到红线女艺术中心探访红线女。红线女与他们一家共叙友谊，还兴致勃勃地带领他们参观红派经典剧照展。中午，红线女马不停蹄地赶到蓓蕾剧院观看红豆粤剧团演出的粤剧《黄飞虎反五关》。

18日上午，红线女专程到黎子流家中向他致以新春的问候。

20日，广东省委宣传部顾作义来到红线女艺术中心向红线女致以新春的问候，对红线女孜孜不倦地追求艺术和兢兢业业的工作态度表示赞赏。晚上，红线女到蓓蕾剧院观看广州粤剧团演出的粤剧《豪门千金》。

21日，广东省文联白洁来到红线女艺术中心向红线女致以新春慰问。

22日上午，广州市文化局陈春盛到中心探望红线女。

26日，大年初一早上，红线女与全体员工在中心召开气氛热烈的新春茶话会。

31日，广东粤剧工作者联谊会会长及理事到红线女艺术中心探望红线女。

本月，由红线女艺术中心编印的内部刊物《红线女从艺70周年特刊》出版，主要内容包括红线女从艺70周年专辑、红线女艺术活动、红线女粤曲新作、红线女作品研究、员工学习笔记等，并详尽展现了"纪念改革开放30周年——红线女粤剧艺术作品展演"的全貌。

2月

12日，红线女应邀到广州大厦参加2009年广州市文艺界新春茶话会。

14日晚，红线女到黄花岗剧院观看中山市香山粤剧团演出的传统粤剧《白蛇传》。该剧以全新的手法演绎传统粤剧，红线女看后感觉耳目一新。

15日,"同根同心"香港初中及高小学生内地交流计划团的中、小学生团友参观红线女艺术中心,红线女再次与学生见面交流并合影留念。

17日,红线女到红豆粤剧团观看粤剧《刑场上的婚礼》排练。中午,香港艺人刘德华到华侨新村拜会红线女,两人交谈甚欢。

18日,红线女到红豆粤剧团观看粤剧《刑场上的婚礼》排练,并与导演谢平安交换排演意见。此次排演将对剧本作出更合理的修改,并于同年5月赴杭州参加第三届全国地方戏优秀剧目(南方片)展演。

19日,世界华商基金会会长及负责人专程从香港赶到红线女艺术中心向红线女颁发第十届杰出华人奖,并在中心会议室举行了简单而隆重的颁奖仪式。

20日,红线女到红豆粤剧团观看粤剧《刑场上的婚礼》排练。排练结束后,红线女自费请导演谢平安夫妇,编剧卫中,团长余勇,主要演员欧凯明、曾慧、杨小秋,乐师侯穗光、欧阳俭等主创人员到白天鹅宾馆吃午饭。席间,谢平安导演指出:"凡是红线女演过的戏,应该把以前好的剧目保留,按照现代的要求重新梳理一遍,才能一代一代传承下去。"

23日上午,红线女邀请中山市香山粤剧团演员到中心做客,并指点演员卢月玲演唱。中午,红线女赶到江南大戏院观看粤剧《刑场上的婚礼》彩排。彩排过程中,她把主要的问题都记了下来,并对舞美、字幕、主演的唱腔等都提出了中肯的意见。到了最后一场录制时,她已经非常疲惫,随即离开剧场。半途,她突然想起还有几个问题没有告诉几位演员,立即折返江南大戏院。她首先找到杨小秋,在茶水间告诉她应该把出场时的一段念白逐字逐句念好。接着,在后台找到洪林富,请他注意处理演出细节,剧中他在码头上帮陈铁军赶走两个小混混后,可一只手把竹篙撑起来,另一只手叉腰,这样处理后人物性格就鲜明多了。最后,她在舞台侧幕,向准备上场的陆建强叮嘱了几句,让他注意念清楚出场的口白。完成这一切后,她重新坐在观众席上看了起来,直至彩排全部结束才离开。

24日下午,红线女到江南大戏院观看粤剧《刑场上的婚礼》正式演出。

25日,红线女到白云国际会议中心观看京剧名家会演,并到后台看望青年京剧演员王艳。

26日上午，红线女到白云国际会议中心出席广州市政协第十一届三次会议闭幕式。

27日，在红线女的倡议及市文化局的策划下，她来到广州市近郊从化街口镇出席由广州市文化局主办的著名粤剧表演艺术家红线女老师送戏下乡暨粤剧爱好者座谈会。红线女送戏下乡的心愿由来已久，此次演出她带来了历时四年制作的粤剧动画电影《刁蛮公主戆驸马》，还即席演唱了《花城之春》。一时间，简陋的播放厅被观众围得水泄不通的，有的观众找不到座位只能从头到尾站着观看。观众中还包括十几名小学生，红线女特别寄语他们，好好爱惜身体，以健康的体魄为国家建设出力。为了与乡亲们零距离接触，放映结束后，红线女还到河滨公园与当地私伙局群众交流。下午，红线女驱车赶回白云国际会议中心出席广州市人大十三届四次会议闭幕大会。

3月

月初，红线女与邓原导演商议年内再拍一部关于自己的纪录片，片名暂定为《艺海明珠——红线女》，为中华人民共和国成立60周年献礼。

1日，红线女在中心与到访的香港小学生见面。

2日至5日，红线女赴澳门拍摄纪录片《艺海明珠——红线女》的部分镜头。

5日晚，马鼎盛在华南师范大学教育信息技术学院礼堂做了题为《文化是国家竞争软实力》的演讲。红线女冒雨出席了讲座，受到大学生们的热烈欢迎。

6日，红线女与香港英皇娱乐公司行政总裁吴雨商谈粤剧动画电影《刁蛮公主戆驸马》赴港宣传事宜。

8日，红线女在中心与全体员工召开三八妇女节茶话会。

11日下午，红线女与中心全体党员到南方剧院观看广州市文化局深入学习实践科学发展观活动总结暨机关服务年活动动员大会文艺演出。

16日至17日，红线女与谢友良商谈赴港宣传粤剧动画电影《刁蛮公主戆驸马》事宜。

17日,中央电视台戏曲频道记者来到红线女艺术中心,就红线女的艺术经历、粤剧历史与现状等问题采访红线女。当天,接受采访的还有红线女的学生欧凯明。采访中,红线女说:"在抗战时期逃难的日子里,我什么都要干、什么都要懂,对我是一种培养,所以无论什么困难我都过得去。"还谈到自己是怎样向各位前辈学习的,包括怎样请家庭教师学习传统京剧,自己演戏的心得体会等,还谈到对新中国的良好印象以及回到祖国内地后的情况。红线女认为欧凯明是一个人才,她说:"他(欧凯明)对自己要求严格,很难得。"最后,红线女还谈到如今粤剧音乐、编剧、演员等各方面的人才都十分缺乏,尽管表现出对粤剧现状的担忧,但她仍认为粤剧是有观众的,应该好好培养。

18日,红线女到市委礼堂出席两会精神学习会。

20日,红线女率领中心员工到广州博物馆参观鲁迅生平与创作展。

23日,邓原导演到红线女艺术中心阐述《艺海明珠——红线女》的导演经过,红线女及中心全体职工出席了活动。

25日,红线女冒雨到珠江新城富力盈力大厦和广东粤剧艺术大剧院,考察广东粤剧高级研修班(第二期)小生、老生、小武、花旦、老旦、青衣、丑生等七个行当的上课情况。主办单位从京、津等地聘请了冯志孝、王晶华、寇春华、任凤坡、沈健瑾、渠天凰、邵峥等著名京、昆表演艺术家来粤授课,传授各行当的表演理论和表演技巧。参加研修班的学生大多是省内剧团的一线演员。七个班的上课情况红线女全都看了,每到一个班,她都不忘感谢老师们的辛勤劳动,并鼓励演员们一定要好好珍惜这难得的学习机会,直到生命的最后一天都要为粤剧努力奋斗!

26日一早,红线女照例翻开当天的《广州日报》,她一向十分关心文化艺术新闻,常把看报当作一种学习,从中吸取养分。当看到娱乐版刊载的新版电视连续剧《红楼梦》中成年宝玉与黛玉的合影后,她甚为不满,深感跟原著《红楼梦》有很大的距离,一向直言的她如鲠在喉,随即阐明了自己的艺术观点。她说:

当知道将要拍摄新版《红楼梦》的消息时，我很高兴，且一直都很关注该片的拍摄情况，也很期待看到这次创作能有新的东西出来。但是今天看到宝玉与黛玉的合照，我一定要把我的意见说出来。这张剧照，黛玉在前宝玉在后，就与曹雪芹先生原著的创作原意不符。原著中宝玉是第一主角，黛玉、宝钗等才是第二主角。本来这次挑选的成年宝玉演员形象比第一版电视剧的更贴近原著，但从宝玉的服装看来，与我和许多看过《红楼梦》作品的读者心目中的宝玉又有很大不同。在我看过的原著中，宝玉从来都不会穿黑色衣服的，而且照片中宝玉身上的流苏披肩是戏曲表演里面女人才会穿的服装，这完全不符合原著精神。此外，照片中的黛玉又与文学作品中的林黛玉形象完全不符。原著中的林黛玉是一位弱不胜衣、妖娆含蓄、满腹才华的女性，她身为孤儿寄人篱下，应是终日愁眉不展，略带悲伤的神情。而照片中的林黛玉却笑得很现代，形象太健康、太精神，找不到一点林黛玉的影子。这个演员的形象可以演很多现代的角色，但是演林黛玉，就必须符合当时的社会环境和原著人物的性格。毛主席说过他每年至少看两遍《红楼梦》，阅读和学习《红楼梦》作品对我们大有裨益，我虽做不到每年看两遍，但也看了不下几十遍了，对我的帮助很大。所以，从文学上、艺术上、思想上，我都希望新版电视连续剧《红楼梦》能带给观众更好的思想内涵和艺术享受，把原著《红楼梦》里呈现的社会环境和剧种人物准确地表现出来，让年轻人看到后能从中受益。

同日，红线女回到中心与谢友良、何伟权商量赴港宣传《刁蛮公主戆驸马》的特刊设计事宜。

29日，广东省粤剧界表演艺术高级研修班在红线女艺术中心召开京剧表演艺术家孙明珠艺术讲座，红线女、方健宏等100多位粤剧界同人听了讲座。

30日，广东省粤剧界表演艺术高级研修班邀请尚长荣，在红线女艺术中心举行戏剧艺术讲座。红线女与100多位粤剧界同人一起，认真聆听了这场精彩的讲座。讲座结束后，红线女还嘱咐中心工作人员要把此次讲座内容整理成文字，并连同录像资料一起寄给尚长荣，同时也可作为中心资料留存，供日后学习参考。

31日，红线女到白云国际会议中心出席广州市文化精品签约会议，此次会议的目的是使广州红豆粤剧团的《刑场上的婚礼》争取成为广州市文化局的精品之一。红豆粤剧团于20世纪90年代由红线女一手创办，尽管红线女已于1997年正式卸任团长一职，但她总是从各方面关心着剧团的发展，出席此次会议也是红线女在以实际行动支持剧团。

4月

月初，红线女与谢友良、何伟权商谈粤剧动画电影《刁蛮公主戆驸马》赴香港宣传画册设计事宜。粤剧动画电影《刁蛮公主戆驸马》赴香港宣传特刊也将于月内印刷完成，并随红线女赴港宣传派发。

8日，广东粤剧学校校长钟健率本校学生来到红线女艺术中心排戏，红线女认真地看了学生们演的《白蛇传》等几个折子戏后，提出了不少指导意见，师生们深感获益匪浅。

9日上午，香港英皇娱乐公司行政总裁吴雨及香港无线电视台总经理陈志云到访中心，就红线女携粤剧动画电影《刁蛮公主戆驸马》赴港宣传、演出一事进行磋商。会议结束后，红线女在小剧场接受了无线电视台总经理陈志云专访，就粤剧动画片《刁蛮公主戆驸马》等问题作了回答。

9日下午，红线女与邓原开会，就拍摄纪录片《艺海明珠——红线女》谈初步想法，双方充分交换意见，同时确定采访对象名单及联络方式。

10日下午，红线女与邓原及中心工作人员开会，邓原谈纪录片《艺海明珠——红线女》的导演构想，同时确定拍摄日程，分配工作任务。

11日，红线女到江南大戏院看红豆粤剧团彩排粤剧《假凤虚凰奇情记》，该剧由新人司马祥担纲主演。邓原率领《艺海明珠——红线女》摄制组一同前往拍摄部分素材。

12日上午，纪录片《艺海明珠——红线女》在红线女家中拍摄她与家人、亲友谈心及生活的镜头。

15日，红线女到广州图书馆出席广州市文化局综治维稳工作总结会。

16日，红线女与中心全体工作人员到江南大戏院参加纪录片《艺海明珠——红线女》中补拍"纪念改革开放30周年——红线女粤剧艺术作品展演"部分镜头的工作。

17日，纪录片《艺海明珠——红线女》在红线女艺术中心拍摄，内容包括采访谢友良、红线女部分学生、观众游客和中心工作人员等。红线女在旁观看。

18日，纪录片《艺海明珠——红线女》在红线女艺术中心拍摄红线女后台化妆、在会议室挥笔题字"我的生命属于艺术，我的艺术属于人民"、采访中心工作人员等镜头。

19日上午，纪录片《艺海明珠——红线女》剧组到广东粤剧艺术大剧院采访莫汝城。此时的莫汝城身体欠佳，但是依然认真地对待采访工作，做好了充足的准备。此次访谈内容刊载于《红线女从艺七十周年访谈录》。

19日下午，红线女在中心会议室接受《广州日报》记者采访，畅谈粤剧艺术与培养编剧人才的问题，也谈到"我不是无师自通，而是到处请教老师"的观点，还着重谈了马师曾对她的影响。

她说："马师曾的表演很真实，很生活。他善于向生活学习，也保留传统表演艺术。只要与马师曾同台演戏就偷师，向他学习。马师曾的演出看不出他是在演戏，他在后台沉默不吭声，暗自酝酿人物感情，出台后的表演很真实。粤剧《野花香》最后一场，即使今天重排也很难达到马师曾的水平，主要是缺乏人才。《野花香》讲述的是一个大学教授堕落到成为乞丐的故事，其实是一个反面教材，暗中批判，具有教育意义。最后一场，大学教授沦为乞丐流落街头，他在想自己做过的事，背后的人都在骂他，想起这件事就一个人骂他，想到另一件事，就另一个人骂他，到最后想到'我该死了'，就死了。马师曾这种创新的表现方式，粤剧至今都没有人这样做过。他每一场戏我都学了，他是大师。马师曾反串妇人没有人能学到，因为他文化根基很好。"[1]

---

1 卜松竹. 怪才马师曾："乞儿"铸泰斗[N]. 广州日报 .2009.05.09.

20日上午,邓原在华侨新村红宅采访红线女,为《艺海明珠——红线女》拍摄素材。下午,红线女回到艺术中心与秦中英、欧凯明度曲《杨玉环长恨马嵬坡》《凤仪亭巧用连环计》。两曲均是秦中英为红线女创作的新曲。

28日,红线女携粤剧动画电影《刁蛮公主戆驸马》到香港举行一系列推广活动。同时,邓原导演率《艺海明珠——红线女》摄制组一同赴港展开采访和拍摄工作。抵港后,红线女在东华三院出席粤剧动画电影《刁蛮公主戆驸马》慈善夜记者招待会。

29日下午,红线女探访香港黄竹坑护老院。红线女向长者赠送了粤剧动画电影《刁蛮公主戆驸马》DVD光碟。在院方代表的陪同下,红线女参观了护老院,并与在此居住的长者进行交流。当日,随行的还有香港歌星容祖儿。[1]

29日晚上,香港八和会馆在逸东酒店设宴欢迎红线女及红线女艺术中心随行人员。香港八和会馆主席汪明荃,理事会成员李奇峰、新剑郎、廖国森、王超群,以及特邀嘉宾尤声普、尹飞燕、南红、王四郎、阮德锵等出席了宴会,他们对红线女再临香港表示热烈欢迎。席间,红线女不但向各位嘉宾介绍了动画电影《刁蛮公主戆驸马》的制作过程,还与他们交流两地粤剧的发展情况。当红线女得悉晚宴的场地就是昔日普庆戏院的旧址时,更娓娓道来她当年在普庆经常演出的盛况。当天晚宴气氛热烈,其间汪明荃还接受了电视艺术片《艺海明珠——红线女》编导的采访,盛赞红线女的艺术人生。

30日晚上,红线女出席在香港演艺学院举行的红线女粤剧艺术座谈会,由罗家英担任主持人。两人台上妙语连珠,赢得台下掌声阵阵。

5月

1日,红线女在香港新东方台、山林道、六米半等地拍摄外景。香港是红线女的第二故乡,也是哺育红线女艺术成长的摇篮,旧地重游,红线女感慨万分。

---

[1] 与红线女探访安老院,容祖儿现场被考唱功[N].赣东都市.2009.05.01.

2日晚上，粤剧动画电影《刁蛮公主戆驸马》慈善夜在香港新光戏院举行，影片播放前，红线女为久违的香港观众演唱了粤曲《水乡桥韵》。晚会由香港无线电视台陈志云主持，英皇娱乐公司杨受成、吴雨，香港粤剧演员陈剑声、艺人刘德华、张学友等嘉宾出席了晚会。在晚会现场，红线女还与观众进行面对面的交流，场面气氛十分热烈。该影片当日下午放映两场，赢得观众好评。

5日至7日，红线女携曾孙马智仁赴北京拍摄纪录片《艺海明珠——红线女》外景。站在雄伟宽阔的天安门广场和长安街上，红线女深深感受到祖国翻天覆地的变化，她为祖国的强盛感到自豪，无悔自己当初回内地的选择。

11日，红线女艺术中心支委会举行换届选举，全体党员出席了会议。根据广州市文化局党委批示，本届支委会成员将由3人扩展至5人。新一届支委会由红线女、林洛、蒙菁、练行村、冯汉华5人组成。

15日，获悉红豆粤剧团将携粤剧《刑场上的婚礼》赴杭州参加第三届全国地方戏优秀剧目（南方片）展演，红线女不顾连日来辗转北京、上海、香港、澳门等地拍摄纪录片《艺海明珠——红线女》的劳累，专门抽出时间跟红豆粤剧团到杭州参加活动。飞抵当地后，红线女直接赶往杭州计量学院察看剧场环境。

16日下午，红线女到杭州计量学院观看红豆粤剧团演出《刑场上的婚礼》，演出受到了大学生们的热烈欢迎。

17日，红线女在杭州计量学院排练并献唱粤曲《荔枝颂》，并与戏剧评委会面。

19日，即从杭州返回广州次日，红线女马不停蹄地赶往澳门拍摄纪录片《艺海明珠——红线女》外景镜头。

6月

1日至2日，红线女连续两天到江南大戏院观看红豆粤剧团演出粤剧《关公忠义鼎千秋》。

9日，红线女在中心与谢友良等商讨有关中心的发展问题。

11日下午,红线女到广东省政府出席全国非物质文化遗产保护、古籍保护暨文博事业杰出人物表彰、颁证、授牌电视电话会议。会前,杜佐祥与红线女会面。会上,雷于蓝向红线女颁授证书。回到座位上,红线女倍觉重任在肩,难以按捺内心的激动,悄悄拭去了眼角的泪水。此次,红线女获得"全国非物质文化遗产先进工作者"称号,也是广东省唯一一位获此称号的艺术家。

12日,在红线女艺术中心举行的会议上,红线女表达了自己的感慨和忧虑,她说:"昨天的会议由文化部副部长王文章主持,文化部部长蔡武讲话,体现了会议的重要性,也体现了政府重视、保留、保护非物质文化遗产的积极性。会议还有突破,提出了新的要求。我很感动,自己哭了起来,很高兴,心里也有点难过。我们粤剧应该有更多的后起之秀,但是为什么年轻人中还没有后起之秀,我既兴奋又担心。这个担心有没有必要?我很少受到这些压力。昨天领奖的都是八九十岁的人,年轻一代应该要有所成长。"这段话道出了红线女对粤剧未来的担忧,但也正是这份忧虑促使红线女为粤剧后人的培养努力。

18日下午,红线女到桂花岗排练场观看广州粤剧院成立晚会节目排练,其间指导倪惠英演唱晚会主题曲。当晚,"祝贺粤剧大师罗品超先生百岁寿辰——罗派艺术经典剧目展演"在广州蓓蕾剧院举行,红线女及广东省委宣传部林雄等领导、嘉宾到场祝贺并观看了演出。

25日晚上,红线女到黄花岗剧院出席广州粤剧院成立大会[1]。当天,红线女着一袭全新的粉红色套装,精神抖擞。在揭牌仪式上,红线女发表了热情洋溢的讲话,她说:"今天从早到晚我未离开过高兴的心情。其实粤剧早已存在,但广州两个粤剧团,现在形成粤剧院,还有一大班得力的老、中、青演员,主要是青年演员,前途远大。希望这次成立粤剧院,上上下下团结一致,把我们粤剧的工作做好。希望省、市(剧团)彼此多沟通、多交流,好的地方学习,不足之处交流、研讨。很希望粤剧院成立后能够继承先辈那种

---

1 星星. 广州粤剧院成立,双团合璧献精品[J]. 南国红豆.2009,(4):2-3,27,50.

努力不怕苦的精神。以往我出身是唱官话的，现在唱广州话，成为一个地地道道的广州粤剧，今天做了大量的工作，都是在继承、改革、创新。没有继承就没有改革，没有创新就没有新生命，但不要改得不像粤剧。希望支持我，按国家、人民、观众的需要改进自己。即使继承、改革、创新，也离不开粤剧的基础。"

仪式结束后，红线女还把揭牌红绸留作永久纪念，但是对于邀请她担任广州粤剧院永远名誉院长的任命，她却婉言谢绝了。她认为自己不需要名誉，只想为粤剧多做实事，今后她仍然会一如既往地到剧团看戏、指导。这体现了红线女实事求是的做人原则。

30日上午，看过红豆粤剧团在广州粤剧院成立大会上演出的折子戏《刁蛮公主戆驸马·三步一拜进喜堂》后，红线女专门邀请当晚的三位主演杨小秋、马亦龙、司马祥来到中心，在小剧场对他们进行面对面的指导。红线女告诉他们，研究人物不仅要深入剧本了解人物性格，在创造人物时还应独立思考，揣摩人物说每一句话前后的思想过程，再根据这些思想过程指导表演。也就是说，首先要抓住语意的重点，再从语意出发设计人物说这句话时的思想感情，然后由人物思想指导表情、动作、唱腔等表演，每一句话、每一个动作都有前因后果和思想过程。《刁蛮公主戆驸马·三步一拜进喜堂》很多人都演过，但是很难演出马师曾、红线女的喜剧效果和人物神韵，这就是其中的奥妙。

红线女告诉饰演驸马的演员马亦龙，演孟飞雄时，眼尾扫着公主，数第一步、第二步、第三步，数到第三步时，看到公主还没有站稳时就马上说"跪"，就是要故意压一压凤霞公主的气势，让她吃点小苦头。她又对饰演凤霞公主的杨小秋说，凤霞公主要紧接着"跪！"字的节奏，在站都没站稳时就得跪下，当她再跪时就想："怎么还要跪呀？"紧接着才向添福撒娇。这些有思想过程的表演，出来的效果让人忍俊不禁，人物性格鲜明突出，观众过目难忘。

红线女创作人物的方法值得深入研究和学习，在创新表演方法的过程中，也可以有所借鉴。在她的指导下，三位青年演员受益匪浅，由他们主演的折子戏《刁蛮公主戆驸马·三步一拜进喜堂》也有了质的飞跃。

30日下午，红线女在家中与广东省粤剧工作者联谊会秘书长何笃忠商讨联谊会换届事宜。

7月

1日上午，广州市文化局张润华来到红线女艺术中心与红线女及中心全体员工共庆中国共产党建党88周年。张润华鼓励大家，要坚守粤剧这片阵地，让粤剧更惠民，还要学习红线女的为人，永远保持平和的心态。红线女高兴地表示："粤剧作为岭南文化艺术的一个成员，如不认真做好自己的工作，就对不起党、政府和人民群众。广州人民喜欢粤剧，但粤剧拿什么回报观众？编剧人才队伍的建设很重要，也很欠缺，目前人才培养力量不够。做好工作是为人民服务，我们从人民中来，得到这么多东西，加工后应回到人民中去，我们还很有力量，还可以更进步。"

当晚，为纪念中国共产党建党88周年，在张广宁市长的倡议下，广州市总工会组织全市市直机关干部观看由广州粤剧院创作、演出的大型现代粤剧《刑场上的婚礼》。红线女与市领导张广宁等人，以及市直机关党员干部1400多人观看了演出。在嘉宾室里，张广宁市长与红线女亲切交谈，其间张市长提到了组织这次演出的原因是此前红线女致信他，请机关干部都看一看粤剧《刑场上的婚礼》，于是促成了这次专场演出。

演出结束后，张广宁十分高兴。他上台致辞时表示这种形式不仅很新，而且不觉得冗长、沉闷。同时，他还鼓励粤剧团青年积极创新粤剧，为发展粤剧事业继续努力。红线女也打心底里高兴，这部戏寄托着周恩来的嘱咐，周总理曾对红线女说："广东很有条件，自己有人物、有故事，情节也很好，为什么不搞这个戏？这个戏就是《陈铁军》。"[1]看到青年演员在戏中得以成长，为粤剧现代戏的探索迈出了更大一步，红线女抑制不住内心的激动。

3日，红线女与全体员工在中心多功能厅观看了凤凰卫视制作的节目《凤

---

[1] 2003年5月13日红线女艺术中心会议记录。

范大国民——红线女》，该节目由马鼎盛主持。红线女表示很难得看马鼎盛的节目，节目简要介绍了红线女的艺术生涯，也讲述了中华人民共和国成立以来国家走过很多曲折的道路。通过谈"文革"中的一些亲身经历，红线女告诉同事们："不要人云亦云，自己要思考对与不对，将来不会再产生'文革'的情况了，但会不会有局部情况呢？如果碰到类似情况要用自己的正确思想思考。好的支持，不好的走开，不要做无谓牺牲，你们认真考虑。中国共产党是好的。你们要认真学习，做好自己。"

7日，红线女到黄花岗剧院观看广东粤剧青年团演出粤剧《花蕊夫人》。

8日上午，红线女到珠影乐团，观看万霭端创作并指挥的大型交响音乐诗《梦断香销四十年》排练，此次排练由欧凯明、曾慧、杨小秋、司马祥担纲演唱。

当晚，红线女到军区礼堂观看广州战士话剧团演出的话剧《红帆》，看完后她很激动，并专门撰文表示："这是一出好戏，编、导、演、舞台设计都很好。作为表现革命历史的军事题材戏剧，这出戏大胆创新，敢于尝试。在构思上独具匠心，手法上新颖奇特，少有地用正面描写战争的手法，真实再现了人民解放军渡海作战解放海南岛波澜壮阔的历史事件。剧中猛虎团官兵英勇作战、不怕牺牲为国捐躯的壮烈场面，给人很大的震撼力。剧中人物虽然没有什么漂亮的面孔，但形象质朴、个性鲜明，构筑了一组有血有肉、真实感人的英雄群像。该剧还对军民情、战友情、官兵情、夫妻情进行了独特到位的诠释，交织浓缩提升为对党和祖国忠诚，为早日实现全国大解放而不惜牺牲一切战斗到底的大无畏精神，观看后让我久久无法平静，心情起伏，难以释怀。我是演粤剧的，我也喜欢看话剧。粤剧和话剧是两种不同类型的艺术形式，却有着很多共同点。写戏演戏首要是有生活，我觉得《红帆》这出戏很有生活，编剧、导演、演员有部队生活经历，作品呈现在舞台上才有那么强的张力和感染力。在中华人民共和国成立60周年来临之际，排演这出戏很有历史意义和教育意义。看完这出戏，还鼓励和进一步启发了我，作为一个文艺工作者，真要走进群众中去、走进生活中去表现生活，创作出更多讴歌我们时代的作品,才对得起我们广大的观众。"[1]

9日上午,广州市文联第八次代表大会开幕式在市委礼堂举行,红线女等艺术界代表出席了会议。当晚,红线女到黄花岗剧院观看广东省粤剧院一团演出的粤剧《东坡与朝云》,由秦中英编剧,丁凡、蒋文端主演。

13日上午,红线女应邀赴广东粤剧艺术大剧院排练场举办粤剧艺术讲座。会上,红线女对粤剧《东坡与朝云》《花蕊夫人》提出了一些意见。她说:

《东坡与朝云》的剧本很好,因为本身故事挺好。我不断看了几个本子,今天能演出这个本是省粤剧院难得的成就。但是,朝云与苏东坡的感情戏不够多,演员还应挖掘,把两人的情更深刻地表现出来。现在仍然不够,最少应该加一场戏。朝云死在东坡怀里还应加深感情。苏东坡以前哭坟那一场戏的布景比现在好,现在的布景还可以再真实一点。这戏的尾场如改不好就揽不紧观众了。或者可以这样处理——苏东坡哭累了,朝云出现了,东坡想抱住她,却抱空了,原来只是墓碑,有很多戏可以做。其他戏还可以补充,苏东坡被贬后,他对广东的感情深厚,应该拿些戏给观众看。比如桥修好后群众说过去过河很难,剧中应表现得更深刻,要过桥、涧水,应强调涧水、过河很难。而现在戏中一下就过了,补充很有必要。修桥没有钱怎么办,苏东坡把皇帝御赐的、视它如生命的金腰带都捐献了出来,应该有更深入人心的戏,现在还未够。朝云与婆婆还有不少戏可以挖掘。朝云的情爱、义重,对苏东坡的爱都还可以挖掘,应更深刻地表现对苏东坡的爱情,现在还不够,要增加艺术感染力。第一场的船头不妨做大一点,至少能站4个人,应给足够的位置,有利于做戏。苏东坡得到鼓舞马上写诗那场,应该在船头铺一张纸,写在纸上,拿起纸看,感觉不错,再唱出来,这样处理比较好。船舱的戏应有喜剧性,这个戏就更深刻了。十年磨一剑,我赞成改得有基础,要多点戏。

---

[1] 红线女.话剧红帆"有生活"[N].羊城晚报.2009.07.15.

谈到《花蕊夫人》，红线女说："曾小敏已经成形了，再逐步完善便可。冼鉴棠演皇帝的化装不行，他的声音不错，但还可以更好。"对于古老唱腔的问题，红线女说："古老唱腔我们可以吸收，我们的前辈做了很长时间的工作才转为唱白话，为广州人服务，为粤剧服务，怎么可以再唱中州韵白？一定要唱广州地方语言。好就用，不好则不用。粤剧扬弃官话也有一百年了，应该在粤剧白话方面下功夫。我认为粤剧应该名正言顺，是粤语方言的地方戏，我们应该认真对待粤剧的改造。最重要的是方言，曲牌不够用就创作，但万变不离其宗，不能改得不像粤剧，而像不像要问观众。"离开前，红线女专门嘱咐粤剧院院长丁凡以及剧院档案室工作人员，要专门辟出一个地方收集、整理、保管莫汝城老师生前的研究资料，要征求家属意见，并抓紧办好这件事。

14 日，红线女在中心工作会议上谈道："昨天我去粤剧院，顺便谈了谈莫汝城的情况。我看了粤剧院的资料，各方面都很好。但是我希望他们能够有一个室给莫汝城，作为莫汝城的资料室，我们中心也应该要有这样一个。他对粤剧死心塌地，做了很多工作，而且他的人品很值得我怀念他。我对莫汝城很感激，因为我从香港回来在省粤剧团接触最多的就是莫汝城，当然还有其他同事。我觉得莫汝城是好人，而且不是一般的好人，他很有正义感。我与他合作《李香君》，他改来改去没什么怨言。现在粤剧界失去了这样一位粤剧编剧人才，所以昨天我回到剧院就提出保留、保管莫汝城的资料。我们的资料室都应该搜集、保留好莫汝城的资料，我们中心资料室也应该有莫叔的一席位置。他对红线女艺术也很支持，的确是很支持。五时三刻请他帮忙，他都不说话的。他是好人，大好人。"

15 日下午，广州市文联主席李锦源、副主席方治齐来到中心探访红线女。其间，红线女就如何组织广州文艺界及群众力量为展示社会主义快速发展新面貌做一些事提出了独到见解，得到两位领导的认同，并表示将尽快把这项建议落实到实际工作中。

17 日上午，红线女到红豆粤剧团旁听谢平安对新编历史粤剧《南越宫词》的导演阐述。之后，红线女激励全团演职员说："我来最重要的目的就是学习，看了剧本已经让我学习到不少东西，我学习到的比以前更多，希望红豆粤剧团的同事们，你们比较幸福，这是第二次学习，这是第二个戏（第一次学习是《刑场上的婚礼》），你们的幸福也是我的幸福，这个戏是这个戏，不是以前的戏，舞美设计要认真。这个戏不同以前，要努力做得更好。"寥寥数语，道出了她对红豆粤剧团的深厚感情和殷切期望。

18日，红线女到红豆粤剧团观看粤剧《南越宫词》排练。看排练的同时也是向谢平安导演学习的过程。红线女认为从谢导演身上学到了不少新的东西，这也是她敬佩谢平安导演的原因。

21日，红线女到广州市文化局参加局党委民主测评会。

28日上午，红线女一早来到红豆粤剧团看排练，随后返回中心参加政治学习。同日下午，邓原到红线女艺术中心向红线女及全体员工谈纪录片《艺海明珠——红线女》的拍摄情况，并决定把共40人的访谈记录整理编辑成书出版。

31日，红线女召集广东粤剧工作者联谊会理事到中心开会，商讨换届选举事宜。红线女表示最担心剧本创作的问题，并表示年纪不饶人，对粤剧已经尽了心意，她只愿当顾问，不能担任会长。她还号召粤剧界尽快联合起来组织一场筹款晚会，以资助粤剧界的老人、前辈。

本月，由邓原导演、红线女艺术中心出品、广州市新宇文化发展有限公司发行的电视艺术片《红线女心路之桥》正式发行。

8月

4日晚，红线女到黄花岗剧院观看广东粤剧院二团演出粤剧《青青公主》。

6日上午，红线女来到广东粤剧艺术大剧院排练场参加粤剧《青青公主》座谈会。景李虎、罗家宝、关国华、黄壮谋、崔德銮、丁凡及广东粤剧院二团全体演职员出席了座谈会。会上，红线女提出了几个观点：一、这个戏的音乐有进步，但是剧本没什么梆黄，如果少了梆黄则对粤剧不利。二、粤剧是较好的、站得住脚的，看到你们的剧目以及观众上座率都在前面，我感到粤剧在党领导下发展得不错，今年看省粤剧院的三个戏（《东坡与朝云》《花蕊夫人》《青青公主》）各有优缺点，不可能一拿出来就行的，但继承、改革、创新后还是不是粤剧呢？三、这个戏不错，写出了当年邝露在广州起的作用。但是这个剧目拿出来不应该叫《青青公主》，而是应该在当时情况下，那个时代产生的革命创新，青青公主不是第一位的，第一位应该是邝露，建议改剧名，不叫《青青公主》。四、音乐、唱腔应该行头（走在前面），我觉得音乐唱腔篇幅大了，小曲多，偶然邝露唱一句，要唱梆黄，应该让人听一两句滚花。五、演员方面，麦玉清的声音还可以更好，建议麦玉清去练，每天练三四十次；梁耀安是一个好演员，现在表演、身段都很好，大气、规矩，没有飘飘然的感觉；郭建华虽然戏少但是看得出来是个好演员，演的角色很阴险，从动作、表情能看得出来。年轻人要向郭建华学习，不要嫌戏少就不做了。

7日，广东粤剧工作者联谊会在红线女艺术中心举行第四次代表大会，红线女再次当选为会长。[1]

11日，红线女在中心录音室为纪录片《艺海明珠——红线女》录制旁白。

12日上午，广东省粤剧工作者联谊会在红线女艺术中心召开第四次会员代表大会。大会总结了上届理事会工作情况，并投票选举产生新一届理事会成员。下午，红线女到广州市群众艺术馆海珠分馆，出席广州市非物质文化遗产普查工作总结会议。

18日上午，红线女随广东粤剧艺术大剧院《山乡风云》剧组赴北京参加由中宣部、文化部主办的庆祝中华人民共和国成立60周年献礼演出，红线女担任艺术指导。[2] 下午，郭汉城、红线女、景李虎等在解放军歌剧院观看《山乡风云》彩排，并预祝广东粤剧艺术大剧院演出成功。当晚，文化部领导王文章、董伟与戏剧界人士郭汉城、红线女、张火丁等700多名观众，一同观赏了广东粤剧艺术大剧院演出的经典剧目《山乡风云》，现场气氛十分热烈。

19日晚上，周巍峙到解放军歌剧院与红线女会面并交谈，随后一同观看《山乡风云》。

---

1 小生.红线女当选广东粤剧工作者联谊会会长[J].南国红豆.2009,(5)：27-28，69.
2 王大鸣.83岁红线女再度进京[N].北京娱乐信报.2009.08.10.

23日晚上，红线女到蓓蕾剧场出席红豆粤剧团排演的大型历史题材粤剧《南越宫词》首演式。演出结束后，红线女与黎子流、张润华等一起上台向全体演职人员表示热烈祝贺。

28日上午，红线女到文化局参加文化体制改革专题学习报告会。

本月，由红线女、欧凯明主演，红线女艺术中心出品的粤剧舞台艺术精品《刁蛮公主戆驸马DVD》正式发行。

9月

7日上午，红线女与张润华、谢友良商谈筹划红线女电影周事宜。

9日上午，红线女到市委礼堂参加全市副局级以上离退休干部情况通报会，会议通报了广州市委九届七次全会有关情况。

10日下午，红线女到珠岛宾馆出席广东省粤、港、澳合作促进会首届会员大会。会议邀请红线女担任促进会名誉会长，省委、省政府主要领导出席了活动并发表讲话。

16日上午，红线女与谢彬筹、谢友良、邓原、余楚杏等召开座谈会，商讨把纪录片《艺海明珠——红线女》的采访文字编辑出版事宜。

18日晚上，红线女到五月花广场俊田会出席2009年文化局系统在职享受国家政府特殊津贴专家、市管优秀专家国庆、中秋座谈会。

19日，红线女在家中与粤剧表演艺术家小木兰叙旧谈心。1955年，红线女回到内地时小木兰就与粤剧前辈白驹荣搭档演戏，红线女赞赏小木兰是做实事之人，同时在艺术上也有"料"。几十年的老朋友重聚，她们分外亲热，有说不完的知心话。

22日，红线女与谢彬筹、谢友良、邓原、余楚杏等召开座谈会，落实《艺海明珠——红线女》采访文字编辑出版事宜。

23日上午，广东省粤剧工作者联谊会新一届理事会到红线女艺术中心召开研讨会，红线女、秦中英、罗家宝、梁郁南、余勇、何笃忠、黎骏声、梁耀安、李淑勤、曹秀琴等出席了会议。会上，各人就编、导、演等人才培养、剧团发展、继承传统、改革创新等问题进行了坦诚的交流。当晚，由广东省委宣传部、省文化厅、省文联主办的祖国步步高——广东省文艺界庆祝中华人民共和国成立 60 周年文艺晚会在省委礼堂隆重举行，红线女观看。

24 日上午，红线女赴东方宾馆出席由中共广州市委组织部、市委老干部局主办的 2009 年广州市老干部"迎国庆·贺中秋"茶话会。

25 日上午，红线女在中心小剧场补拍纪录片《艺海明珠——红线女》部分镜头。当晚，红线女到番禺星河湾参加《羊城晚报》举办的"岭南文化再发现"大型系列报道启动仪式，以实际行动履行宣传岭南文化的职责。

27 日晚，"中国梆子戏展演"在红线女艺术中心小剧场举行。红线女出席观看演出，并与全体演员座谈畅谈艺术感受。

28 日下午，红线女与澳门友人李子丰、李居仁商谈 11 月赴澳门宣传《刁蛮公主戆驸马》（1993 年舞台演出版）事宜。当晚，红线女到花园酒店出席广州市庆祝中华人民共和国成立 60 周年招待会。

29 日中午，红线女在中心录音室录制了新曲《祖国寿辰普天庆》（调寄"雨打芭蕉"）。此曲由红线女创意、蔡衍棻撰曲，是红线女为庆祝中华人民共和国成立 60 周年华诞献上的一份厚礼。当晚，红线女到香格里拉酒店出席广东省政府组织的庆祝中华人民共和国成立 60 周年晚宴。

30 日，红线女在录音室监听新曲《祖国寿辰普天庆》配器的录制情况。

10 月

1 日，红线女与值班同事在中心会议室收看庆祝中华人民共和国成立 60 周年阅兵式电视转播。从盛大的阅兵式中，红线女看到人民军队英姿飒飒、国防科技日新月异，由此感到激动万分，当即召集值班党员一起畅谈中华人民共和国成立 60 周年的兴奋之情。

2 日下午，红线女到黄花岗剧院观看庆祝中华人民共和国成立 60 周年广州市文化局优秀剧目展演粤剧《刑场上的婚礼》演出。

3 日上午，红线女观看国庆阅兵式的兴奋之情仍未散去，又获悉粤剧被列入联合国非物质文化遗产名录，当即写就文章《光荣感与责任更更更大》，登于中心国庆墙报上。文中她写道："我很高兴，刚看完我们 60 周年国庆大典在北京的游行队伍，两天来我的心一直处于极度兴奋和自豪之中，感觉我们国家的伟大体现在游行队伍中！中华人民共和国成立60周年游行队伍的部队一现，使我看到国家富强的力量，那是用什么语言都难以表达中国人的自豪感和责任感的。知道粤剧成为非物质文化遗产，高兴的同时，也促使我更努力地学习，为粤剧做出新的贡献。虽然我的力量很小，但是作为中国人、广东人、粤剧艺术的一分子，既光荣、幸福，又感到自己身上肩负的责任更大。我们应重视，也应努力学习去完成这个重要的任务。我一定在我有生之年，在改革开放大旗的支持下，与全体粤剧工作者一起努力，团结一致把为人民服务的粤剧艺术推向新高峰！"

5日晚上，红线女到广州话剧团观看话剧《春雪润之》。

6日至8日，红线女赴深圳观看深圳粤剧团演出新版粤剧《风雪夜归人》。

8日晚，由深圳市粤剧团全新改版、精心打造的经典现代粤剧《风雪夜归人》在深圳大剧院隆重公演。为了观看新版粤剧《风雪夜归人》，红线女于6日就来到深圳，提前观看了两场彩排。正式演出当晚，红线女作为嘉宾登台献唱，引来现场观众的阵阵欢呼，掌声此起彼伏。尽管年逾八旬，但红线女风采不减当年，一首《娄山关·忆秦娥》声动全场，引得叫好声连连。面对热情的观众，红线女兴致颇高，接下来又演唱了经典粤曲《荔枝颂》。

《风雪夜归人》的这次演出盛况空前，也带给红线女许多感动。看戏归来，她称赞《风雪夜归人》此次重排，把过去的剧本重新作了修改，剧本不错，编剧、导演、舞美等都尽了很大努力，所以演出的效果也很不错。尤其难得的是，深圳粤剧团在异常艰难的情况下锲而不舍地做了上述工作，希望在演出上给予观众新的感受。红线女认为他们的目的已经达到了，观众也给予了支持的掌声。她更欣喜地看到，新版粤剧《风雪夜归人》中，编剧、演员队伍都是新的，中青年演员都尽了很大的力量，塑造人物方面也达到了一定的水平。目前，能够取得这样的成绩，除了有好剧本外，也是与深圳粤剧团全体演职员团结协作分不开的。

当获悉新版粤剧《风雪夜归人》将于这一年的11月分别在北京保利剧院和中国戏曲学院演出时，红线女高兴地说："深圳粤剧团带《风雪夜归人》

去北京演出，我很高兴，这就能把我们粤剧带到北京，为支持粤剧、爱护粤剧的观众演出了，这使我们感到高兴。希望本次演出能打响，得到观众的支持。我为什么高兴？因为我是粤剧工作者，直到现在还是粤剧养活我，任何粤剧能认真、努力地通过演出奉献给观众，得到观众认可，我都有幸福感、兴奋感，我希望粤剧能为观众服务。我虽然高兴，但是也希望通过我们的演出，倾听各方面的意见，把目前剧本、导演、演员、音乐、灯光、舞美等各方面工作推动向前进。我相信还有一个月的时间，还可以听取各方面的意见，更充实目前的演出情况，相信吸取意见后该剧比以前更有提高。剧中的男主角过去很早就演现代戏，有一些成绩，现在虽然退休了，但是他的演出仍有很好的效果。另一位年轻演员，与我合作多年了，我感觉她进步非常大，当然进步不应该骄傲。另外，我也看到深圳粤剧团的年轻力量很可喜，感觉收获很大，祝福他们北京演出成功！"

10日，刚从深圳回来的红线女又飞赴北京。

11日，红线女在北京获得首届中国戏剧奖终身成就奖。在7月至8月期间，中国戏剧家协会进行了首届中国戏剧奖终身成就奖的评选活动，经过充分酝酿讨论，经中国文联批准，共有12位德高望重的老戏剧家获此殊荣。11日上午，戏剧界庆祝中华人民共和国成立60周年暨中国戏剧家协会成立60周年纪念大会在北京饭店隆重召开，同时举行首届中国戏剧奖终身成就奖颁奖仪式，来自全国各地的戏剧界代表和嘉宾济济一堂，共同叙说伴随着新中国一同成立的中国戏剧家协会不平凡的历史，重温中国戏剧60年的辉煌，展望更加美好的明天。

会上表彰了60年来做出突出贡献的红线女等12位戏剧家，并为他们颁发了首届中国戏剧奖终身成就奖。中国文联胡振民、李牧、廖奔，中国剧协尚长荣、李默然，文化部艺术司董伟，中宣部文艺局汤恒，总政宣传部艺术局秦威，中国剧协顾问马少波、方掬芬、刘厚生、刘锦云、李世济、何孝充、胡可、赵寻、徐晓钟、郭汉城、阎肃、薛若琳，中国剧协副主席王晓鹰、白淑贤、刘长瑜、李维康、孟冰、濮存昕、瞿弦和，中国文联各全国文艺家协会、各直属单位、机关各部室、首都各大院团有关负责人，以及中国剧协在京理事、会员、戏剧艺术家代表等共 300 余人参加了会议。

会上，廖奔宣读了《关于颁发首届中国戏剧奖终身成就奖的决定》。此次获得首届中国戏剧奖终身成就奖的有：于是之、马少波、方掬芬、刘厚生、红线女、李默然、陈伯华、赵寻、胡可、袁雪芬、郭汉城、徐晓钟等 12 位德高望重的戏剧家。由胡振民、李牧、廖奔等与会领导为红线女等获奖者颁发获奖证书。

当日下午，红线女到北京东交民巷看望周恩来的秘书张颖，张颖向红线女赠送著作《走在西花厅的小路上——忆在恩来同志领导下工作的日子》。当晚，红线女与张火丁聚餐。

14 日，红线女在中心小剧场接受广东电视台珠江频道记者采访，就粤剧被列入联合国非物质文化遗产名录及粤剧的过去、现状与发展等问题谈了自己的看法。

15 日，红线女审看由邓原导演的纪录片《艺海明珠——红线女》。

16 日，广东省文化厅副巡视员杨伟时等到中心邀请红线女参加 10 月 30 日在香港举办的"粤、港、澳粤剧名伶贺国庆"暨粤剧申遗成功活动。红线女表示希望活动能在广州举办，但服从最终决定。

17 日，红线女与谢友良、何伟权商讨《红线女从艺七十周年访谈录》封面设计事宜。

19 日，红线女甄选大堂展览图片，并召开全体员工会议，就进一步做好展览、接待工作充分听取意见。当日，红线女与北京友人黎辛会面。

22 日，广东省文化厅杨伟时等人到中心就广东省将隆重举办庆祝粤剧申遗成功活动，以及 10 月 30 日在香港举办的"粤、港、澳粤剧名伶贺国庆"等活动征询红线女意见。红线女最终没有参加。

同日，广东省粤剧工作者联谊会秘书长梁郁南到中心向红线女汇报近期工作情况，商讨筹备广东省粤剧工作者庆祝中华人民共和国成立 60 周年晚会事宜。

24 日，红线女与中心值班同事谈艺术。她谈到《关汉卿·沉醉东风》《关汉卿·蝶双飞》说："我很喜欢'沉醉东风'这首曲，也很喜欢田汉先生写的戏、人物和词，我对他很尊重。此外，我也很喜欢'蝶双飞'，两段曲感情上有点不同，'沉醉东风'是关汉卿与朱帘秀到了尾场，关汉卿得罪了权奸，要被放逐，不可能带朱帘秀同去，朱帘秀送行时给了关汉卿一杯酒，唱'沉醉东风'是悲剧收场。当时有人提出可不可以喜剧收场，希望阿合马的母亲同意关汉卿带朱帘秀南下，但是观众不喜欢。周总理认为那个社会不会也不可能这样做，所以最后的结局还是劳燕分飞。过去我们演出的戏，领导都很重视，文化部的领导、广州市的领导也很重视，所以以前粤剧能够出一些戏，领导的支持很有作用，讨论也参加，修改也加意见，过去的几个戏都得到大力扶持、修改。'蝶双飞'不同于'沉醉东风'，关汉卿与朱帘秀两人都入狱了，朱帘秀的罪较关汉卿没那么重，这出戏是关汉卿狱中写给朱帘秀的一首词，关汉卿说'我写了这首新词，唱来听听'，朱帘秀在狱中唱的感情不同。田汉先生写的好几个戏我都有演，如《屈原》，马师曾演屈原，我演婵娟。"随后，红线女即兴演唱了《关汉卿·沉醉东风》《关汉卿·蝶双飞》和《莲花颂》三首曲，感情、音色毫不逊色，令在场同事大饱耳福。

25日，红线女在中心录音室录制粤曲《莲花颂》，为11月赴澳门宣传舞台版及动画版《刁蛮公主戆驸马》系列活动做准备。

27日，红线女与谢友良、何伟权商谈《红线女从艺七十周年访谈录》封面设计事宜。

29日，红线女在中心录音室录制粤曲《莲花颂》《关汉卿·沉醉东风》。其中，录制的《莲花颂》是为赴澳门演出活动做准备。

30日，红线女与谢友良、何伟权商谈《红线女从艺七十周年访谈录》出版等事宜。

11月

2日，红线女赴澳门出席由澳门广州地区联谊会与澳门禅城区联谊会合办的"红线女艺术献给故乡情——粤剧动画电影《刁蛮公主戆驸马》澳门鉴赏日活动"新闻发布会。当日，澳门禅城区联谊会会长李子丰、理事长李居仁，澳门广州地区联谊会理事长马志达、秘书长肖正强等一同出席了活动。

记者会上还放映了纪录片《艺海明珠——红线女》,以及"舞台版"和"动画版"《刁蛮公主戆驸马》片断,红线女亲自讲解并与现场观众分享艺术心得。

5日上午,红线女与中层干部到广州艺术博物院出席广州市文化广电新闻出版局召开的学习贯彻党的十七届四中全会精神暨爱国主义和"六个为什么"宣讲报告会。

6日上午,广东省人民政府在佛山皇冠假日酒店隆重举办了广东省与东盟非物质文化遗产保护、传承交流会论坛。来自文莱、柬埔寨、老挝、缅甸、菲律宾、泰国、越南等国家文化部门的负责人,以及非物质文化遗产保护方面的专家、学者出席了这次会议。会上,各国就非物质文化遗产的保护、传承工作充分交换了意见,并共同签署了《合作协议书》。为表示对各国来宾的欢迎,红线女即席清唱《荔枝颂》,受到在场嘉宾的赞誉。

10日晚上,红线女在澳门永乐戏院练唱《荔枝颂》,为次日举办的"红线女艺术献给故乡情"——粤剧动画电影《刁蛮公主戆驸马》澳门鉴赏日活动做准备。

11日,红线女在澳门出席由澳门广州地区联谊会与澳门禅城区联谊会合办的"红线女艺术献给故乡情——粤剧动画电影《刁蛮公主戆驸马》澳门鉴赏日活动"。当天主办单位分别于下午3点及晚上7点在永乐戏院放映《刁蛮公主戆驸马》"舞台版"(1993年)及"动漫版"(2004年)[1]。门票事先向澳门市民免费派发,每人限取两张。红线女在现场为粤剧动画电影《刁蛮公主戆驸马》澳门首映礼剪彩,并演唱了粤曲《莲花颂》《荔枝颂》。澳门观众十分雀跃,并以热烈的掌声感谢红线女的精彩演出。下午,红线女在新桥坊众恭祝华光宝诞演戏委员会负责人何庆陪同下参观莲溪庙。

当日,澳门特别行政区长官何厚铧在特首办公室接见了红线女。红线女与何厚铧的父亲何贤先生素有渊源。1951年,红线女返回香港后不久,应何贤先生的邀请,参加宝丰剧团演出。当时的主要演员有红线女、陈锦棠、欧阳俭、李海泉、任剑辉、白雪仙、张醒非等。红线女演的第一个戏是新编剧

---

[1] 红线女粤剧电影明上映[N]. 澳门日报.2009.11.10.

目《一代天娇》，她就是从《一代天娇》开始，确立了"红腔"的地位。1962年，红线女把剧团带到番禺县市桥镇集中排演新戏《李香君》，排戏的地方也是何贤帮忙安排的。红线女说，何贤先生对她的工作很支持，帮助很大，是个好人，并就粤剧现状等问题与何厚铧交换了意见。会面时间虽短，但两人相谈甚欢。

13日，红线女在中心与南方电视台、广州电视台、广东电台、《小艺术家》杂志社等媒体记者见面，就如何学习粤剧、粤剧被列入联合国非物质文化遗产等问题回答了记者的提问。当晚，红线女到黄花岗剧院观看佛山粤剧院《小周后》舞台演出暨粤剧电影《小周后》开拍仪式。

14日上午，佛山粤剧团团长、粤剧《小周后》主演李淑勤到红线女家中与红线女见面、谈心。

17日，红线女与罗家宝、何笃忠、梁郁南、陈奔、杨小秋就广东粤剧工作者联谊会举办"贺申遗·迎新春——全省粤剧精英大联演"活动的筹备工作进行具体磋商，初步商定广东粤剧工作者将于2010年1月14日联合起来在中山纪念堂举办一场声势浩大的演出。本场演出将以展示粤剧的发展及继承传统、开拓创新为主题，充分发动粤剧界的力量，向党和政府、人民群众汇报粤剧艺术发展的全貌。

23日上午，红线女到省委礼堂出席广东省工会第十二次代表大会。大会开幕式举行了"南粤杰出劳模"颁奖活动。此次荣获"南粤杰出劳模"称号的红线女、钟南山等30人上台接受了省领导的颁奖。下午，红线女到市政协出席纪念广州市政协成立60周年座谈会。当晚，红线女应邀到中山纪念堂出席"粤剧名伶群英会之'雅居乐'罗家宝名剧名曲展演"。当晚众多名伶同台献技，一展粤剧《柳毅传书》《红梅记》《梦断香销四十年》等艺术精品。

24日上午，荔湾区少儿艺术学校校长梁云裳及粤剧班班主任曾峰老师等到红线女艺术中心向红线女汇报粤剧班教学情况。

26日下午，红线女到位于多宝路的荔湾区少儿艺术学校观看粤剧班小学生排练的情况。在那里，她认真观看了小学生演出的《风雪山神庙》《拾玉镯》《沙家浜》等剧目,对他们进行了悉心辅导。班主任曾老师告诉红线女,孩子们很认真,即使扮演一朵云在认真演。红线女很欣慰,她语重心长地对小学生说:"无论做什么角色都要认真、投入,如果主角做得很好,后面的配角没有精神就会影响演出的整体效果。学戏要勇敢、认真。"当晚,红线女到中山纪念堂探望深圳粤剧团《风雪夜归人》的演员冯刚毅、苏春梅,祝他们当晚演出成功。

27日上午,红线女到市委礼堂出席庆祝广州市政协成立60周年大会。随后,到广东省繁荣粤剧基金会出席粤剧《风雪夜归人》座谈会。当晚,红线女到白云国际会议中心观看第七届金钟奖颁奖音乐会。

28日,庆祝粤剧入选人类非物质文化遗产代表作名录新闻发布会暨中国粤剧网开通仪式在红线女艺术中心小剧场召开。红线女和杨树、张润华等人一道出席了新闻发布会。

29日,红线女到白云国际会议中心参加"粤剧星河耀古今——庆贺粤剧入选人类非物质文化遗产代表作名录"演出,压轴演唱了粤曲《娄山关·忆秦娥》《荔枝颂》,受到观众的热烈欢迎。

30日,红线女与郭铭志商谈红派艺术"从舞台走来,从舞台走向未来"的问题。红线女谈道:"我创作现代戏,除了自己写,文化艺术创作者都没怎么写知识分子的。我能搞这个戏,走到今时今日,能代表我的心思。我敢于自己说一句话:'为知识分子讲一句话。'我认为知识分子有良心,愿意为国家服务的。当时秦中英就坐在省医,他投入,我也认为他投入,他为知识分子讲了话,这个戏我能搞出来,我没有辜负党、政府、观众对我的支持。"还谈道:"我从艺七十多年了,人年纪大了,特别做艺术的也要休息了。我正式离开舞台,当然还有其他工作。我对粤剧有希望,不是什么都没有。粤剧有人才,但能否充分体现?过去很少商量,现在各打各的,我不希望这样。我希望有编剧队伍,如果没有编剧队伍,那么对不起政府。"

12月

1日,广东粤剧工作者联谊会副会长梁郁南、何笃忠到中心与红线女商讨关于组织全省粤剧工作者联合举办"贺申遗·迎新春"晚会事宜。

2日下午，红线女与广东全省剧团代表开会商讨"贺申遗·迎新春"晚会事宜。

3日，红线女到广州市非物质文化遗产保护中心，参加广州市第二批市级代表性传承人专家评审会。

7日晚上，红线女到番禺长隆酒店出席2009年中国（广州）国际纪录片大会开幕式。

8日，白洁到中心拜访红线女，邀请她参加2010年1月中旬在北京人民大会堂录制的全国文艺界新春联欢会。

9日下午，"2009年中国（广州）国际纪录片大会特别展播暨艺术纪录片《艺海明珠——红线女》首映式"在红线女艺术中心隆重举行。当天，广东省文化厅景李虎，省、市粤剧界领导、嘉宾，以及画界友人林墉、苏华伉俪等出席了首映式。

15日，红线女应邀赴北京钓鱼台国宾馆出席中国文化部举办的首届优秀保留剧目大奖表彰大会。[1]在表彰大会上，她发表了热情洋溢的讲话。她说：

> 有幸能出席今天这个会议，我感到非常荣幸。感谢大会给了我这个机会，对我而言是一次很好的学习。此时此刻，我无法控制内心的激动和兴奋之情。在这里，我首先祝贺获得首届优秀保留剧目大奖的获奖单位，祝愿你们领先和不断创作出更多优秀的作品。
>
> 今年是中华人民共和国成立60周年大庆的日子，看到日益强大的祖国，我感到无比的幸福，为自己是一名中国人而自豪。作为一名文艺工作者，我深感自己肩上的责任，促使我从艺70多年来从没放弃过，那就是用尽自己的所有力量，努力去干、努力去工作，哪怕是遇到再大的困难，也不言放弃。
>
> 我出生在旧社会，那个时候做戏的人被人瞧不起，是"下九流"。

---

[1] 文化部举行首届优秀保留剧目大奖表彰大会[N]. 光明日报.2009.12.22.

后来我只好去了香港,一边演粤剧一边拍电影,但生活在英国殖民地,我的心却时常挂念祖国。1955年参加国庆观礼后,更加坚定了我的决心。我克服了很多预想不到的困难,终于于当年的12月底回到广州。当时外面报纸很多言论,甚至有人说我已经死了。后来,这些情况毛主席都知道了,他第一次接见我就对我说:"你这次做得对,人家说你死了,你应该没有死,而且要活得更好。"后来再见到毛主席时,我就请主席给我写个座右铭。后来他就写了鲁迅先生的对联"横眉冷对千夫指,俯首甘为孺子牛"给我,还写了一封长长的信,勉励我"活着,再活着",这几个字至今时时刻刻在鞭策着我。

到现在我还念念不忘,不断努力、努力地做劳动人民的红线女,但我总觉得自己做得还很不够。我是中国人,而且是中国共产党人,感到无比光荣和幸福,更感到责任很重,但一定要努力做好。回顾过去,令我欣慰的是自己几十年来从没演过什么坏戏,没违背我的做人宗旨和艺术道德观。我曾经演出过的一些剧目如《关汉卿》《搜书院》《山乡风云》,以及"文革"后复出排演的《昭君公主》等等,早已深入人心为观众所接受。周恩来总理看了《搜书院》后亲切把粤剧誉为"南国红豆",全国人大副委员长乌兰夫同志看了我们的《昭君公主》说:"这就是真正的王昭君。"我虽然是演员,力量很小,但是我也有责任,我的戏拿出来要对团结工作有利。演员的任务、责任就是,你拿出来的戏,即使艺术上再好,如果内容、意识形态不好,那还是失败的。好的作品应有利于国家建设,有利于各族人民的大团结,对中国文化建设工作要起到积极的意义。

粤剧作为岭南传统艺术,有着独特的艺术魅力。今年10月,粤剧被列入联合国"人类非物质文化遗产代表作名录",粤剧的保护和传承越来越受到重视,自然对我们的工作提出了更高的要求。我们应该好好学习其他兄弟剧种,借鉴它们好的经验和做法,取长补短,虚心学习,才对我们有益有利。对待粤剧,对待艺术,我的态度还是那句话要务真、要爱真,在艺术上追求真、善、美。我曾经成立过一个剧团,名字叫"真善美粤剧团"，观众对我帮助很大。以前在香港做戏时不知道为谁服务，谁给钱多就为谁服务，回国后通过不断地学习，才知道艺术是'为人民服务'的，我要努力做到最后一刻。

会上，她还现场为大家清唱一曲毛泽东的诗词，这是她几十年前在报纸上看到的毛泽东发表的《娄山关》这首词，用心地谱成了粤曲，用以激励自己必须克服一切困难。她的讲话和演唱受到了在场嘉宾的一致赞赏。

17日，红线女就赴京参加首届优秀保留剧目大奖表彰大会事宜接受《广州日报》及广东电视台记者访问。红线女在采访中谈道："在获奖的十八个剧目中没有粤剧，感到我们这支队伍的力量还不如人家强。当下的粤剧应该借鉴川剧《金子》改编的思路和经验，让老粤剧焕发出时代的生命力。还谈到，现在我们很缺优秀的粤剧编剧人才，很多老戏甚至两三百年前的戏，如果有好的编剧重新改编，一样可以演、可以受欢迎，但是我们很多剧目是刚拍出来演一段时间后就不演了。"[1]

18日下午，红线女到白云国际会议中心参加广州市文化新闻出版局民主评议政风行风"回头看"汇报会。

21日，红线女与梁建忠、陈少梅、梁郁南、陈奔、梁筠强、苏华、练行村等在中心召开"贺申遗·迎新春——全省粤剧精英大联演"筹备工作会议。

26日、27日两晚，广州电视台经济频道在2009年中国（广州）国际纪录片展播栏目中完整播放了由红线女艺术中心出品、邓原导演的纪录片《艺海明珠——红线女》。

28日，红线女与黄壮谋、梁建忠、陈少梅、梁郁南、练行村等在中心召开"贺申遗·迎新春——全省粤剧精英大联演"筹备工作会议。

29日，红线女与卜灿荣商讨"贺申遗·迎新春——全省粤剧精英大联演"中《咏梅》的音乐设计，她对卜灿荣的初稿提出了一些意见。如引子不用那

---

[1] 红线女：我们有欠缺[N].广州日报.2009.12.18

么长,"风雨送春归"不用拖腔,"飞雪迎春到"这一句可以采取拖腔更有气魄,这个节奏有棱角不怕。在作曲中,既要继承也要创新。当天,她还拿出自己的年终奖金请中心全体工作人员吃点心。

31日上午,红线女到东方宾馆出席广州市政协新年茶话会。随后,到桂花岗排练场指导青年演员张雄平、杨小秋、陈敏红排演《苦凤莺怜·余侠魂诉情》。该节目将于2010年1月14日在广东粤剧工作者联谊会主办的"贺申遗·迎新春——全省粤剧精英大联演"中演出。

12月,由红线女艺术中心出品的《纪念改革开放30周年——红线女粤剧艺术作品展演》《红线女师生国庆抒怀》、粤剧《昭君公主》,以及2009年拍摄完成的电视艺术片《艺海明珠》DVD正式出版发行。

红线女在北京天安门广场拍摄纪录片《艺海明珠》

红线女到红豆粤剧团指导《刑场上的婚礼》彩排工作

红线女荣获首届中国戏剧奖终身成就奖

2010年（86岁）

1月

3日，红线女到文化公园中心台观看"娃娃声响亮，粤韵处处扬——荔湾教育2010新年音乐会"。该晚会为少儿粤剧专场。

4日，红线女在中心与同事谈对《红线女艺术之路图片展》的意见。当晚，红线女到中山纪念堂观看由广东省文化厅主办、广东粤剧院承办的粤剧新年盛会名伶荟萃贺新年演出。

5日上午，广东粤剧工作者联谊会在中心多功能厅召开"贺申遗·迎新春——广东粤剧精英大联演"新闻发布会。

6日，红线女到广州粤剧院桂花岗排练场观看"贺申遗·迎新春——广东粤剧精英大联演"主题曲《咏梅》录音，并提出意见。随后，红线女赶回中心，接受香港电台节目《品味人生》专访，讲述80多年来的风雨人生路。

7日，红线女在中心会议室练唱《娄山关》《荔枝颂》。

9日上午，红线女与到访中心的香港学生代表团会面座谈，鼓励他们好好学习，为国家建设出力。

10日，红线女在桂花岗排练场参加"贺申遗·迎新春——广东粤剧精英大联演"节目响排，并对一些节目提出修改意见。

11日上午，红线女在中心会议室与同事谈《昭君塞上曲》。中午，红线女亲自到天河购书中心为河源学生购买书籍。这些书籍不久后将与红线女共赴河源，成为当地学生丰盛的精神食粮。

14日下午，红线女到中山纪念堂参加粤剧联谊会演出"贺申遗·迎新春——广东粤剧精英大联演"总彩排。当晚，红线女精神抖擞地站在舞台上分别演唱了经典名曲《娄山关》和《荔枝颂》。

16日，红线女到香港观看汪明荃、罗家英演出的新编粤剧《德龄与慈禧》，并于开场前到后台看望汪明荃、罗家英、尤声普、阮兆辉、梁兆明等演员。

18日，红线女一行赴河源进行文化交流。中午，河源市委书记陈建华宴请红线女及中心员工。随后，红线女前往新港镇中心小学探望当地小学生。红线女关切地询问小朋友的学习情况，并与他们同唱国歌，教他们《爷爷为我打月饼》等歌曲，还告诫他们莫忘师恩。其间，红线女将她亲自挑选的文具和书籍赠送给学生们，并向学校赠送了DVD影碟机及粤剧动画电影《刁蛮公主戆驸马》的光碟，孩子们接受礼物时十分开心。接着，红线女又马不停蹄地前往新港库区看望当地的老人。随后，红线女前往"万绿湖客家风情馆"参观，了解当地客家人的生产和生活、礼仪习俗、文化艺术以及特有的风土民情。红线女留言："来到河源市，看了学了不少知识，看到在学校上课的老师和同学们的情况，很有些感触，深感比我们过去好了不知多少，老人家的生活也很安详。特别看了一下博物馆的部分展览，有很多值得我们学习的地方，非常感谢河源的领导和朋友们，我永远记着和学习河源。"

18日晚8点，河源市会议中心，红线女送戏到河源活动拉开帷幕。陈建华上台致辞，他说："对于艺术家而言，有些人的艺术生命只有十几或二十几年，而红线女却有着一段传奇的经历，伴随了几代人的成长。艺术与时代同行，红线女以不老的艺术，展示了粤剧的魅力。此次来河源送戏慰问，不仅体现了对老区人民的关爱，也为河源的文化建设注入了活力。"随即，剧场播放了电视艺术片《艺海明珠——红线女》和由红线女改编并导演的粤剧舞台演出《刁蛮公主戆驸马》。在互动交流环节中，主持人和现场观众对红线女的传奇人生充满了好奇，当地粤剧爱好者、艺术院校的学生等，纷纷抓紧时间提问,并表示能到现场与红线女交流很激动,也很感慨。红线女寄语他们,要在干好本职工作、学好专业知识的前提下,坚持学习粤剧。

22日,红线女艺术中心迎来广州市档案达标复查小组的考核。经检查,将继续授予红线女艺术中心省特级档案综合管理单位的荣誉。当天,红线女与档案复查员会面并倾听他们的意见。

25日,红线女在中心与新加坡牛车水剧场的管理人员会面,讨论前往新加坡演出的事宜并即席演唱《昭君塞上曲》送给来自远方的客人。

26日,红线女在家中不慎跌伤,左肩骨折但无移位,在家卧床休养。

28日,红线女在《广州日报》上得知广州即将在"九艺节"期间举行演交会,遂打电话给中心人员提出希望参加"九艺节"演交会。

2月

3日上午,朱小丹及王晓玲、徐咏虹、陆志强等来到华侨新村探望红线女,并向她致以新春的慰问。下午,红线女与粤剧界老朋友小木兰、戴瑞芳见面谈心。

6日上午,谢友良到华侨新村登门看望红线女。

8日上午,红线女艺术中心全体员工在红宅举行红线女艺术中心2009年度考核会议。

11日晚,红线女带伤到鸣泉居参加新春大联演,为朱镕基、李瑞环等中央领导演唱粤曲《荔枝颂》。

14日,红线女到中心参加新春茶话会。

18日,红线女在中心与员工开会,谈关于中心伴奏乐手的问题及赴河源与群众交流的感想。

21日上午,市政协邀请红线女等人参观广州新电视塔,并听取广州新中轴线景观建设情况。

24日上午,红线女艺术中心召开中心支委会。红线女与支委会商讨关于征集歌颂广州、迎"九艺"等题材的粤曲稿件。当晚,红线女应邀到花园酒店参加2010年广州市历任市领导新春团拜会。

26日，红线女到中山纪念堂出席广东省纪念三八国际劳动妇女节100周年大会。

3月

5日，红线女在中心会议室主持召开广东省粤剧工作者联谊会理事座谈会。

8日，红线女在中心会议室与员工召开三八妇女节茶话会。

9日，红线女在桂花岗排练场练唱《昭君出塞》《荔枝颂》，为3月11日晚在黄埔港湾影剧院举办的关爱农民工专场演出做准备。红线女在现场指出："《昭君出塞》高胡的音色应更低些，换成中胡后，音色更悲凉，气氛更符合了；大提琴的声音应小声点，琵琶声应更大。《荔枝颂》前奏改成更活跃、更跳跃的旋律。"

11日上午，红线女谈与红豆粤剧团乐队合作排练的感受。当晚，红线女到黄埔港湾影剧院参加由广州市文化局主办的关爱农民工粤剧专场演出，并演唱《荔枝颂》，受到当地观众热烈欢迎。其间，她还与黄埔区夏园小学学习粤剧的"小红豆"见面，并在台上接受她们赠予的鲜花。

12日，红线女在中心会议室与同事畅谈和红豆乐队合作及到黄埔演出的感受。

14日，红线女和红豆粤剧团团长欧凯明在桂花岗排练场接受记者采访，为粤剧《刑场上的婚礼》下乡演出进行宣传。

15日，红线女、秦中英、罗家宝在中心会议室为新曲《情驻海神庙》《惜别媚香楼》设计唱腔。

18日，红线女前往吴川塘缀大环村慰问红豆粤剧团演出人员。

19日上午，红线女前往吴川塘缀中心小学参观，红豆粤剧团书记余勇、当地镇领导及学校领导陪同参观，并与部分学生座谈交流。席间，红线女与众学生合唱《团结就是力量》，并指导学生代表演唱《荔枝颂》，鼓励他们好好读书，长大后为祖国建设贡献自己的力量。最后，红线女向有关领导、学生赠送了《刁蛮公主戆驸马》舞台版及动画电影版DVD光碟和电视艺术片

《艺海明珠——红线女》《红线女心路之桥》的 DVD 光碟。

20 日上午，红线女前往化州市粤剧团参观，化州市委宣传部周玉瑞，副市长赵果鲜等到场表示欢迎。化州市粤剧团团长朱春锋介绍了该团的演员及演出情况。红线女对该团的发展及演出十分关注，并鼓励演员多创作现代戏，其后还参观了化州市剧院。当晚，红线女在吴川塘缀大环村登台演出，吴川市委宣传部部长梁亚雄及文广新局、塘缀镇的领导观看了演出，并上后台慰问红线女。同一晚，红线女献唱《昭君出塞》《荔枝颂》两曲，数万民众甚至在屋顶上观看红线女演出，听得如痴如醉，并报以雷鸣般的掌声。红线女对此深受感动，她没想到粤西的观众如此支持和喜爱粤剧。

22 日，红线女等一行在中心会议室畅谈随红豆粤剧团到湛江吴川送戏下乡的感受。

23 日中午，红线女与上海白玉兰奖颁奖晚会导演商谈颁奖当晚演出事宜。

24 日晚，红线女到蓓蕾剧院观看《刑场上的婚礼》改编后的演出[1]。

26 日，红线女与梁文通为《惜别媚香楼》度曲。

27 日，红线女与秦中英为《惜别媚香楼》度曲。

29 日，红线女与中心同事听《荔枝颂》伴奏，并谈了修改意见。

30 日，《羊城晚报》高级记者樊克宁在中心会议室访问红线女，听她详谈从艺 70 年来的艺术经历。

4 月

1 日，红线女召开中心工作会议。

2 日，红线女与卜灿荣、侯穗光谈《荔枝颂》的音乐设计。

3 日上午，红线女在中心录音室与乐队录制《荔枝颂》，并为上海白玉兰奖演出做准备。下午，红线女听录音效果。由于对录音效果不满意，晚上 9 点，红线女返回中心重录一遍，至晚上 12 点半才结束。

---

[1] 刘艳. 刑场上的婚礼经修改绚烂亮相，感人至深[N]. 广州日报. 2010.03.26.

6日，红线女赴上海领取第二十届白玉兰奖终身成就奖。这是继第一届白玉兰奖终身成就奖后，第二次颁发该奖项。在颁奖晚会现场，红线女面对观众道出心声："我有很多话要说，但是却不应该在这里耽搁大家美好的时光，我讲几句吧。我非常高兴，又感到很幸运，其实我是开心地默默流眼泪，没办法忍的。我刚才看见赵志刚，我就想起最初看见他是什么时候，我没办法不在这里向大家汇报。好几十年前，我在一个地方，什么地方呢？在周恩来总理家里，我看见袁雪芬同志领着一个年轻人，那个人是谁？他就是赵志刚。那个时候，雪芬大姐带他到总理家的时候，就听到大姐说，他是自己刚刚收的年轻学生。眨眼间，我今天又看见赵志刚，我不讲他的年龄，当时还是年轻人，今天看见他应该说已经是上海越剧的领军人物了吧？那就已经不简单了，所以我觉得新中国培养的人才很多，其中就有戏曲界各方面的（人才），编剧、导演、演员、作曲……什么都有。我觉得我们应该感到幸福，而且应该高兴，并且要非常地努力，把我们国家的这种盛况，用我们戏曲艺术一个一个地表现出来，赞成吗？我举手，谢谢大家。祝各位身体健康，家庭幸福，事业发达。"

主持人在现场念出袁雪芬写给红线女的纸条："亲爱的健廉老友，你我相知相识数十年，在各自所钟爱的戏剧事业上辛勤耕耘，继承和创新了剧种的表演流派，并为整个剧种的发展开拓了新的方向，值此你荣获白玉兰戏剧表演终身成就奖之际，我虽因病不能前来，但请接受我最衷心的祝贺。你的老友袁雪芬，2010年4月7日于中山医院。"红线女深受感动。在现场，红线女还接受了主办方赠送的礼物——鲜花和一个系红丝带的风筝。她深情地说："这是我演《搜书院》时拿着的风筝，你们是给我一种鼓励，让我永远像这条红丝带一样，用红色的艺术为我们的祖国服务，为人民演出。"她还说，"我今年84岁，我肯定有100岁的。我说我是18岁！"当主持人邀请红线女演唱一曲《荔枝颂》时，红线女调皮地回答："我早有准备，来吧。"她与主持人的互动使现场气氛渐趋热烈，高潮迭起。

红线女在随后进行的媒体访问中谈道："2009年中国剧协开了一次大会，给我颁了一个终身成就奖，得奖的不只我一人，而是有九人（应是十二人），我们那一辈的袁雪芬大姐是其中一位。这个奖励对我是一个很大的鼓舞，最重要的是给我一个结论，就是我今后应该怎么办。这就好像今天一样的，虽然这个奖是给我一个人的，但是我觉得它不是我一个人的能力就能得到的，我们中心单位给予我很大帮助，我得奖离不开团体合作，这是我个人的体会。上海白玉兰奖的情况我每年都看报纸，在报纸里我都知道了具体情况。我觉得这个白玉兰艺术表演奖虽然产生自上海，但是我觉得我们全国干戏曲艺术的同行都有责任去共同努力，把白玉兰奖搞得更好，它是中国的，不仅仅是上海的，但是上海走先了。我希望所有戏剧界的同行，无论是编、导、演还是舞美、音乐，缺一不可。如果舞美不好，舞台演出就会有一定的影响，所以希望把白玉兰艺术表演奖推广下去，谢谢。"

越剧演员赵志刚也走进嘉宾室向红线女道谢。红线女向他提出了要求和鼓励，她说："现在你当家做主人了，你应该努力啊，越剧不简单啊，我觉得你现在的唱跟以前不同了，有改变，而且你又保留了越剧的味道，味道是很重要的，根本不能抛掉的，所以我希望你在这个方面还要努力，祝你有更大更大的进步。你有空要去看看老师，要她放宽心，有机会希望你带着团队去我们广东演出。"

10日，红线女在中心会议室与同事谈获上海白玉兰奖终身成就奖的感受。

11日，广州市振兴粤剧基金会理事刘长安、李坚等到中心会议室祝贺红线女获白玉兰奖。

15日晚，红线女到广州大学城观看粤剧《刑场上的婚礼》演出，观戏后她高兴地表示，该剧越改越好，建议广州市文化广电新闻出版局艺术处尽早把该戏带到北京演出。在剧场，她被热情的大学生们团团围住，并为他们签名留念，鼓励他们学习更上一层楼。

16日上午，红线女召集中心员工到家中商讨关于中心参加第九届中国艺术节优秀舞台演出剧目交易会事宜，随后到市政协参加市政协闭幕会议。下午，红线女到白云国际会议中心参加市人大闭幕会议。

20日，红线女在《羊城晚报》（2010年4月20日）上发了《深入生活，做祖国的骄傲》一文。全文如下：

> 深入生活，做祖国的骄傲
>
> 从报纸上读到温家宝总理回忆他与胡耀邦同志一起工作的情形，这让我想起在1957年的一段往事。
>
> 那次，胡耀邦同志作为团长，率领我们赴莫斯科参加国际青年联欢节。胡耀邦是一个非常好的共产党领导干部。他对我们这些只知艺术、不懂其他的人员很爱护。当时，他注意到我吃不惯国外的伙食，便亲自安排一位负责同志为我做些我比较适应的食物，使我在当时那个环境下顺利完成了任务。我向他表示感谢，并请他给我题写座右铭，耀邦同志答应了，他对我们这次演出表示满意，高兴地写下"祖国的骄傲"几个字，鼓励我们继续努力！
>
> 温总理在回忆文章里谈到，当年胡耀邦同志派他带一班同志到山村农户家中去做调查，当晚10点多赶回到驻地时，胡耀邦同志还在等着他们回来，听他们带回来自最基层的情况汇报。温总理深情地回忆，使我感到在胡、温两位革命前辈身上，没有丝毫的"官场"痕迹，他们之间就是合作无间的同志和同事的友好之情。
>
> 我在思考：我这个干了一辈子粤剧艺术工作的演员，应该如何对待戏曲工作呢？整个社会都在飞跃发展，我必须从脑袋、思维到全身心都付出，学习学习再学习地赶上去才行，要到社会中去，深入生活，不断学习，如此才能不辜负"祖国的骄傲"几个字。我年纪是大了，但不能放松对自我的要求，努力吧，不能自卑！

22日，红线女在中心会议室与同事商讨参加第九届中国艺术节优秀舞台演出交易会事宜。

28日，红线女在中心会议室与集美公司卢先生谈第九届中国艺术节优秀舞台演出剧目交易会展位设计事宜。

5月

4日，在中心会议室，红线女组织召开广东粤剧工作者联谊会理事工作会议，就联谊会如何做好今年工作，如何使粤剧持续发展等问题展开讨论。红线女、梁郁南、丁凡、欧凯明、何笃忠、陈奔、余勇、曹秀琴、倪惠英、黎骏声出席了会议。

5日，红线女在中心会议室与集美公司温先生、卢先生商谈第九届中国艺术节红线女艺术中心展位设计问题，并甄选中心成立10周年以来的图片用于展位设计。

6日晚，红线女应邀到友谊剧院观看舞剧《骑楼晚风》，演出后汪洋接见红线女等艺术家。

7日，红线女在中心会议室召开工作会议，谈了观看《骑楼晚风》的感受，并谈了获白玉兰奖的感受。

8日至9日，红线女到白云国际会议中心检查第九届中国艺术节演交会布展工作。

9日中午，李长春到广州白云国际会议中心演交会现场视察，并与红线女合影。

10日，在中心会议室，红线女与同事商讨准备"九艺节"演交会中心展位播放的节目。

11日上午10点，中国（广州）优秀舞台艺术演出交易会（简称"演交会"）开幕式暨国际项目签约仪式在广州白云国际会议中心东方厅盛大开幕。红线女出席"九艺节"演交会签约仪式，并到中心展位检查工作。

12日，红线女到广州大剧院观看总政歌舞团演出的歌剧《太阳雪》。

13日，红线女到白云国际会议中心，参加"九艺节"演交会。

14日，"九艺节"期间，很多媒体要求采访红线女，应要求红线女在东方宾馆专门召开记者招待会，畅谈"九艺节"感受及艺术观点。

19日，汪洋专程来到红线女艺术中心调研，认真观看了《红线女艺术图片展》，还在小剧场欣赏了红豆粤剧团表演的粤剧《刑场上的婚礼》片段以及红线女演唱的《荔枝颂》。临别前，汪洋对红线女说："今天看来，你确实是广东艺术界的代表人物，我们为广东有你这样的人物而自豪。现在广东像你这样的代表人物太少了，希望盖更多的艺术中心，为表达党和政府对艺术家的敬意，希望广东年轻人中再出像你这样的代表人物。祝你健康长寿，健康长寿是你艺术生命的重要载体。请你提意见，请你准备好。"

20日，红线女到友谊剧院探望青年京剧演员关栋天，此时关栋天正在广州演出现代京剧《生活秀》。

22日，红线女到江南大戏院观看西藏话剧团演出的大型话剧《扎西岗》。演出结束后，她从红线女爱心助学基金中拿出10万元赠予西藏话剧团用于剧团建设。红线女在给西藏自治区话剧团的亲笔信中写到："戏很好看。以上的款是我过去义演筹款所得，物少情重，以表我心而已。"红线女在信中表示，西藏话剧团在成立初期，就得到周恩来等国家领导人的关心和重视，周恩来还为该团题词："你们是高原上的话剧种子，要让它在西藏高原上生根、开花、结果。"[1] 多年来，该团扎根西藏高原，服务高原地区和全国人民。此次从红线女个人过去义演筹款所得的培养新苗基金中拿出10万元捐助给西藏自治区话剧团，也是她对周恩来当年多次关心和鼓励自己的一次回报。

23日下午，红线女与黎子流一同赴顺德龙江出席粤剧泰斗薛觉先先生系列纪念活动。在龙江镇，红线女首先来到当地一家少儿曲艺社，观看孩子们的表演，并进行艺术指导。随后，她与来自粤、港、澳的粤剧名家、戏剧家等300多人出席了粤剧泰斗薛觉先先生系列纪念活动的启动仪式。

25日下午，红线女到珠江宾馆与总政话剧团《毛泽东在西柏坡的畅想》主创人员会面交流。当晚，她又到东方宾馆出席了第九届中国艺术节闭幕晚宴。随后，红线女来到广州大剧院出席九艺节闭幕仪式，并发表了讲话。

6月

1日，红线女在中心与小朋友们一起欢度六一儿童节。

2日，汪洋主持召开广东省文艺界专家座谈会，为广东建设文化强省征

---

[1] 陈香玉. 西藏话剧走过半世纪：为老百姓表演. 中国新闻网. 2012年12月27日.

询专家意见，红线女应邀出席并发言。

3日至6日，红线女随红豆粤剧团到澳门观看粤剧《南越宫词》公演。

7日，红线女接受《广州日报》记者刘艳访问，畅谈此次澳门之行的感受。

9日，红线女到广州粤剧团指导青年演员崔玉梅演出《昭君出塞》。

12日，红线女到桂花岗剧场观看广州粤剧团彩排"旅游专场——广府华彩"，并提出意见。当天，江门市文化广电新闻出版局余五一到中心请红线女为江门星光园打手印，并请她选定在园中的造型塑像。

16日，红线女观看琼霞演出的《搜书院》录像。随后，她与罗家宝、秦中英听《情驻海神庙》《昭君塞上曲》《西施喜》，并进行艺术交流。

18日，红线女与广东粤剧工作者联谊会副会长何笃忠、秘书长梁郁南、副秘书长练行村开会商讨晚会事宜。

21日，红线女在中心指导崔玉梅演出《昭君出塞》。

23日，广州粤艺中心全体党员到红线女艺术中心座谈，红线女陪同接待。

25日至28日，红线女到北京出席中国戏曲学院主办的"地方戏曲发展论坛"。

7月

1日，红线女率领中心员工到韶关中共粤北省委五里亭旧址参观学习，过了一次有意义的党组织生活。

8日，红线女与广东粤剧工作者联谊会领导开会。

10日，琼霞率领珠海粤剧团演职员到中心小剧场排练《搜书院》，请红线女指导。

14日至15日，连续两晚，红线女到文化公园中心台观看广西北海粤剧团演出。

15日上午，红线女邀请北海粤剧团全体演职员到红线女艺术中心交流座谈。

17日下午，粤、港儿童在中心小剧场举行粤剧交流专场演出，红线女出席观看。

20日，红线女与蔡衍棻、谢彬筹谈关于建设文化强省的新曲创作问题。

23日，林雄到中心探望红线女，并与她谈心。

24日，红线女接受《人民日报》记者采访，就"德艺双馨"问题发表看法。

26日和29日两晚，红线女到友谊剧院观看广东粤剧院新排剧目《南海一号》。

29日上午，红线女审看2009年的照片。下午，红线女到广州大厦出席由广州市委宣传部召开的关于"推广普通话，传承岭南文化"为主题的座谈会。

8月

1日，红线女与广东粤剧工作者联谊会理事开会，筹备马师曾诞辰110周年纪念活动相关演出。

4日，红线女到广东粤剧院出席《南海一号》研讨会。

6日和9日两天，红线女与广东粤剧工作者联谊会理事开会，研究筹备马师曾诞辰110周年纪念活动及演出。

12日，假日酒店党支部组织党员干部到中心与红线女交流座谈。

17日上午，张广宁到红线女艺术中心视察，红线女亲自接待。随后，红线女与关振东、关卓武交流《马师曾诞辰110周年图片展》相关事宜。

18日，红线女与蔡衍棻度曲《情满荔枝湾》，随后审查了2009年文书档案工作。

19日晚，红线女到东莞长安观看深圳粤剧团演出《搜书院》。

20日，红线女到西关出席广州振兴粤剧基金会新址揭幕仪式。

21日晚，红线女到江南大戏院观看红豆粤剧团演出。

23日，红线女到亚洲国际大酒店与广东粤剧工作者联谊会理事商谈如何筹备马师曾诞辰110周年纪念活动。

26日，红线女练唱《珠江礼赞》《水乡桥韵》《香君守楼》。

27日，红线女谈中心图片撤换问题。随后，她与梁郁南、陈少梅商谈马师曾纪念晚会演出剧目、场地等问题。

28日,红线女在中心接受亚洲电视台及《南方都市报》、市委老干局《红枫》杂志采访,随后练唱《珠江礼赞》。

31日,中心工作例会,红线女强调做好亚运会期间安保工作,并亲自动员。

9月

本月上旬及中旬,红线女身体抱恙,在家中休息。

22日,红线女与中心员工召开中秋茶话会,并与全体员工到飞扬影城观看电影《山楂树之恋》。

26日,红线女与面试人员会面。

27日,红线女在中心练唱《娄山关》。

29日,红线女艺术中心与广东粤剧工作者联谊会联合主办了声势浩大的纪念粤剧艺术大师马师曾先生诞辰110周年系列活动。该活动在红线女艺术中心举办了隆重的启动仪式,并于中心大堂设置了《纪念粤剧艺术大师马师曾先生图片展》。

30日,粤剧艺术大师马师曾诞辰110周年纪念演出在中山纪念堂举行。当日,演出了马派经典名剧,取得了圆满成功。

10月

1日,红线女艺术中心举行纪念粤剧艺术大师马师曾诞辰110周年研讨会,红线女、马鼎盛及部分粤剧界专家出席了会议。

6日至11日,红线女到香港出席马来西亚研艺剧社主办的研艺爱心慈善夜晚会,并担任艺术指导。

7日,红线女携二儿子马鼎盛到九龙湾写字楼观看刘德华演唱会排练。

8日,红线女在吴雨、胡美屏陪同下到香港太平山顶游览。当日,红线女收吴雨为契仔。

9日下午,红线女前往香港大学礼堂聆听吴雨人生专题讲座。当晚,马来西亚研艺剧社爱心义演晚会在香港新光戏院举行,现场高朋满座、热闹非凡，红线女做了热情洋溢的开幕式致辞。此次演出的门票所得将全数捐给香港老年痴呆症协会作慈善之用。

10日上午，研艺剧社全体成员来到红线女家与她谈心。他们的表白真情动人，红线女给予了他们支持和鼓励，贴心的交谈拉近了彼此的距离。

11日上午，马来西亚研艺剧社社员陪同红线女返回广州。下午，红线女与研艺剧社成员及马来西亚粤剧乐师在红线女艺术中心小剧场进行艺术交流。

14日，红线女练唱粤曲《蔡文姬》，她在谈伴奏音乐问题时说："引子要有艺术的质，快不合适，要有音乐性，悠扬婉转、抑扬顿挫。引子要吸引人，才能让人有兴趣听下去。蔡文姬写得不错。我不喜欢中低音做主，粤剧要用民乐。西乐除了小提琴比较接近中国民乐外，其他我大不同意，我不赞成大提琴。如果弦乐中低音托得好，我就赞成。我希望做唱片，希望最后一次唱与乐器合作和谐。"

15日，红线女练唱粤曲《蔡文姬》。唱前作出以下阐述："2010年10月15日，我们在中心录制五六十年代演出的《蔡文姬》主唱词。这个戏，词是杨子静先生写的，我当时觉得演出不错，但演出后没多久就没演了，因为剧团的情况有些改变了，当时是让马师曾老师演曹操，我觉得很不合适。马老师他可以演好曹操，但是这个戏他演的这个角色戏份很弱，所以演了几场我就要求不要演了，但我觉得这个戏是好戏。我认为杨子静先生写《蔡文姬》写得很尽心意，很不错，演出时效果也很好，观众欢迎度也很高，所以我今天想起把《蔡文姬》的主唱词录下来。自己再思前想后，保留这一个唱段也对自己有好处，几十年后再唱，从中也有思想感情，比以前充实了很多，所以我就要在红线女艺术中心保留《蔡文姬》，因为还没有合（合伴奏）得很成熟，所以就保留这个基础吧。"

26日至31日，红线女随红豆粤剧团到广西北海、南宁演出，受到当地观众的热烈欢迎。

11月

2日，红线女在中心例会上谈及北海、南宁一行的感受。

5日，红线女到江门出席2010年侨乡旅游嘉年华活动，并到江门星光园参观。

9日，红线女在中心练唱《蔡文姬》《昭君塞上曲》。

10日，红线女为亚运会题写对联："亚运壮我民族体魄，广州传我华夏感情"。[1]

12日晚，红线女到海心沙观看第十六届广州亚运会开幕式。

19日，广州市文化广电新闻出版局工会在水荫路金羽羽毛球场组织羽毛球比赛，中心派出队员参赛。红线女率领中心员工到场为队员加油鼓劲。

23日，红线女艺术中心全体员工进行政治学习，会上她谈道："我何时都不希望你们当我是红线女，希望当我是一个演员，是个忠于艺术的演员，艺术不能假，假的艺术不能感染人。我讲自己如何做人，实事求是，我不保留。可能有点不准确，不过有大小。一个活着的人一辈子不可能百分百无错误，但要对工作有要求，否则做不好工作。"还谈道："在英德茶场时无论遇到什么困难，我都可以开解自己，那段时间给了我锻炼。"

12月

1日至4日，红线女随红豆粤剧团到上海演出《刑场上的婚礼》，并出席了由上海市文联组织的专家研讨会。在沪期间，红线女探访了艺术界的老朋友袁雪芬和秦怡，会面气氛热烈感人。

6日，在中心工作会议上，红线女谈上海之行的感受，以及上海专家对粤剧《刑场上的婚礼》所提的意见。

10日，红线女艺术中心举行消防设备应用、突发事件紧急疏散演练，她亲自到大堂为中心员工和游客做讲解。上午，红线女与潘钧一同观看电视艺术片《艺海明珠——红线女》，并商讨在此基础上再制作一盘反映2009至

---

[1] 刘艳.红线女为亚运书写对联[N].广州日报.2010.11.12

2010 年艺术活动的专辑。下午，红线女到广东粤剧艺术大剧院观看 2011 年粤剧新年盛会节目——《柳毅传书》折子戏彩排。

13 日晚，红线女到蓓蕾剧院观看广州话剧团演出的话剧《南粤赵佗》。

16 日上午，红线女先回中心与同事讨论话剧《南越赵佗》，随后到市非物质文化遗产中心出席广州市非物质文化遗产工作会议。

17 日上午，红线女到广州图书馆三楼会议室出席陆志强上行风热线节目基层单位动员会议。会后，回中心与同事讨论话剧《南越赵佗》。随后，红线女与关振东商讨中心图片展设计事宜，与潘钧签署《永恒的纪念》专题片制作合同。下午，红线女召集中心同事到华侨新村家中开会，初步拟定 12 月 28 日在红线女艺术中心举办一场"迎新年——红线女观众见面会"。届时，她将演唱几首歌颂广州的新曲，并与观众见面交流。

19 日下午，红线女到广东粤剧艺术大剧院观看广东粤剧青年团演出折子戏《春草闯堂》《杀惜》《斩经堂》响排，看后她向青年演员提出要不断学习的要求，还向院长、青年团团长提出粤剧编剧人才荒的问题，认为要抓紧挖掘、培养编剧人才，一个剧团起码要有一个编剧。红线女对看过的折子戏也提出了细致点评，她谈道："演戏最重要是抓住人物，比如阎婆惜，她比较广泛地接触不同的男人，说明她不是一个好女人，那么从思想上、体态上就要表现出来，这样对手才有戏做。现在表现得太老实、太木讷，未符合这个人物的身份。《春草闯堂》中的七品芝麻官是个官，也应该有自己的位置，要表现出自己的身份，现在没能表现出来。七品芝麻官很聪明能干，只不过春草比他更聪明能干而已。春草这个人物很'溜叻'，要表现出她的聪明、灵活，眼睛的运用要很灵活，现在还不够。至于《斩经堂》，文汝清已经是大老倌了，应做到有大老倌的位置，而没有大老倌的架子。"还谈道："演员在表演中有什么新的想法不妨跟导演说说，探讨一下都不怕。音乐头架黄天亮是音乐世家，人不错，对音乐有自己的想法，鼓励青年演员多请教他。"

20 日上午，红线女与梁郁南、练行村、关振东开会商讨创作新曲《新广州好》及筹备 25 日在中心举办的红线女观众见面会事宜。下午，红线女到省委礼堂，出席广东省首届文艺家终身成就奖颁奖典礼彩排。晚上，红线女到蓓蕾剧院观看广东粤剧青年团折子戏专场演出。

21日下午，红线女获广东省首届文艺终身成就奖，颁奖典礼在省委礼堂举行，[1] 汪洋、黄华华、雷于蓝、林雄等同志出席了颁奖典礼。典礼最后，汪洋等领导走上台为红线女等老艺术家们颁发获奖证书，并亲切合影。红线女等12位获奖的老艺术家在现场留下珍贵的手印，也将留在广东省博物馆永久保存。当晚，红线女与中心员工相约在金龙船酒家聚餐，在分享获奖感想后，共商如何继续做好粤剧艺术工作。

22日晚，红线女到中山纪念堂出席广东省文联成立60周年庆贺晚会。

24日下午，红线女在中心小剧场与梁耀安、欧凯明、黎骏声三人为25日举行的"粤韵知音喜迎新"演出活动彩排。

25日上午，红线女艺术中心与广东粤剧工作者联谊会联合主办了"粤韵知音喜迎新"演出活动。当天，红线女与梁耀安、欧凯明、黎骏声、郭凤女、苏春梅、琼霞在红线女艺术中心小剧场共同演出了一台温馨、高雅的节目。黎子流伉俪、陆志强、何铁赞、颜叶秀、欧阳炳文及马来西亚研艺剧社全体社员、众多热爱粤剧的观众共同观看了演出。演出首先在梁耀安、欧凯明、黎骏声、郭凤女、苏春梅、琼霞合唱的由红线女创意、梁郁南填词的新曲《新广州好》中热闹开场。随后，红线女分别与粤剧界当红小生献唱了红派经典名曲《搜书院·初遇诉情》（与黎骏声合唱）、《刁蛮公主戆驸马·三步一拜进喜堂》（与梁耀安合唱）、《关汉卿·决写窦娥冤》（与欧凯明合唱），受到观众的热烈欢迎。25日晚，广东卫视完整播出了首届广东文艺终身成就奖颁奖晚会录像。

27日上午，红线女审看2009年录像资料并进行归档。

28日上午，红线女到二沙岛出席广东省中华民族文化促进会会议，随后返回中心开会，谈12月25日"粤韵知音喜迎新"演出活动感受。

30日晚，红线女原本答应出席广东粤剧院在友谊剧院的迎新年粤剧晚会，但当天上午她从《广州日报》上得知，就在同一天晚上，来自澳门的儿

---

[1] 广东首设文艺终身成就奖，王为一、红线女等15人入选[N]. 南方都市报.

童粤剧《双枪陆文龙》将在江南大戏院演出。为了表示对澳门儿童粤剧的支持，衡量之下，红线女临时决定当晚去江南大戏院观看澳门儿童粤剧《双枪陆文龙》。为了不爽约，她傍晚提前到达友谊剧院，向广东粤剧院院长丁凡表示祝贺，并讲明未能观看演出的原因，才急匆匆地赶往江南大戏院观看澳门儿童粤剧演出。当晚，她看得相当认真，还详细记录下看戏后的感受。中场休息时，红线女走到后台，探望小演员，并对他们的戏服提出一些建议，还与以前广东粤剧院的老同事杨丽珠（《双枪陆文龙》的导演）喜重逢。在演出结束后，她走到台前邀请这班来自澳门的小朋友们次日上午到中心参观交流。

31日上午，澳门儿童粤剧《双枪陆文龙》剧组全体演职人员到中心参观学习，并与红线女交流。随后，红线女与他们共进午餐。

纪念粤剧艺术大师马师曾诞辰110周年演出晚会于广州中山纪念堂举行

红线女在纪念粤剧艺术大师马师曾诞辰110周年演出晚会上讲话

2011年（87岁）

1月

4日上午，红线女艺术中心全体工作人员进行政治学习。红线女在会上谈自己思想转变的过程，并即兴演唱了《昭君塞上曲》《奶茶香》，还谈到粤剧《昭君公主》。

6日上午，红线女接受《羊城晚报》记者采访，并在会议室题词，寄语青年们同心干。下午，红线女到花园酒店出席"百花颂——广州文学艺术界2011迎春大联欢迎新会"。晚上，她回到中心，在录音室与梁耀安、欧凯明、黎骏声共同录制《刁蛮公主戆驸马·三步一拜进喜堂》《搜书院·初遇诉情》《关汉卿·决写窦娥冤》和《昭君塞上曲》。

8日，红线女在录音室与梁耀安、欧凯明、黎骏声继续录制《刁蛮公主戆驸马·三步一拜进喜堂》《关汉卿·决写窦娥冤》《搜书院·初遇诉情》等粤曲。

11日上午，红线女出席广东省非物质文化遗产专家迎春茶话会。

14日上午，红线女到广州市文化广电新闻出版局参加广州市宣传工作会议。

20日上午，红线女召集同事们在小剧场谈红派艺术的发展历程及工作感受。当晚，她与丁凡补录了《李香君·掷扇》的录音和录像。录像完毕后，红线女还就电视艺术片《永恒的艺术》的出版问题与音像出版方磋商，以求尽快出版，为观众服务。

21日上午，红线女与到访中心的香港英皇集团行政总裁吴雨会面谈心。

22日上午，红线女审看《永恒的艺术》节目录像，并提出修改意见。

23日上午，红线女再次审看《永恒的艺术》节目录像，并确认出版。

24日上午，红线女与马鼎盛、邵忠在中心会面，并为马鼎盛题字。

25日上午，红线女到黎子流家拜年，随后返回中心参加工作会议。

27日中午，红线女到广州大厦出席广州市文化广电新闻出版局系统劳模、优秀专家茶话会。晚上，红线女到东方宾馆出席广州市各界人士新春招待会。

28日，红线女到广州市文化广电新闻出版局出席2011年局系统民主评议会。随后返回中心，就即将出版的《永恒的艺术》《昭君出塞》两盘光碟提出修改意见。

31日上午，张广宁、王晓玲、徐咏虹、陆志强来到华侨新村探望红线女，并致以新春的慰问。红线女到白云国际会议中心出席由广东省委、省政府、省人大、省政协联合主办的全省各界群众新春团拜会。

2月

1日，红线女艺术中心全体人员进行政治学习。随后，红线女与中心临时工召开谈心会，了解他们的困难，并召开支委会议探讨解决他们的待遇问题。

3日，大年初一早上，红线女与中心员工举行新春茶话会。

6日，红线女与中心员工观看电影《审死官》。

13日上午，红线女到广州市文化广电新闻出版局出席局领导民主评议会，随后赶回中心与谢彬筹、秦中英、谢友良见面谈艺术。

15日，红线女亲自组织中心全体员工进行政治学习，其间谈到《搜书院》的创作过程及毛泽东、周恩来对《搜书院》的看法。中午，红线女到江南大戏院观看红豆粤剧团演出粤剧《搜书院》。

17日，红线女谈粤曲《一代艺人》的创作过程并练唱。

18日上午，红线女在中心与音乐设计骆庆儿会面，谈《昭君塞上曲》的音乐设计。

20日上午，红线女到白云国际会议中心出席广州市政协会议开幕式。会后得知袁雪芬于19日下午两点去世的消息后，发唁电至上海，电文写到："惊悉雪芬大姐离开我们了，深切悼念，望她安然进入天国。"

21日上午，红线女出席广州市第十三届人大会议第六次会议开幕式。随后赶回中心，与中心同事谈感受。

23日上午，红线女办理护照续期手续。随后，赶回中心与广州市话剧团王筱頔团长谈创作想法。红线女希望不以她的名字出现在话剧作品中，但是对于自己的事迹可以参考使用，并谈了自己回归祖国内地后的心理变化和感受。

24日上午，红线女与前珠影导演陈方芳会面谈心。下午，与市话剧团王筱頔团长谈艺术生涯与个人创作经历。这次着重谈了"红腔"形成的经过，以及演电影的经历和对阮玲玉的看法。她说："我小时候一直喜欢看电影，看阮玲玉演，我喜欢她，看过她的《归来》《人生》，她演戏很真，表演很有感情，我从小喜欢看电影。特别是我想已经改行了，我嫌当时香港在演出前5点钟才有曲本看，晚上就演出，很困难。"

25日上午，红线女参加广州市政协会议闭幕式。下午，红线女参加广州市人大会议闭幕式。

28日，红线女召集广东粤剧工作者联谊会理事到红线女艺术中心召开会议商讨来年工作。

3月

16日，红线女在家中回忆与袁雪芬大姐的深厚情谊，并整理成文章《我与雪芬大姐交浅情深》，以寄托对雪芬大姐的深切怀念。文中她提到："我们经常互相切磋、互相勉励。……我们两个地方剧种，两种不同的语言，表现手法、唱腔、音乐都有很大的不同，但毕竟我们都同时是干中国的戏曲艺术，所以我们还是有共同之处的。虽然现在我们不在一起了，我还是想着过去我们共同学习的三个月。过去的三个月，时时刻刻，即使不在同一个地方，我们都会为各自的剧种努力，做出更大的努力，好像袁大姐一直还在我身旁。她也对我很有信心，我也会向她表示信心十足！而且我不会食言，我会努力，我会把袁大姐永远记在我心里。"[1]

17日晚，红线女应邀到文化公园中心台观看广东省粤剧院一团演出粤剧《魂牵珠玑巷》，由广东粤剧院青年演员主演。

29日上午，红线女到黄花岗七十二烈士墓参加"三二九"广东省各界人士纪念辛亥革命100周年活动，随后返回中心学习。她谈到小时候学孙中山的《总理遗嘱》，如他在天之灵，看到今日的情况，看到中国革命有这么大班人，孙中山总理在九泉之下都会热泪盈眶，感到安慰！

30日上午，红线女与广东省政协副秘书长邵忠、广东省繁荣粤剧基金会秘书长何铁赞会面，谈粤剧发展问题，并为省繁荣粤剧基金会题词"粤剧为人民服务"。

4月

1日，红线女与谢友良、谢彬筹谈《红线女画传》出版事宜。

12日下午，红线女与梁郁南、罗丽谈对《南国红豆》杂志的意见，并题写刊名。她说："杂志可以有不同的意见，有业余的文章，也有专门教戏的老师写的文章，各方面的老师都可以来谈谈。振兴粤剧，如果离开了编剧就没法谈，粤剧就很危险了，我做得很不够，对创作、继承、改革、创新。人民生活真的不同了，如果编剧、创作人员赶不上时代要求就很危险了，一定要努力做好培养编剧的工作。希望杂志成为争论、讨论的平台，吸引大家都去关注粤剧的现状。"她还提出，"剧团应该有两个剧务人员，是作为写作人才培养。负责剧务工作要完全掌握剧团各方面的情况，学习粤剧曲谱，为剧团服务，做什么戏合适，看戏、记录、写日记、写心得，逐渐就能成长。

---

[1] 红线女. 我与雪芬大姐交浅情深[J]. 上海戏剧. 2011,(4): 5.

单独个人培养是否合适，请研究。杂志还应该反映粤剧男女演员之间的艺术交流情况，排戏时的感情冲撞等。品位很重要，要提高质量，杂志最重要的就是质量。杂志选取的照片需要有剧情，否则没有意义。"

19日上午，粤剧《南海一号》研讨会在中心会议室召开，红线女、丁凡、于万东、关国华、小神鹰、秦中英、余勇、罗铭恩、华永健、彭寿辉、欧阳明、何笃忠、梁郁南、关瑾华、陈列东、余楚杏、黄嘉显出席了会议。会议发起人为红线女，由梁郁南主持。专家们就粤剧《南海一号》各方面都提出了中肯的意见，红线女也作了发言。

20日，李锦源、周帼英到中心探望红线女。

26日上午，在红线女艺术中心党员评议会，红线女发表了肺腑之言。她谈道：

> 我对党培养我感受最深的是——把我放在什么地方。在过去从事电影、粤剧工作中，既要做好艺术工作，又要做好团结工作。我喜欢与自我要求严格的人合作。在香港时，我投入电影界，与一班志同道合的朋友组建中联电影公司，本来组织很散，后来通力合作，公司虽惨淡经营，但拿出来的都是好作品。通过合作，我逐渐懂得了集体的力量之重要。后来，我以香港代表团成员的身份，到北京参加国庆观礼，看到共产党领导下的新中国不简单。以前戏班佬（一些人是这样称粤剧艺人）没地位，在北京却看到全国各个剧种的主要演员都有出席国庆观礼的人，梅兰芳先生亲切地过来握着我的手说："你还是回来工作好。"以前听别人说共产党怎么不好，可是我亲身感受到并非像别人说的那样。后来听了周总理的建议，"到全国各地去看看"，新中国改变了我的看法和观念，中国共产党对文化艺术工作是爱护并推向前进的。
>
> 我很重视学习，"学而时习之，不亦乐乎"。我每天坚持读《参考消息》《人民日报》《广州日报》《文汇报》《大公报》《羊城晚报》，国家主席每次主持召开的会议内容我都学学看，受教育。平时我也接触古文，看鲁迅、冰心、巴金、茅盾等的文章、小说，毛主席的书我也一定要读。

我有幸见到过毛主席,毛主席鼓励我要"活着、再活着、更活着,变成了劳动人民的红线女",我就想,做衣服要一针一线,做人要一口气一口气地学习和实践,通过不断学习,逐步改变和提高自己的学识,不符合要求就改。以前觉得改造会有痛苦,但改变了有好处。

去年的一次颁奖典礼上,要我发言,我说我现在很幸福,以前工作是为了挣钱,现在的工作不是钱的问题,反而让我感到很幸福,因为我是在为人民服务。一个月的工资用不完就用来放在培养青年的位置上,我这样有幸福感。

陶铸同志对文艺工作很支持,给了我们力量。在中心的工作也请同事们有什么问题,都可以提出来大家互相研究改进。所以我感到在中心的工作很开心。我虽然年纪大了不方便演出,但是我还能用歌声歌颂社会的新形象、新感情、新希望,如果没有这个工作,可以,但我一定努力争取这个工作。如果我不工作就没了这种力量,这里促使我进步。

我认为自己是一个合格的共产党员。我们社会前进的步伐很快,我有赶不上之感,恳请党组织和同志们对我多多帮助,推动我向前行进为盼!

28日,红线女艺术中心召开全体会议,谈粤剧动画电影《刁蛮公主戆驸马》。

5月

2日,红线女审阅档案资料。

7日晚,红线女到星海音乐厅观看以母亲节为主题的《母亲·足迹·背影——中外经典文学作品朗诵会》,秦怡、达式常、姚锡娟、徐涛、王虹、刘晓翠、张琳、祖晴等同台亮相。

10日至12日,红线女赴上海出席由广州市委宣传部主办、广州市文化广电新闻出版局承办、广州市促进文化艺术繁荣发展基金会协办的"弘扬亚运精神,建设文化广州"——广州优秀舞台剧目全国巡演暨2011年上海、广州演艺文化展示月活动。此次，她带去了粤剧动画电影《刁蛮公主戆驸马》。[1]

11日，红线女参与了活动启动仪式，并参加了沪、穗两地艺术家代表艺术交流回顾展望座谈会。当日，红线女观看了广州芭蕾舞团新版芭蕾舞剧《天鹅湖》。

13日，林元和、邬梦兆、朱振中、李锦源、刘宛子等一行30多人到红线女艺术中心参观座谈。座谈会由李锦源主持。红线女从自身经历出发，谈到是新中国让她懂得艺术要为人民服务，"成为人民的红线女"既是毛泽东同志对她的寄语，更是她奋斗的目标和动力。随后，红线女以一曲《昭君塞上曲》表达了对来宾的欢迎和谢意。林元和感叹说，很早就知道粤剧红线女大师，岭南文化有着自己独特的魅力，粤剧、广东音乐等都在全国占有一席之地。简短的交流之后，众人一起观看了电视艺术片《艺海明珠——红线女》。该片讲述了红线女从艺70多年的人生经历，为观众展现了红线女鲜为人知的台前幕后的艺术实践经历乃至心路历程。影片结束后，红线女陪同嘉宾观看了《红线女艺术图片展》，并亲自担任讲解员。一幅幅珍贵的照片，勾起嘉宾昔日的记忆。观看后，林元和主席盛赞红线女艺术中心在粤剧红派艺术传承中所起到的作用，并寄语中心员工在新时期不断创新、不断发展，为建设文化强省，打造世界文化名城做出更大贡献。

16日晚，红线女到友谊剧院参加粤、港、澳粤剧群星会演出。当晚，来自广东、香港、澳门的粤剧名伶纷纷登台献艺，红线女的一首《昭君塞上曲》掀起了晚会高潮。随后，她坐到台下全程观看演出并认真做记录。

17日，红线女艺术中心全体会议，红线女就粤剧群星会的演出提看法。她表示："昨晚的戏很不理想，我们舞台上所有艺术工作者都没拿出真的东西来。昨晚的演出没什么合作，乐队与演员、演员与演员之间的合作很不理想。粤剧还有人才，但如何利用和发挥人才的作用，是我们今后应该考虑的。现在缺乏的是编剧人才，编剧写戏前应该认真考虑如何发挥演员的特长。观

---

1 红线女：粤剧要让年轻人过瘾[N].广州日报.2011.05.11.

众对舞台艺术的提高有很大助力。全国的戏曲观众中妇女居多，不是说妇女观众不好，而是说应该多争取青年观众。男观众工作多，不一定有空看戏，但是老、中、青三代观众都应该争取过来，否则粤剧很难进步。建议剧团演出后除了组织演员学习、研究、讨论外，也可以请观众来谈谈看法，不听听观众意见是不行的。"

18日至21日，红线女随广州粤剧院红豆粤剧团赴北京梅兰芳大剧院演出《刑场上的婚礼》。此行是由广州市委宣传部主办、广州市文化广电新闻出版局承办、广州市促进文化艺术繁荣发展基金会协办的"弘扬亚运精神，建设文化广州——广州优秀舞台剧目全国巡演活动北京站"首演。19日至20日，该剧在北京梅兰芳大剧院连续演出两场。19日演出开始前，首先由红线女演唱了粤曲《荔枝颂》，周巍峙、李卓彬、黎子流和首都500多名观众一起观看了演出。

23日，红线女艺术中心召开全体会议，红线女在会上谈赴京演出情况。红线女谈起此行最大的感受就是一个"情"字。她说："我对张火丁的感情不是一星半点，有些渊源。当时她还未成名，但是她唱的是程派。由于我很喜欢程砚秋，曾经向程先生学过戏，因此程砚秋先生是我的老师。1957年，我到莫斯科参加第六届世界青年联欢节古典歌曲比赛，我演唱《昭君出塞》。当时坐8天火车去莫斯科，和程先生同行，每天吃完早餐，我就到他那儿坐，程先生教我唱了一段《春闺梦》，我也全学了。之后，从莫斯科到北京，我也去程先生家学，围着他家的大云石台，一步步走。程先生做人真的好，很正派。后来认识了张火丁，她的声音条件不算好，但唱功好，她不认识我，是我自己去找她的，我让她去录音、出碟，卖给人。张火丁很乖，她对艺术很认真，我希望她至少教两个学生。她现在在中国戏曲学院工作。另外，我觉得王文章现在做了副部长，也没有官气，还和以前一样。周叔叔（周巍峙）这个人也是好人，很懂艺术，他会作曲，那晚他坐楼上，虽然听力不太好，却看得很认真，全部看完了。周巍峙是一个好领导。"

30日，红线女赴四川成都出席第二十五届中国戏剧梅花奖大赛（南方赛区）评选活动，为广东参与角逐梅花奖的两位粤剧演员——蒋文端、黎骏声助阵打气。在成都期间，红线女应邀参加第三届中国成都国际非物质文化遗产节，并在成都国际非物质文化遗产节上献唱。

6月

4日下午，红线女从四川成都返回广州。

6日上午，红线女审看2009年录像资料，提出整理意见。

7日上午，红线女艺术中心全体人员进行政治学习。在会上，红线女谈四川之行的感受。她说，四川变化之大让我无法认出，街道、楼房与过去完全不同了，让我感觉到他们的文化艺术比我们广州要强，他们拿出来的东西比我们广州进步。一到四川，我们就看川剧，主要是学习男花旦杨有学。

12日下午，红线女辅导荔湾区少年宫粤剧班学生表演折子戏。

25日，红线女在何笃忠、方正年等陪同下到东莞莞城镇及道滘镇了解当地粤剧发展情况，还专门探望了当地粤剧小神童熊嘉炜，参观了东莞粤剧发展中心和当地政府投资兴建的专门为粤剧演出服务的粤韵馆，以及比邻的东莞图书馆粤剧阅览室。其中，粤剧发展中心的牌匾还是红线女题写的。通过了解情况，红线女得知崭新的粤韵馆投资了1700万，目前有400个座位，她认为可以适当增加座位数量并且加设一间化妆间，还建议场馆名应改为"粤剧馆"更合适，牌子应该挂得更醒目、高大些。一到东莞，红线女就高兴地与熊嘉炜小朋友共进早茶。在东莞粤剧发展中心，红线女认真地观看了当地粤剧名演员及演出图片展。当看到一群小学生正在老师的带领下认真地学唱粤曲时，她兴奋地加入到他们的行列中，随后又马不停蹄地来到崭新的粤韵馆和东莞图书馆参观。

在粤韵馆，红线女饶有兴致地观看了未满4岁的小女孩（嘉仪）演唱粤曲和走圆场的表演。看到当地政府如此重视粤剧，红线女十分高兴，在随后的座谈会上，她表达了自己的兴奋之情，她说："我到了这个年纪，还能到这里来，看到各地的艺术工作者、广大人民对生活本身的热情，十分感动。我虽然来东莞时间不长，10年前也曾来过这里，但这次再来感觉变化真大，城市建设、人民生活等方面，都是这个感觉。尤其是看到各级政府都在积极、努力地培养粤剧艺术人才，乃至广东省文化艺术部门也给了本省艺术如此大的支持，我感到很欣慰。今天接触到的两位小朋友，能有这样的成绩，与他们各自的努力及父母用心的培养分不开。现在我们国家在国际上的地位越来越高，从去年到今年，各国无论什么会议都会提到中国，作为中国人，我感到很幸福。如今，我这么大的年纪了还能来到这里为人民服务，如果在过去，这是不可能的事情。从我自己的艺术经历出发，我能有如今的成就，我感觉是国家培养了我，人民培养了我。在这里，我还要提一提父母对子女的教育问题。我认为，对小孩子的生活、学习等各方面的教育应该严格一些，不要让他们自由发展。现在的小男孩、小女孩都懂事得比较早，父母应该注意对他们的培养，使他们无负于世界对中国人的要求。现在我几乎每天上班，每天看报纸。我是一名文化艺术工作者，建议当务之急是要搞一个粤剧编剧培训班。"

29日上午，广东省庆祝中国共产党成立90周年大会在省委礼堂隆重举行。汪洋等省领导为先进代表颁奖，并向50年以上党龄的老党员颁发南粤"七一"纪念奖章[1]。红线女出席了大会，被授予广东省优秀共产党员称号及南粤"七一"奖章"。

7月

1日上午，红线女为庆祝建党90周年在中心举行茶话会。下午，参加广州市庆祝中国共产党成立90周年大会。

2日下午，红线女到广东粤剧院排练场观看粤剧《山乡风云》彩排。红线女强调，要突出不同人物的性格，例如"万选之"这个人物，还不够奸、险、狠，虽然演员已经很努力，但是从内心还没有完全投入这个角色，所以，他的奸、险、狠、毒还未做到从心而发，让人恨之入骨。红线女又提出"刘琴访贫问苦"一场，应突出人与人之间的那种真情、真义，不应留于表面。春花遭受侮辱后的外形和悲伤应该更加强烈突出，比如外衣的扣子应该解开得

---

[1] 在广东省庆祝中国共产党成立90周年大会上的讲话[N]. 南方日报.2011.06.30.

更多些，春花被侮辱的悲伤还可更进一步加强。

4日上午，红线女要求中心播放粤剧《天之娇女》，着重播放"大智回天"一场。

14日晚，红线女邀请两位梅花奖得主——黎骏声、蒋文端在执信风味村吃饭。

15日上午，红线女起床后，临时决定当天飞赴北京观看红豆粤剧团演出《刑场上的婚礼》。关心粤剧的责任感让她刻不容缓，这是粤剧难得的宣传机会，不顾年高体弱，她决意前往。当晚，红线女在北京与黎子流老市长共进晚餐，随后观看红豆粤剧团演出《刑场上的婚礼》。

16日上午，红线女到天安门广场拍照留念。当晚，在北京观看由欧凯明主演的《刑场上的婚礼》。同一晚，红线女在酒店指导崔玉梅表演及唱腔。

30日晚，红线女到南方大剧院观看广州粤剧团黎骏声主演的《皇帝与村姑》。

31日晚，红线女到南方大剧院观看广州粤剧团张雄平主演《苦凤莺怜》。

8月

1日，广州粤剧团到中心与红线女开座谈会，讨论《苦凤莺怜》的演出细节。

10日，红线女在家中教导苏春梅。

13日晚，红线女到黄花岗剧院，观看广东粤剧院梁耀安和麦玉清演出的粤剧《南唐李后主》。

15日，荔湾区少儿艺校的师生到红线女艺术中心探望红线女。红线女指导小学生演唱粤曲。

16日晚，红线女到文化公园中心台观看广东粤剧青年团演出的《刁蛮公主戆驸马》。

17日晚，红线女到文化公园中心台观看广东粤剧青年团演出的折子戏专场。

18日中午，红线女到广东粤剧院与青年演员座谈，讨论《刁蛮公主戆驸马》的表演细节。

29日晚，红线女观看广州粤剧团演出的《宝莲灯》。

30日，红线女到红豆粤剧团观看欧凯明彩排新剧目。

9月

1日，红线女到佛山参加盛丰珠宝行开业典礼。

2日，红线女在家跌伤，腰椎骨折，卧床休养。跌伤次日，北京舞蹈艺术家赵青寄来画作，其油画作品用色大胆、艳丽，景观、人物、构图都很有特点。红线女致电赵青时，只字不提自己跌伤的情况，语重心长地对她说："花草树木皆可画，你的画很有魅力，你熟悉舞蹈，曾经有过舞台实践经验，对人像的创作把握得很到位，你转行转得好啊，我准备写一幅字，到时候寄给你。"第二天，红线女在几位同事的帮助下，硬撑着写下了几个娟秀的大字，赠予赵青。过了几天，她又在病榻上完成了"济世良医"的书法作品，赠给为她看病的医生谭建伟。卧床休养期间，红线女坚持在病榻上办公，照常组织政治学习工作，并完成了2010年档案的归档、鉴定、审批工作。红线女艺术中心的工作没有因为红线女受伤而耽搁。

10月

1日，红线女检查中心迎接国庆节的布置工作，并与同事们合影。

7日，红线女参加在白云国际会议中心举行的中国广州国际舞台演出节目交易会启动仪式。

8日，红线女带伤在演交会上献唱《昭君塞上曲》。

9日，红线女在演交会上献唱《荔枝颂》。

24日，红线女在中心和广州市文化广电新闻出版局总工程师黄南冰座谈。

29日下午，红线女到江南大戏院观看红豆粤剧团青年演员演出。

30日下午，红线女到江南大戏院观看红豆粤剧团演出粤剧《天作之合》。该戏改编自莎士比亚的名剧，曾于20世纪90年代由红线女提议改编并演出，此次重排深受观众喜爱和欢迎。

11月

1日上午，红线女在中心与同事们谈观看《天作之合》后的感受。

2日上午，红线女在中心小剧场指导荔湾区少年宫学生表演。下午，红线女到蓓蕾剧院观看广东粤剧青年团彩排新编现代粤剧《青春作伴》。演出结束后，红线女提出很多建设性意见。她说：

> 广东粤剧要搞好，需要人力、物力，一拉开幕应该就是广州、广东、红棉树。希望通过这个戏让人感觉到这里就是广东、广州的粤剧。戏很有基础，站得住，经过不断演出，表演更加动人。现在拿出去演，观众会喜欢。从剧本来看，没有二簧，只有中板、小曲。小曲应用则用，全世界有华人的地方就有广东人。我们粤剧板腔、曲牌较丰富，能否再多增加点粤剧板腔？
>
> 彭庆华的戏要进一步打磨，不是因为你是大老倌就给你戏做，应该有实践过程，这个人物要讲清楚，他为什么另找别的女人？戏要让人学习。这个人物应该给他一点成长的过程，还可以补充一下。曾小敏的人物不错，写得比较成熟，但还可以再补充点新东西。她到村里有一定的对群众的戏，现在有但写得不够细致，如果再增加个人物，曾小敏的戏就更加充实了。文汝清的戏不错。文汝清这个人物挺好，这个戏写人物内在感情。最后一场，春华要吻她一下，然后再转身就走，就更好了。这个戏越排越好了。李红陶这个人物也缺少点东西，她穿丝绸做的衣服不对。希望她在服装上不要显露身材，赞成她穿粗布衣服。她演得不错。

2日晚上，红线女到文化公园中心台观看红豆粤剧团欧凯明等人演出的粤剧《搜书院》，看到年轻人把戏演得这么好，她很高兴。演出结束后，红线女上台向欧凯明等人表示祝贺，并对他为粤剧所做的工作表示感谢。看了一天三场演出后，红线女回到家中还不顾劳累写下日记。

3日上午，红线女到广州市图书馆担任广州市文化广电新闻出版局2011

年公开招聘考官，随后在广州市图书馆参加文广新局领导会议。

10日，红线女与全体同事召开红派艺术研讨会，探讨粤剧电影《李香君》。

11日，红线女与谢友良、黄日进、何笃忠、梁郁南座谈，了解广东粤剧界的情况，并计划筹办一场以政府名义举办的红派粤剧表演（演唱）大赛和红派艺术讲座。

12日下午，红线女到省委礼堂观看广东粤剧院一团改编重排的粤剧《南海一号》。演出结束后，她高兴地说："戏改编以后是改好了，但还要继续改，希望改得越来越好。"

19日下午，广东省委宣传部、广东省文联在珠岛宾馆举行第九次全国文代会广东省代表团座谈会。红线女虽年过八旬，仍精神抖擞地用歌声来表达对第九次文代会胜利召开的祝贺，她即席清唱一首《水乡桥韵》，与会代表盛赞她的艺术生命不老。

20日，红线女随广东文艺代表团，在省文联白洁的带领下，赴京出席中国文联第九次全国代表大会。会议为期6天，分别在人民大会堂、京西宾馆和各驻地会议室举行分组讨论会。

21日上午，在京西宾馆召开中共党员代表会议及全体代表预备会议。

22日上午，中国文联第九届全国代表大会、中国作协第八次全国代表大会在人民大会堂开幕，胡锦涛等国家领导人出席了开幕式，并作了重要讲话。22日下午，各驻地召开分组讨论会议。

23日至25日，在京西宾馆举行全体会议，审议并通过了《中国文联第九次全国代表大会工作报告》，审议并修改了《中国文学艺术界联合会章程》，选举产生了中国文联新一届领导机构。25日晚，在人民大会堂宴会厅举行了全体代表联欢晚会，中央政治局常委李长春出席并观看了演出。此次主席团会议还审议通过了《关于推举名誉主席和聘请荣誉委员的决定》，其中周巍峙同志被推举为中国文联第九届名誉主席，红线女、于蓝、秦怡等73位老艺术家被聘为第九届文代会荣誉委员。

会议议程紧密，红线女没有请过一次假，每场必到，认真做好会议笔记，回到驻地后又仔细研读会议文件,并在分组讨论会上提出意见。她说:"听了胡总书记对我们广大文艺工作者这么高的评价,我真正明白了自己工作的重大意义。我要对自己和工作负责,不断学习、从头学习,坚持不懈为人民服务!"

在京期间,她连夜致信胡锦涛总书记,在信中仍念念不忘粤剧,她说:"我是一名粤剧演员,粤剧在两广、港澳地区有着深厚的群众基础,是人民喜闻乐见的一个地方剧种。粤剧在海内外影响甚广,我到过不少的国家和地区,可接触到的侨胞都会唱两句粤曲,可见粤剧是受到欢迎的。粤剧在党的领导下,在繁荣和发展方面取得了一定的成绩,成为全国具有一定影响力的地方剧种之一。当前,中央提出了建设社会主义文化强国的口号,高屋建瓴、目标远大,激励着我们每一位文艺工作者,我深受鼓舞。虽然我已经是86的年纪,但内心仍希望在有生之年能继续用自己的艺术为党和人民服务,为建设文化强国贡献自己的一份力量。"

会议期间,红线女与周巍峙、王昆两位老友相见,周巍峙称赞红线女的艺术是永恒的。红线女还专门致信李维康,在信中她告诉李维康,要争取排演一个新的现代戏,为人民群众服务。在她心目中,李维康是一位有艺德也有能力的戏曲工作者,她对李维康寄予厚望。收信时,全体会议马上就要开始了,李维康还是抓紧时间走到会议席与红线女握手,表示感谢。会议间隙又专门走下主席台与红线女亲切交流并合影。

27日上午,红线女到广州艺术博物院出席"粤韵流芳——2011穗、港、澳粤剧日"暨联合国人类非物质文化遗产粤剧中国保护中心成立仪式,看到小红豆们演唱《荔枝颂》,她按捺不住激动的心情,走上台前清唱一曲《荔枝颂》。

30日晚,红线女到中山纪念堂观看中山市香山粤剧团演出的新编历史剧《血沃共和花》,并邀请该团领导、主创人员及全体演员次日到中心做客。

12月

1日上午,中山市香山粤剧团领导、粤剧前辈罗家宝、《血沃共和花》

主创人员及全体演员到中心做客。红线女与到访客人就粤剧现状和发展等问题进行了热烈讨论。

2日至3日，红线女与邓原导演、潘钧副导演等在中心小剧场合作拍摄20分钟短片《余乐生平》。其间，红线女与曾孙马智仁、荔湾区少年宫的小朋友合作拍戏，其乐融融。

8日，红线女与《南国红豆》的梁郁南、罗丽谈如何组织宣传25日中心举办的主题表演活动，并与荔湾区少年宫粤剧班曾峰老师会面，了解主演《山乡风云·访贫问苦》《搜书院·初遇诉请》的小朋友的情况，约定下次请曾老师带一个小朋友来，再给她教戏。

9日上午，红线女与同事们初步讨论并决定将在12月25日红线女艺术中心小剧场举行"余乐生平——红线女表演艺术欣赏会"，并邀请省市有关领导参加。随后，红线女与专程从北京前来探望她的中国戏曲学院教师周龙、张火千等人共进午餐。

22日，香港英皇娱乐集团行政总裁吴雨、香港导演金广城来到中心探望红线女，并审看短片《余乐生平》。

23日，红线女在中心练曲，准备在12月25日的活动上献唱。

24日，红线女带领学生郭凤女、苏春梅、琼霞在中心彩排。

25日，红派艺术表演欣赏会在红线女艺术中心举行。当日，短片《余乐生平》首映。汪洋、朱小丹等领导来到红线女艺术中心，共叙谈心。聚会上，红线女与她的学生们一起演唱了拿手曲目，亲朋好友欢聚一堂，十分热闹。汪洋、朱小丹饶有兴致地观看了表演，对红线女为粤剧艺术传承、创新和发展付出的辛勤努力表示感谢。在贵宾室，汪洋语重心长地对演员们说，粤剧是岭南文化的代表、广东戏曲的形象，粤剧的质量和水平，体现了广东文化的实力。希望广大粤剧工作者苦练内功、深入生活、与时俱进，创作出更多人民群众喜闻乐见的优秀作品，使粤剧这一岭南文化瑰宝薪火相传，在新时代绽放出更强大的生命力。

30日，红线女接待到访中心的香港学生。

红豆粤剧团赴京献演《刑场上的婚礼》。红线女、黎子流等同志登台与演员畅谈演出心得

红线女与《刑场上的婚礼》主演合影(从左至右为陈敏红、崔玉梅、红线女、欧凯明、杨小秋、梁玉城)

2012年（88岁）

1月

5日，广州市文化广电新闻出版局杨韬到红线女艺术中心探望红线女，并就文化工作征询红线女意见。

7日晚，红线女应邀到星海音乐厅出席2012年迎春音乐会。该晚会由广州交响乐团演出。

9日，红线女出席广东省粤剧院举办的迎春敬老宴会。

15日，陈建华到华侨新村探望红线女。

16日晚上，红线女到花园酒店参加广州市文联迎春大联欢。

17日，白洁到红线女艺术中心探望红线女。

19日，红线女参加广州市粤剧团举办的迎春活动。

20日，广州红豆粤剧团团长余勇到红线女艺术中心探望红线女。

30日下午，雷于蓝、方健宏等一行人到华侨新村向红线女致以新春的问候。

31日下午，林雄到华侨新村探望红线女。

2月

5日至7日，红线女随广州红豆粤剧团到化州演出。

9日，红线女与广州市文化广电新闻出版局刘宛子等人在中心会议室商谈工作。

3月

中华全国妇女联合会授予红线女"全国三八红旗手标兵"荣誉称号，全国仅有10位女性获得该荣誉，红线女是文艺界唯一的一位代表。

5日至8日，红线女赴京接受表彰。7日，红线女与全国妇女杰出代表在人民大会堂出席了"创先争优巾帼建功——全国三八红旗手（集体）表彰"大会，红线女等10位杰出女性被授予"三八红旗手标兵"称号。会后，中共中央政治局委员王兆国、国务委员刘延东等与红线女及其他妇女代表合影。

12日，红线女赴东莞长安观看长安业余粤剧团演出的粤剧《三界》和《红灯记》，至午夜才赶回广州。

22日，台湾演艺工会负责人和广州市文化广电新闻出版局副巡视员徐彬到红线女艺术中心访问，就红线女即将赴台湾的文化交流活动进行商讨。[1]

本月，广州市妇女联合会授予红线女同志第四届"羊城十大杰出女性"荣誉称号。

4月

18日下午及晚上，红线女到广州粤剧院观看广州市粤剧青年技艺大赛折子戏演出并进行指导。

19日晚，红线女到广州粤剧院观看广州市粤剧青年技艺大赛折子戏演出并进行指导。

30日下午，广州市粤剧院青年演艺大赛选拔赛颁奖会议于院内综合排练场举行。红线女对演员说，他们所演的粤剧剧目都是为人民服务的。

---

[1] 后因红线女身体原因取消行程。

5 月

11 日晚上，红线女参加中山纪念堂的《中华之声》演出彩排，演唱《荔枝颂》。

12 日，红线女应邀到东方宾馆出席由中国剧协、广东省政协、广东省文联主办，广东省剧协、省繁荣粤剧基金会协办的岭南地方戏曲传承与创新研讨会，并在会议上发言。她表示，粤剧老前辈在改革、继承到创新方面都在实际工作中实现，马师曾、薛觉先等前辈在继承、改革、创新方面的实践中领着我们走。目前，粤剧界在用粤剧反映现实社会和全民工作，歌颂我们的国家事业方面做得还不够，还有不足之处，还达不到国家、人民对我们的要求。粤剧同人们应该认真考虑，努力做好工作。过去有一支队伍，今天应有更大的动力向前迈进。此外，粤剧创作人员队伍比较薄弱，希望领导、同人、编剧队伍从实践、生活方面去努力，使我们更有力量歌颂国家、人民，我们都要实事求是，用真情来描写。

17 日下午及晚上，红线女到江南大戏院观看广州市青年粤剧演艺大赛决赛。

20 日至 21 日，红线女赴香港出席香港新光戏院剪彩仪式。

20 日，红线女下午在新光戏院走台，晚上到香港文化中心大剧院观看由罗家英、汪明荃、尤声普、阮兆辉等大老倌及一众粤剧演员演出《关公释貂蝉·古城会》，并到后台与汪明荃、罗家英、尤声普、阮兆辉等会面。随后，赶往亚洲国际展览中心观看张学友演唱会。红线女为现场气氛所感染，举起手中的红伞挥舞，为演唱中的张学友加油喝彩。炫目的灯光充斥着整个场馆，配合音乐节奏律动。红线女在后台等待张学友至完场。当满身大汗的张学友来到会客室，两位巨星见面，红线女却很谦虚，她说我要向你学习，学习你的服装，你的舞台灯光，要把学到的东西为粤剧所用。

21 日，新光戏院大剧院的剪彩仪式上，香港粤剧界几乎所有从业人员都来了，候任香港特区行政长官梁振英也亲临现场致辞。一袭红裙的红线女掀起了仪式的高潮，她言辞得体又不失活泼可爱，剧场 1033 个座位全部爆满。红线女在台上致辞时说："我最近看报纸，看他的讲话及走过的道路，梁振英先生到过很多世界，正因如此，他知道民众的生活、工作情况，他一定会给我们很好的工作支持的。"当《荔枝颂》的歌声响起时，全场轰动了，想不到86岁的红线女声音还如此饱满有力，观众席上的掌声伴着节奏拍和起来，剧场顿时陷入了欢乐的海洋中。[1]

28日，广州电视台到红线女艺术中心采访红线女。

6月

1日，《羊城晚报》记者到红线女艺术中心采访红线女。

3日，红线女到江南大戏院观看红豆粤剧团演出。

9日，红线女组织中心同事到陈家祠出席广州市文化遗产日宣传活动仪式。

19日，红线女到广州艺术博物院参观。

20日，中国艺术研究院研究员、戏剧理论家龚和德到红线女艺术中心探望红线女，就《粤剧大百科全书》编写事宜征询红线女意见。

21日上午，红线女与广东粤剧工作者联谊会副会长何笃忠等一行到南海西樵第一小学考察当地粤剧艺术进校园情况。在西樵第一小学，红线女观看了小学生表演的粤剧广播操、粤曲演唱《荔枝颂》、粤剧折子戏《沙家浜》选段、粤剧课本剧《将相和·负荆请罪》，以及幼儿园小朋友表演的节目《西樵大饼圆又圆》等。观戏后她十分高兴，并寄语同学们："好好学习、天天向上，用心读好书，既要做好人，又要做好戏，将来为人民服务。"她还即席挥毫"好好学习、天天向上"赠予西樵第一小学。下午，红线女到花园酒店与香港粤剧演员罗家英和香港八和粤剧同行会面。

24日，红线女在红线女艺术中心小剧场为香港游客献唱《荔枝颂》。

28日，红线女到三水市了解当地粤剧现状，观看当地业余粤剧演员演出，并即席创作了"三水冬瓜王王王，三水冬瓜壮壮壮"的唱段。

29日，红线女应邀出席广东中华民族文化促进会理事大会。

---

[1] 生生. 红线女香港献唱荔枝颂[J]. 南国红豆.2012,(4)：58.

7月

1日，红线女观看广州市老干部《纪念干部离退休制度建立30周年书画摄影展》。

5日上午，红线女专程到广东音乐曲艺团与黄俊英会面，并为其题写了"粤剧名家黄俊英从艺60周年——德艺双馨"几个字。下午，红线女应邀到暨南大学出席天河区第一实验小学第十届艺术节童声雅韵表演欣赏会。

6日上午，新加坡欧阳炳文到中心和红线女学习唱段《红烛泪》。当日，香港英皇娱乐公司行政总裁吴雨到广州探望红线女。

8日，红线女检查红线女艺术中心安防工作。

9日，粤剧演员郑培英到红线女艺术中心探望红线女。

10日，红线女率中心同事到广东省博物馆参观学习。

16日，红线女为到中心参观的香港粤剧爱好者、小学生献唱《荔枝颂》。

17日，红线女应邀到香港油麻地戏院参加开幕典礼。

18日下午，红线女到珠岛宾馆参加广东省粤、港、澳合作促进会第二期理事会，并被聘为广东省粤、港、澳合作促进会荣誉会长。

20日，广州市文化广电新闻出版局艺术处领导来中心探望红线女。

21日，深圳市宝安区少儿粤剧学校到中心向红线女请教、学习粤曲唱段，红线女还向学校及学生赠送了学习资料。

24日，广州市文化广电新闻出版局陈春盛到中心探望红线女。

28日，红线女到广州市文化公园中心台观看首届广东省粤曲私伙局大赛，并现场演唱修改版的《昭君塞上曲》。

30日晚，红线女出席2012年广东省首届青少年粤剧粤曲大会演。

8月

2日，红线女到红豆剧团观看欧凯明拍摄粤剧传统戏《太白和番》，随后到花园酒店与新加坡敦煌剧坊负责人胡桂馨女士会面并共进午餐。

6日，红线女在中心指导荔湾区少年宫学生表演。

16日下午，红线女到江南大戏院观看红豆粤剧团演出。

23日,红线女到桂花岗观看广州市粤剧团排练《碉楼》。

24日,红线女到江南大戏院看红豆粤剧团演出。随后,返回桂花岗观看红豆团排练。

28日上午,红线女率中心同事到中共三大旧址参观《朱德廉政风范图片展》。当晚,红线女到黄花岗剧场观看市粤剧团《碉楼》首演。

29日,红线女到桂花岗出席广州市粤剧团《碉楼》座谈会。

9月

4日上午,红线女到市委出席广州新型城市化发展座谈会。

10日,红线女到南海参加广东舞蹈戏剧职业学院揭牌仪式。

13日,红线女到香港出席英皇集团成立70周年晚宴,并与香港粤剧演员林家声会面。

24日,红线女在中心小剧场拍摄短片《花城之春》。

26日,红线女到军区礼堂观看上海淮剧团演出《小裁缝》。

27日上午,红线女到广州市文化馆出席"海上风韵——上海文化全国行"暨2012广州、上海演艺文化展示月剧目座谈会。会上,除红线女外,广州市文化广电新闻出版局徐彬、广东粤剧工作者联谊会何笃忠、淮剧团朱光等均作了发言。中午,红线女在中心和香港英皇娱乐公司行政总裁吴雨会面,随后接受香港电台采访。下午,红线女在中心为上海淮剧团题字。

10月

上旬,红线女艺术中心在白云国际会议中心参加中国(广州)优秀舞台艺术演出交易会。在红线女的监督、指导下,中心员工在极短的时间内,完成了资料整理、展位安排及音响布置等工作。

演交会期间,LED大屏幕全天滚动播放着红派艺术经典剧目和剧照,俨然把一个小剧场搬到了演交会现场,内容丰富多彩,贴近民众。小小的展位成为本届演交会的亮点,吸引了大量观众前来观看,省、市领导给予高度评价。红线女艺术中心还因本次出色的展示,获演交会组委会颁发的优秀演艺经纪人奖。

25日，红线女应邀到广州美术学院出席"山月丹青——纪念关山月诞辰100周年艺术展"开幕式。随后，她参观画展，并为关山月故居揭匾。

11月

11日，红线女赴梧州参加梧州市首届粤剧节，并担任开幕嘉宾，受到了当地政府、群众的热情接待和热烈欢迎。红线女自费为大会敬送花牌"感谢梧州市委市政府举办首届粤剧节，更好为人民服务。红线女敬贺"。在开幕式上，红线女激动地表示："无论我做什么工作，都尽自己所能，为国家、社会服务。粤剧在梧州演出两百年都有了，作为粤剧工作者，非常感谢梧州市领导、同人，祝贺大家工作顺利、成功。"随后演唱粤曲《荔枝颂》，受到观众的好评。当晚，红线女观看了梧州粤剧团演出的剧目《大明长城》。

12日，红线女参观位于梧州白云山上的中山纪念堂，她特意在孙中山先生题写的"革命尚未成功、同志仍需努力"的训词前留影，鞭策自己及粤剧同人继续努力。随后，在梧州市政府秘书长徐远洲的主持下，红线女在梧州市政府会议厅，与梧州粤剧团青年演员热情地座谈交流，并就《大明长城》的演出提出建议。

19日上午，红线女到广州市文联出席广州市文艺界学习贯彻党的十八大精神座谈会。下午，红线女到省委礼堂出席广东省、广州市传达贯彻党的十八大精神大会。

20日下午，红线女到桂花岗排练场参加广州市振兴粤剧基金会20周年志庆活动彩排。

21日，红线女到东方宾馆出席第六届羊城国际粤剧节欢迎酒会。当晚，红线女到广州大剧院出席第六届羊城国际粤剧节开幕式，并观看演出《孙中山与宋庆龄》。

22日，红线女到广东民间工艺博物馆[1]参加广州抢救非物质文化遗产粤

---

[1] 陈家祠。

剧成果展剪彩仪式。

22日下午，红线女到三元坊小学出席"粤剧进校园"活动剪彩仪式。当晚，红线女到黄花岗剧院观看梧州粤剧团演出粤剧《西江龙母》。

23日，第六届羊城国际粤剧节研讨会在东方宾馆召开，红线女和来自北京、广东、广西、香港、澳门等地的专家学者出席了研讨会。会上，红线女以粤剧传承人以及广东粤剧工作者联谊会会长的身份发出粤剧传承与发展倡议，号召粤剧界、各级政府、社会各界关注粤剧的传承与发展。此外，她倡议制定粤剧遗产保护法规及配套政策，建立粤剧传习制度，并希望借助推进粤剧进校园的工作，培育高素质人才，采取有效措施，在基层社区推广、宣传粤剧艺术，扩大粤剧观众群。[1] 当晚，红线女到黄花岗剧院观看南宁市民族文化艺术研究院演出《目连救母》。

24日上午，红线女在中心接待南宁市民族文化艺术研究院全体演职员。下午，到江南大戏院观看陈振江、赵振宇主演粤剧《倩女幽魂》。当晚，到蓓蕾剧院观看北海粤剧团演出《珠还合浦》。

25日，红线女到黄花岗剧院观看"岭南一粟——欧凯明艺术专场"。

26日上午，红线女到荔湾区恩宁路参加粤剧博物馆奠基仪式。下午，红线女到东方宾馆出席纪念广州市振兴粤剧基金会成立20周年答谢酒会。当晚，红线女到友谊剧院出席"粤韵情浓，群星璀璨"——纪念广州市振兴粤剧基金会成立20周年晚会，并演唱粤曲《荔枝颂》。

27日晚，红线女到友谊剧院观看第六届羊城国际粤剧节闭幕式剧目《碉楼》。

12月

9日晚，纪念白驹荣诞辰120周年演出在南方剧院举行，红线女与欧凯明合唱《琵琶上路》选段，两人的演唱获得满堂喝彩[2]。

10日，广东省粤剧院、广东省粤剧学校、红线女艺术中心联合主办的

---

[1] 信息时报. 2012.11.24.
[2] 肖稚, 生生. 纪念白驹荣诞辰120周年晚会[J]. 南国红豆. 2013,(1): 1.

红线女在香港为新光戏院重新开业剪彩

在第六届羊城国际粤剧节开幕式上,红线女与广州市市长陈建华、原市长黎子流以及广州市市委宣传部部长甘新,一起鸣锣

纪念白驹荣先生诞辰120周年座谈会在红线女艺术中心多功能厅举行。粤剧界同人表达了对白驹荣前辈爱国情怀、伟大品德及高超技艺的崇高敬意，并共同呼吁把白驹荣的流派艺术及伟大品格发扬光大，供后人学习。红线女、白雪梅、白雪红、小木兰、何笃忠、陈列东、李宗元、梁郁南、何铁赞、蔡衍棻、刘美卿、王建勋、黄壮谋等专家、学者出席了座谈会并作了发言。

11日，红线女到江南大戏院观看首届跟斗王技艺大赛。

12日晚，红线女盛装出席在江南大戏院举行的首届跟斗王技艺大赛颁奖典礼，为特别大奖得主陈小刀及金奖演员颁奖。同时，当场决定为比赛中受伤的陈小刀捐助2万元，用作医疗费用。她在现场鼓励陈小刀的妻子坚强面对困难，祝福陈小刀早日康复。

20日，陈建华邀请红线女参加广州市政府会议，就广州粤剧博物馆等规划建设方案提意见。

25日，《花城之春》首映式在红线女艺术中心举行。红线女现场演唱了经典唱段《昭君公主·奶茶香》，并与次子马鼎盛合作表演一段"余侠魂"中"我姓余，我嘅老豆他又是姓啊余……"的唱段，引得满堂喝彩。红线女的孙子马运生及中心员工也分别献上了红派表演唱段。广州市文化广电新闻出版局杨韬、黄南冰、易红霞，红线女学生欧凯明、欧阳炳文，以及红线女的亲友来到红线女艺术中心，向红线女献上花篮、果篮，并向她表示诚挚的祝福。

红线女曾是第一届广东省青联副主席。本月，她在接受《南方日报》采访时寄语年轻人："青年人要多读书，对国家、事业都离不开'忠诚'二字。"

2013年（89岁）

1月

3日，红线女到友谊剧院出席广东省粤剧院"2013粤剧新年盛会"，并到后台探望蒋文端等演员。

5日，红线女的学生方红莲专程从美国回到广州探望红线女。

7日，红线女艺术中心举行2013年度公开招聘面试，红线女担任主考官。

8日，红线女到广州友谊剧院，观看广州粤剧院、广州红豆粤剧团演出《南越王》。

10日，红线女次子马鼎盛到红线女艺术中心与她商讨筹备拍摄口述纪录片《永恒的舞台》事宜。

14日晚，红线女到广州友谊剧院，观看广州歌剧舞剧院有限公司创作的大型原创音乐剧《西关小姐》。

15日，红线女到广州圣丰索菲特大酒店，出席由广东省文联主办的"2013广东文艺界新春大联欢"活动。

16日，红线女出席广东省非物质文化遗产保护工作新年茶话会。下午，广州市文化广电新闻出版局杨韬、宋书琴到红线女艺术中心探望红线女。

18日，红线女出席中国人民政治协商会议第十二届广州市委员会第二次会议。

22 日上午，广东省繁荣粤剧基金会何铁赞到红线女艺术中心探望红线女。

23 日，中国文联赵实委托广东省文联同志到红线女艺术中心向红线女致以新春的慰问。

24 日，吴佳联到红线女艺术中心探望红线女。

28 日，甘新到华侨新村慰问红线女，杨韬、陆志强随行。甘新倾听了红线女对粤剧人才培养现状的看法，并邀请红线女出席 2 月 6 日晚在花城广场举行的 2013 广州迎春花市亮灯仪式暨吉祥树发布会。

29 日，红线女到花园酒店出席 2013 年广州市文艺界迎春茶话会。

2 月

2 日，红线女与广东粤剧工作者联谊会及粤剧前辈在中心会议室商谈粤剧传承问题，并拟以联谊会名义举办粤剧传习班，继承粤剧前辈的传统粤剧艺术。红线女、小木兰、梁松峰、张力田、何成昌、张智强、陈少梅、何笃忠、梁建忠出席了会议。

6 日晚，2013 广州迎春花市亮灯仪式暨吉祥树发布会在花城广场举行。红线女手捧一盆金橘，通过电擎点亮了一棵高达 13 米的吉祥树，全市 13 个迎春花市同时亮灯。亮灯仪式后，陈建华到华侨新村看望红线女，带去新春祝福。

10 日，大年初一，红线女在红线女艺术中心小剧场会见观众，演唱《花市》。来自荔湾区少年宫的红线女小弟子刘思琪、刘钲鸿分别演唱了《花市》《珠江礼赞》《风雪山神庙》。红线女的老朋友陈开枝应邀出席此次演出。红线女与陈开枝深情回忆了历史上的中国从落后到富强，在中国共产党领导下发生了翻天覆地的变化，在新春佳节之际，衷心祝福祖国走向繁荣富强，人民生活美满幸福。最后，红线女还与现场观众互动交流，场面温馨。

17 日，广州市妇联袁微到红线女艺术中心邀请红线女出席广州市纪念三八国际劳动妇女节 103 周年暨市妇联成立 60 周年大会。

28 日，红线女驱车到茂名市高州探望在当地演出年例戏的广东省粤剧院一团、广州红豆粤剧团及广州市粤剧团。她一晚辗转三个不同的演出现场探班，还登台表达了爱国爱党、爱粤剧的热血情怀，并在广州红豆粤剧团演出舞台上演唱《荔枝颂》。

3月

1日，红线女到茂名市粤剧团参观指导，与剧团演职员座谈，鼓励他们深入生活，更好地为社会服务。她题写"团结、合作、创新"赠予茂名粤剧团。

3日，红线女与广州市妇联袁微、广州大学刘树谦商谈关于出席广州市纪念三八国际劳动妇女节大会相关事宜。

5日，红线女到大学城参观新建的广州市档案馆，并到广州市图书馆出席广州市文化广电新闻出版局档案工作会议。

6日，红线女应邀到东方宾馆出席广州市纪念三八国际劳动妇女节103周年暨市妇联成立60周年大会，并现场获广州市妇联颁发的"感动广州60年最美女性"荣誉称号。

11日，广东粤剧工作者联谊会与红线女艺术中心联合，在红线女艺术中心多功能厅召开2013年广东粤剧工作者座谈会，就粤剧的传承、发展、编剧队伍的培养、演出市场等问题展开了讨论。黎子流、红线女、陈笑风、林榆、秦中英、陈少棠、小木兰、小神鹰、曹秀琴、梁耀安、黎骏声、林家宝、麦玉青、梁淑卿、肖柱荣、蔡孝本、陈列东、陈奔、余勇、何笃忠、梁郁南、黄仲武、吴晓毅、张雄平、杨小秋、季华升、麦嘉、陈耀球、练行村、罗伟文、蒙菁、孙美愉、关振东、李宗元、李永祥、陈庆文、岑海雁、何成昌、祝荣发、崔德銮、梁三根、梁钧强、彭庆华、曾小敏，以及红线女艺术中心工作人员和《广州日报》《羊城晚报》《新快报》《南方都市报》等媒体记者出席了座谈会。

14日至16日，红线女在中心小剧场与马鼎盛拍摄由邓原、潘钧导演的艺术片《永恒的舞台》访谈部分。拍摄期间，陆志强、易红霞专门到中心小剧场探班，并转达了局领导对红线女赴京宣传粤剧活动的支持，并就4月底安排红线女率广州粤剧院赴京演出事宜征询红线女意见。

20日，红线女专程到珠海粤剧团指导，观看了该团演出的《伶仃洋》选段、《吕布与貂蝉》等几个折子戏。看戏后她强调演员一定要学习，对粤剧要有爱，要忠于国家、人民和粤剧，还对琼霞的演出提出了很多意见。在珠海期间，红线女与原珠海市委书记梁广大会面，临别时梁广大盛赞红线女对广东的文化影响巨大，对人民、国家的贡献巨大。

30日上午，红线女在中心小剧场练曲。下午，红线女到江南大戏院出席广东粤剧学校与香港八和粤剧学院联合举办的《粤港红豆竞芬芳开幕式》，并观看学员的演出。

31日上午，第八期香港粤剧艺术研修班86名学员，在香港八和会馆名誉主席汪明荃的率领下，到红线女艺术中心参观。红线女与来访嘉宾及学员进行交流，并登台演唱《荔枝颂》等红派经典曲目。当天，受红线女教导的刘钲鸿、刘思琪、林浩昆等小学员表演了《风雪山神庙》《打神》《洗浮山》等粤剧折子戏。

本月，红线女艺术中心筹备4月23日至26日红线女率领广州粤剧院赴北京演出事宜。红线女与谢友良、潘钧等商讨制作赴京特刊及宣传片事宜。

4月

15日上午，红线女到广州市文化馆出席广州市非物质文化遗产传承人口述史资料片工作协调会。当晚，红线女到广州大剧院观看"岭南一粟——欧凯明艺术专场"。

17日晚，红线女到广州大剧院观看广州粤剧团演出粤剧《碉楼》。

19日，红线女艺术中心举行广东粤剧工作者联谊会座谈会。会上，红线女、秦中英、欧凯明、梁郁南畅谈粤剧近况，进行艺术交流。

23日至26日，在广州市广电文化新闻出版局的组织下，红线女与广州粤剧院、广州红豆粤剧团、广州粤剧团，到北京梅兰芳大剧院演出。演出期间，中央电视台记者闻讯后，守候了一天，终于在现场采访到了红线女。《中国文化报》也辟出专版报道红线女此次率广州粤剧院晋京演出的盛况。[1]

---

[1] 红线女：从未停止粤剧探索创新的脚步[N]. 中国文化报 .2013.05.17.

23日上午，红线女与易红霞、中心人员及广州粤剧院演员黎骏声、崔玉梅、陈韵红到文化部艺术司探访陶诚。下午，红线女带领孙子马俊与广州市文化广电新闻出版局黄南冰、易红霞到梅兰芳纪念馆参观学习。当晚，红线女演唱《荔枝颂》，随后观看"岭南一粟——欧凯明艺术专场"，郭汉城、龚和德、刘厚生、安志强、谭志湘等专家及文化部艺术司陶诚观看了演出。

24日晚，红线女演唱《沉醉东风》，中国文联赵实以及陆志强、易红霞等嘉宾观看了演出。

26日上午，在中国戏曲学院举办的红线女率广州粤剧院赴京演出研讨会上，红线女艺术中心播放了宣传短片《艺海明珠——红线女》。专家高度评价了红线女为粤剧艺术做出的卓越贡献，对欧凯明的艺术成长也倍感欣慰，对粤剧《碉楼》的演出给予了中肯的评价及不少有益的建议。下午，红线女携张火丁到周巍峙家做客，并向周巍峙赠送了专为此次赴京演出制作的特刊《红线女》。

27日上午，红线女返回广州。

28日，红线女到南方剧院出席"抗震救灾献爱心——情牵四川，心系雅安"广东文艺界大型赈灾义演并捐款。

5月

1日，红线女到南沙英东中学考察调研。

9日上午，红线女接受广州市非物质文化遗产传承人口述资料片剧组访谈，畅谈学艺经历及感受。

11日，红线女到江南大戏院观看广州粤剧团演出《醉打金枝》。

16日至17日，红线女口述专题片《永恒的舞台》在红线女艺术中心继续拍摄，红线女与儿子马鼎盛等参与拍摄工作。

26日，红线女到江南大戏院观看江门市粤剧团演出《九宝莲》，从自己工资中拿出5400元赠予该团，并邀请全团演职员次日到红线女艺术中心做客，进行艺术交流。

27日上午，江门市粤剧团到红线女艺术中心演出了一台完整的折子戏，红线女出席指导。随后，她请江门粤剧团全团演职员在中心用餐。

30日，红线女率领中心全体职工排练2013年广州市文化广电新闻出版局运动会进场仪式。

6月

1日，红线女和石牌小学少儿粤剧社学生在中心小剧场欢度儿童节。红线女观看了少儿粤剧社演出的粤剧节目，并对《搜书院·柴房自叹》《沙家浜》等节目的表演、服装等提出指导意见。

3日上午，由广州市文化广电新闻出版局主办的2013年广州市文化广电新闻出版系统干部职工趣味运动会，在越秀区工人体育场举行。红线女率领中心全体职工参加进场仪式，比赛过程中，她在主席台上为中心同事加油助威，并与文广新局领导一起为获奖单位颁奖。

6日，红线女在中心小剧场拍摄《永恒的舞台》《艺海抒怀》演出录像，并与马鼎盛补拍口述访谈部分。

7日，红线女在中心小剧场拍摄《永恒的舞台》《红烛泪》《艺海抒怀》演出录像。当天，红线女还邀请了谢友良、七姐邝健喜观看现场演出。拍摄期间，乔平到场观看红线女演出，并向她致以亲切慰问。这一天，红线女获南方日报社、中山大学中国非物质文化遗产研究中心、广东省非物质文化遗产保护中心授予的"活力非遗——2013年度致敬人物"荣誉称号。

17日上午，红线女出席广州市文化广电新闻出版局召开的安全保卫工作会议。下午，红线女赶到江南大戏院观看新会粤剧团演出粤剧《凤冠梦》。当了解到该团经费不足，全团只有38名演职员后，她从自己的工资里取出7600元赠予新会粤剧团演职员每人200元，作为对该团的支持与鼓励。演出结束后，她与剧团演员、乐队在舞台上席地而坐交流谈心，告诉他们粤剧在中国戏曲中有位置、很可爱，鼓励大家要投入粤剧。对于该团演员她也十分赞赏，希望年长演员多教导年轻演员，共同为粤剧做贡献。

当晚，红线女到广州友谊剧院观看广东粤剧院与河北梆子剧院演艺有限公司合演经典神话剧《宝莲灯》。该剧由河北梆子剧院张景月、于云飞、刘凤岭、于静、安栓成，广东粤剧院丁凡、姚志强、麦玉青、郭建华、梁筠菱等共同演出。红线女演出前到后台探望，并与河北梆子演员交流；演出结束后，她上台向演员表示祝贺，并邀请河北梆子剧院每年至少来一次广州，与粤剧界同人切磋交流，相互促进、共同提高。

23日，红线女应邀出席广州图书馆新馆开放仪式。

27日上午，红线女接受广州市非物质文化遗产传承人口述史资料片访谈，她忆述了从艺经历及与何香凝等的交往，留下了宝贵的口述影像资料。该片制作完成后，将作为粤剧非物质文化遗产的宣传片在广州市各图书馆播放。

7月

1日，香港《大公报》广东分社聘请红线女为荣誉顾问。

8日晚，红线女到江南大戏院观看吴川粤剧团演出历史题材大型粤剧《南宋孤鸿》。这次，她又从自己工资中拿出5000元资助剧团演职员。

9日上午，红线女到广东省粤剧院出席"南派艺术——《南宋孤鸿》艺术研讨会"。会上，她表示："我仍吃粤剧的饭，有粤剧的地方我都去看。看了吴川粤剧团的演出，首先讲清楚'南派'是什么，要遵照'南派'。从官话到白话，粤剧开始我不太喜欢，后来为了吃饭，让我学戏。新中国对粤剧艺人尊重、提携、培养，我对粤剧很爱，我学习我们吴川粤剧团。整个剧团有人才，只要有好的剧本、导演，一定可以做好工作。这个团只有40多人，虽然改革为有限公司，但是力量是无限的，思想解放无限。现在主要是剧本未结合得很好，但尾场让我感到很开心。总之，看上去很不错。粤剧队伍最重要的是编剧，如果没有编剧，那么想唱不行，想演也不行。现在最突出的问题是编剧人才很缺。"

"《南宋孤鸿》的剧名不好，太凄凉了，应该有力量。演员是人才，编剧也是人才，希望吴川粤剧团能有多点编剧的人才。继承、改革、创新，如果不继承，拿不了东西出来。不足则补充点东西进去，不断提高编写能力。吴川粤剧团有这种力量，希望下次来看到《南宋孤鸿》的修改篇。"

13日，珠海粤剧团团长琼霞率领全团演职员到红线女艺术中心向红线女求教，红线女在小剧场悉心指导青年演员，随后在中心会议室题写"粤剧艺术为人民服务，红线女 2013 年 7 月 13 日广州"，鼓励珠海粤剧团。在赠予该团的《红线女 2000 音像艺术大观》（珍藏版）录像上，红线女又亲笔题写了"与珠海粤剧同人们一起，红线女、琼霞 2013 年 7 月 13 日广州"的珍贵字迹。

18 日，红线女从《广州日报》上看到河源老伯黄坤泉与两岁近失明外孙女相依为命的报道，十分关注。经过了解，红线女拿出 2200 元人民币，并要求用化名"邝明"为爷孙俩送上一份爱心资助。

23 日上午，红线女到广州市文化广电新闻出版局出席群众路线教育实践活动学习动员会。当日，红线女到广州阳光酒店出席"百年《大公报》历史图片展暨《大公报》广东分社成立仪式"，红线女被聘为该社荣誉顾问。

26 日，红线女在中心小剧场指导学生刘思琪演唱粤曲《昭君塞上曲》《打神》，她也即兴上台演唱一首《昭君塞上曲》，并邀请谢友良前来旁听，征求他的意见。谢友良听后表示，红线女对人物感情把握得非常好，他建议红线女疲劳时不要唱，要细水长流。

29 日，广州市国土房管局的同志就中心西侧地块置换问题征询红线女意见。红线女表示广州市国土房管局还可以做更多工作，广州有很多可使用的地方没有使用，应该更多地宣传文化艺术。随后，红线女在中心会议室题写自创诗句："前有珠江两岸，后有白云高山，舞台观众千万，粤剧好唔得闲。"[1]

31 日下午，红线女及中心全体同事在会议室召开党的群众路线动员大会，民主评选领导班子。

8 月

1 日上午，红线女在中心会议室与秦中英谈近期粤剧艺术发展的情况。

---

[1] 红线女在此基础上与音乐设计卜灿荣合作，改编为《粤曲响遏尘寰》。该曲于当年 12 月 30 日在中山纪念堂举行的"永恒的艺术——广东粤剧界纪念一代宗师红线女专题晚会"上，由红线女学生郭凤女、欧凯明领衔首唱，以缅怀恩师。

2日下午，红线女出席广州市文化广电新闻出版局组织的群众路线教育实践活动，观看电影《周恩来的四个昼夜》。

3日上午，红线女到农讲所出席《群众路线教育实践活动图片展》开幕式，并参观图片展。

8日，新加坡敦煌剧坊艺术总监、花旦胡桂馨到红线女艺术中心探访红线女，并在中心小剧场观看了刘思琪的演出。

22日，红线女到广州市文化广电新闻出版局向杨韬、陆志强等人汇报工作。

25日，红线女得知海珠桥修复完成的消息，亲自来到海珠桥参观并留影纪念。她回忆，小时候外公外婆住在珠江南岸，当时还没有海珠桥，坐小舢板渡河极不方便，后来海珠桥建起来了，走路过去，不必坐船，也能到了。她兴奋地向记者表示："今天，广州市人民政府投入巨资对海珠桥重新修复，体现了社会在进步，政府为民办实事，对市政建设也起了很大的促进作用。"[1]

9月

1日上午，红线女应邀与市长陈建华一起出席海珠桥修复开通仪式。市领导陈如桂、甘新、吴树坚、余明永等与社会各界知名人士及1500名市民代表共同见证这个历史时刻。开通仪式简单而隆重，随着陈建华宣布"海珠桥完成修复，正式开通"，现场彩球齐发，由1500名市民组成的方阵缓缓前行。一袭红衣红裙的红线女与陈建华走在队伍的最前面，兴奋之情溢于言表。

2日上午，红线女邀请记者观看电影《慈母泪》，并接受媒体采访。

4日上午，广州市文联乔平到红线女艺术中心，向红线女颁发广州市文联专家咨询委员会委员聘书，汇报广州市文联创建艺术名家数据库事宜，并邀请红线女出席9月27日在广州大厦举行的"关于艺术家如何为人民群众演出"暨落实毛泽东《在延安文艺座谈会上的讲话》精神座谈会。红线女表示："广州市文联应成为广州文艺的领地，领导文艺工作者向前走。今天的

---

1 李晓瑛，孙俊彬.海珠桥修好了红线女称"抵赞"[N].南方都市报.2013.08.26.

环境很好，政府对文化艺术界人士很好，唯一要想的是自己怎样做好工作。"此外，红线女还观看了电影《慈母泪》，并审阅 2012 年度艺术档案。观看《慈母泪》后她表示，白驹荣前辈的性格是宁愿沿街卖唱也不靠人，他的性格很突出。小木兰对七叔最好，希望大家多看戏，多了解名人名演员。宣传很重要，应对好的节目做些宣传。现在艺术界缺少了开会见面、彼此了解的机会，有了解才有话聊。

5日，红线女在中心与同事召开电影《慈母泪》研讨会，红线女谈到，那时能拍《慈母泪》很不错，没有与社会脱节。当时的制作队伍从编剧、导演到其他部门都是积极向上的，这班工作人员不纯粹是为了钱。红线女追忆了粤剧的一位后继者李小龙，追忆了马师曾的母亲及二婶对自己角色塑造的影响，还忆述了吴楚帆、张瑛、莫汝城等同事。

9日，红线女与同事在中心谈《六祖慧能》观后感，就剧本提出修改意见。红线女表示，剧目思想值得表扬，化装、服装、表演方面应有深度。我们应向其他剧种学习，在粤剧艺术上能有增添光彩的东西。该戏的服装不够好，应给慧能设计新服装，现在短衣、短裤，使得人物不够分量。

10日，红线女邀请刘宛子及媒体记者观看电影《慈母泪》。

12日，红线女邀请广东"五七"粤剧培训班学生到中心观看电影《慈母泪》。

13日上午，受中国文联赵实委托，《中国艺术报》记者孟祥宁、吴华在乔平陪同下，到红线女艺术中心采访红线女，向红线女转达中国文联的亲切慰问。

16日，红线女与中心同事召开会议，再次探讨《慈母泪》扩大宣传的问题。会议决定成立《慈母泪》工作小组，并拟举办电影周活动，宣传红线女电影艺术。

17日，红线女在中心接待广州市事业单位领导培训班学员。

20日，红线女在中心审看艺术档案及电影《一代名花》，要求使用电影剧照办展览。

23日，红线女观看电影《审死官》。

25 日，红线女在中心小剧场与广东"五七"粤剧培训班学生欢聚一堂，同意担任"粤剧情系我心——广东粤剧学校 78 届 40 周年志庆晚会"的艺术总指导，并现场演唱《打神》《荔枝颂》等曲目。随后，接受新闻媒体的采访，畅谈与粤训班同学的师生之情。

27 日，红线女到广州市文联出席由市委宣传部、市文联联合主办的"以人民为中心，以生活为源泉"座谈会。

28 日，红线女在中心会议室指导刘思琪演唱《打神》。

29 日，红线女到江南大戏院观看黎骏声演出《碉楼》。

30 日，红线女邀请中心同事到金龙船酒家吃饭，谈《碉楼》观后感。

10 月

1 日，红线女在中心会议室与郭凤女、梁筠强、余楚杏探讨演唱红派艺术曲目，并记述粤曲《小青吊影》创作背景。

5 日，红线女在中心指导刘思琪、刘钲鸿排演《昭君塞上曲》和《华山救母》。

6 日，红线女在中心会议室与广东粤剧工作者联谊会何笃忠、梁郁南商谈联谊会情况及粤剧发展路向问题。

7 日，红线女在中心多功能厅指导刘思琪、刘钲鸿演唱。

8 日，广东粤剧工作者联谊会在红线女艺术中心进行换届选举大会，红线女出席会议，并再次当选会长。晚上，红线女到友谊剧院观看广东粤剧院演出的新编现代粤剧《风云 2003》。

11 日，红线女在中心审核 2012 年照片档案。

14 日，红线女在华侨新村与刘德华会面谈心。

16 日，红线女、欧凯明、练行村、蒙菁到广州萝岗国际演艺中心观看刘德华演唱会。

17 日上午，红线女组织全体职工参加白云山登山活动，党支部组织红线女与中心员工到广州市一宫观看电影《周恩来的四个昼夜》。

18 日，红线女在中心接受中共广州市委党史研究室与广州电视台合作拍摄的《毛泽东在广州》电视专题片采访。红线女忆述：

> 毛泽东对文化发展很重视，也给了很多好意见。毛泽东是中国人的好领导，很朴素，特别对中国的人，对农村的情况，很了解。我去过他的房间，只一张床，周围都是书，床头、床尾也都是书。他对中国文化了解比较准确，是不错的。他在书中学习到很多知识，使他对情况了解，对人民支持。他学习的态度，我还没学到，也没办法学到，但是他这样的专注，我一直都敬佩着。这是自己文化水平或者生活里的学习还不够，还是需要努力。我只知道他学习很认真，他看过的书，全部写自己的感受，全部写在书上，一头一尾都是他写的意见。我觉得毛主席在学习这方面很值得我们学习。我专门去过湖南，特地去参观毛主席的家乡，他住的房子、池塘。毛主席觉得粤剧不错，能够表演现代生活，觉得继承工作很重要，如果继承不好，如何为今天社会发展服务？他说深入生活很重要，一个艺术家如不深入生活就不知道这个社会的情况如何，不知道人民的生活怎样。毛主席对文化艺术很关心，希望我们能够深入生活，感觉到民众有什么需要、希望，我们就去反映出来，做好为人民服务的工作。他觉得我们可以演唐三藏、猴子，也可以演现代生活，在继承方面有了提高，在创作方面就可以创作一些现代生活的事。任何工作都好，应该有继承，粤剧就是要创新，如不创新如何反映现代生活。科学就要发展，只是旧时的手段不能完全为现代服务，一定要有新的手法。

22日，红线女因身体原因在华侨新村卧床休养。

24日，红线女仍不忘致信广州市文化广电新闻出版局党委，提出希望赴新加坡、马来西亚等地演出，为当地观众服务的计划。

27日晚上，蒙菁接到红线女女儿红虹来电，赶往华侨新村，与红虹一起，将腰部剧烈疼痛的红线女紧急送到广东省人民医院检查治疗。

28日，红线女在广东省人民医院住院，虽卧床但仍不忘写日记并审阅中心工作文件。

29日下午，黎子流、杨韬、黄南冰、易红霞和澳门友人李子丰的太太，分别到广东省人民医院探望红线女。黎子流带来了首届广府人恳亲大会颁奖典礼和演出晚会的邀请函，嘱咐红线女好好养病，期待她早日康复。

11月

1日至11日，红线女仍在广东省人民医院住院治疗。红线女艺术中心全体工作人员坚守岗位，一边维持中心正常工作，一边安排值班人员三班倒轮流在医院陪护红线女。

9日上午，广州市文化广电新闻出版局陆志强、刘宛子到省人民医院探望红线女。

10日，红线女出院，并马上赶往白云国际会议中心走台、排练。

12日，红线女委托中心同事为其购买一套演出服，经过三次更换，选定一套七彩色的褂裙，作为她13日参加演出活动的演出服。

13日上午，刚出院不久的红线女赴白云国际会议中心出席"首届世界广府人恳亲大会颁奖典礼"，现场获颁"首届世界广府人十大杰出人物"荣誉称号。当晚，红线女忍着腰痛演唱《荔枝颂》，博得满堂喝彩。同一晚，红线女因体力不支在白云国际会议中心休息。

14日，红线女赶回中心召开会议，讲述获奖感受及首届广府人恳亲大会情况。

15日上午，红线女赴广州市委出席党的十八大精神传达会并参与讨论会。中午，红线女邀请全体中心同事到金龙船酒家午餐。下午，红线女艺术中心举行消防演练及消防讲座。随后，红线女回华侨新村休息。

19日上午，红线女与中心同事学习党的十八大若干重大决定。学习结束后，红线女最后一次审阅2012年红线女艺术中心档案。

21日至27日，红线女在华侨新村卧床休息，其间仍不忘批阅文件、处理中心各项事务。

26日晚，红线女赴中山纪念堂出席"粤剧情系我心——广东粤剧学校

78届40周年志庆晚会"。谢幕时，红线女与全体演员合唱《荔枝颂》，表达着"热爱祖国、情系粤剧"的赤子情怀。

28日上午，红线女前往广州图书馆演讲厅聆听由广州市文化广电新闻出版局主办的"学习党的十八大三中全会精神辅导报告会——马鼎盛军事讲座"。当晚，红线女与广东"五七"粤剧训练班学生相聚，共进晚餐。

30日晚，红线女应邀前往白云国际会议中心世纪大会堂出席"红豆飘香——广州粤剧团（院）成立60周年志庆晚会"，谢幕时与众演员合唱《荔枝颂》，成为绝唱。晚会上，红线女荣获广州粤剧院有限公司授予的"粤剧之光"证书及奖杯。

本月，广东省粤、港、澳合作促进会聘请红线女为广东省粤、港、澳合作促进会文化专业委员会第二届顾问。

12月

月初，红线女多在华侨新村卧床休息，中心安排工作人员轮班照顾。

7日，红线女在中心小剧场最后一次辅导广东粤剧学校学生，郭凤女以及广东粤剧学校教师等在场接受了指导。红线女认真观摩了学生的表演后，语重心长地对学生们说："今天能站在这里教你们很不容易，你们要珍惜，认真学习。"

8日中午，红线女在参加每周日中午例行的家庭聚会时，在聚会所在地电梯间出现胸闷、头晕等症状，由亲属马鼎昌、外甥邓原等紧急送往广东省人民医院急诊室抢救。红线女艺术中心蒙菁、练行村迅速联系省医主要领导并赶往医院。

8日晚20点35分，红线女因突发急性心肌梗死在广东省人民医院逝世。当晚，广州市市长陈建华、广州市文化广电新闻出版局领导班子迅速赶往医院抢救现场等待消息，当红线女逝世的消息传来，市、局领导迅速部署了红线女治丧工作安排，组织落实，并决定红线女治丧工作由广州市委主办，分别在红线女家和红线女艺术中心设置两个灵堂，供社会各界人士前往吊唁。当天，红线女艺术中心全体工作人员取消休息，通宵工作，分别在红线女故居协助家属及返回中心落实吊唁工作安排。广州市文化广电新闻出版局刘宛子带领练行村负责红线女艺术中心小剧场灵堂布置及接待吊唁工作，红线女艺术中心加紧准备红线女生平等有关资料供组织使用。局总工程师黄南冰、易红霞带领蒙菁负责红线女故居灵堂的布置及接待吊唁工作。

8日晚，红线女子女马棣良、马鼎昌、马鼎盛连夜致信红线女艺术中心工作人员："非常感谢你们多年来对我们母亲红线女的关心、爱护、支持和合作，请接受我们对你们由衷的谢意，并希望红腔、红派继续发扬光大，粤剧艺术得以弘扬。致礼！"

9日上午，红线女艺术中心8点半开门，迎接前来吊唁的各界人士，包括红线女生前好友及各级领导同志。治丧期间，红线女艺术中心领导与上级党组织及红线女家属紧密配合，发挥着桥梁纽带的作用。

9日至15日期间，各级领导、海内外嘉宾、艺术界友人、红线女亲属等先后前往红线女故居吊唁，高祀仁、陈建华、陈开枝、张广宁、顾作义、林树森、马来西亚研艺粤剧社、广州市文联、荔湾区少年宫、广州市文化广电新闻出版局、省市粤剧界同人、学生、红线女亲友、海内外友人等领导及有关人士纷纷前往红线女故居吊唁并慰问亲属。来自海内外的30多家媒体蹲点故居采访、拍摄吊唁情况。中心成立工作小组驻点华侨新村提供必要的协助与资料拍摄工作，并抽调一人前往市委协助治丧工作。

9日至17日上午，设在红线女艺术中心小剧场的灵堂对外开放供市民吊唁。治丧期间，中心先后接待了前来吊唁红线女的亲属、各级领导及群众2900人次，包括荔湾区少年宫、广东粤剧学校及吴川粤剧团等单位。广州市文化广电新闻出版局领导，广州市妇联领导，专家姚锡娟、谢彬筹、谢友良等，红线女的学生欧凯明、苏春梅、琼霞、张火丁、张火千、刘思琪、林浩坤，艺术界同人小木兰、朱真、卜灿荣、周公瑾，广东省人民医院院长罗征祥，广州美术学院赵健、赖中铁、吴正法等也纷纷前来吊唁，还有不少市民自制纸花、纸鹤等前来缅怀红线女。小剧场被粉红色的康乃馨花圈、花篮等紧紧围绕，场内全天循环播放红线女的名曲《荔枝颂》。其间，广州市文化广电新闻出版局的领导每天到中心指导治丧工作，并安排人员通宵值班，保证吊唁工作有条不紊地进行。

此外，广东省粤剧院、广州粤剧院等粤剧院团以各种形式举行纪念粤剧艺术大师红线女的追思活动。

文化部、中国文联、江门市人民政府、开平市人民政府、梧州市文化广电新闻出版局，国家领导人李长春、汪洋，还有著名作家王蒙、香港民政事务局局长曾德成等纷纷发来唁电、唁函悼念一代宗师红线女。书画家苏华、羊城晚报社、荔湾区少年宫教师曾峰、湛江艺校校友及普通民众自发题写挽联，赠予红线女艺术中心。治丧期间，国内外众多媒体到中心采访，并对悼念活动做了大幅报道。香港凤凰卫视、香港NOW-TV、广州电视台等，相继制作了一系列缅怀红线女的电视专题节目在黄金时段播出。《人民日报》《中国日报》《中国文化报》《南方日报》《广州日报》《羊城晚报》《南方都市报》等新闻媒体也相继策划了缅怀红线女的专题栏目、新闻报道等。红线女的离世引发社会各界人士的强烈关注，进而引发了人们对粤剧未来的思考。

12日晚，广州市文化广电新闻出版局刘宛子、黄南冰、易红霞，《永恒的舞台》导演邓原、潘钧，中心蒙菁、练行村等在中心召开工作会议，商讨举办追思会及《永恒的舞台》首映式的具体事宜。

13日上午，红线女追思会（面向广东省文艺界）在红线女艺术中心召开，来自中国文联、中国剧协、广东省市文化部门的代表以及粤剧界人士和红线女的家属、弟子共计230余位嘉宾一同出席了追思会。中国剧协副秘书长崔伟专程来到广州，代表中国文联和中国剧协出席追思会，并慰问家属及弟子。中国文联发来唁电，电文写到："红线女是我国著名粤剧表演艺术家、中国文联荣誉委员，是中国戏剧奖终身成就奖获得者。红线女一生致力于粤剧表演艺术的传承、发展，浸润传统、博采众长、推陈出新、精益求精，开创了粤剧红腔和红派表演艺术。她塑造的艺术形象多姿多彩、深入人心，她演绎的名曲唱段脍炙人口、广为流传，她组建剧团、创办学校、扶掖后辈、培育新人，为粤剧振兴辛勤耕耘、呕心沥血，对粤剧事业的创新发展、弘扬我国传统戏曲艺术做出了卓越贡献。"

红线女的亲属马鼎盛、马鼎昌、邓原，广东省、市领导黎子流、甘新、陆志强、方健宏、李仙花、乔平，粤剧界人士关国华、欧凯明、丁凡、刘思琪等分别在追思会上发言。唐大禧、秦中英、谢彬筹、谢友良、林墉等专家、学者出席了追思会。由红线女生前亲自参与拍摄的最后一部电视艺术片《永恒的舞台》在红线女追思会上首播。该片以口述访谈的形式，通过红线女与马鼎盛的真情对话反映了红线女的爱国情怀与艺术人生，为人们重温红线女艺术风采，深切缅怀红线女提供了影像资料。治丧期间，该片还在广州电视台黄金时段播出。

17日上午，红线女遗体告别仪式在广州殡仪馆白云厅举行，近3000人冒雨前往送她最后一程。灵堂现场鲜花环绕，横额上题写着"深切怀念"四个大字，大堂两侧巨幅挽联上是红线女对生命的承诺"她的生命属于艺术，她的艺术属于人民"。现场循环播放着红线女生前在最后一部艺术片《永恒的舞台》中演唱的《红烛泪》片段，供吊唁者追思。告别仪式由市长陈建华主持，马鼎盛代表家属发表悼词。习近平、李克强、张德江、俞正声、刘云山、王岐山、张高丽等国家领导人送来了花圈，同时送来花圈的还有胡锦涛、刘延东、刘奇葆、汪洋、赵乐际、胡春华、朱镕基、温家宝、李岚清、李长春、何厚铧、陈至立、孙家正及齐心大姐等。省、市领导朱小丹、林雄、庹震、雷于蓝、陈建华、张桂芳、苏志佳、方旋、王晓玲、陈如桂、甘新、陈国、王东、顾作义、方建宏、杨树，退休老领导黄华华、黎子流、林元和、徐志彪等，以及两广、香港、澳门、马来西亚、新加坡等粤剧界同人专程前来出席告别仪式。由红线女艺术中心提供资料、广州市文化广电新闻出版局负责印制的《红线女生平特刊》在现场派发，供嘉宾留存。遗体告别仪式后，红线女家属与中心同事一起为红线女火化遗体，并举行了骨灰下葬仪式。当晚，陈建华亲自到解秽宴上慰问红线女的家人，并送去市委领导的关怀和慰问。

22日，红线女艺术中心准备齐500套她生前录制的舞台艺术光盘，赠送给其家属。

23日，中心将自己制作的《深切怀念红线女老师——2013年12月9日至18日简报》，送给广州市文化广电新闻出版局及红线女的家属留存。

25日下午，由广州市文化广电新闻出版局主办，广州粤剧院有限公司、红线女艺术中心承办的"永恒的舞台——纪念粤剧大师红线女老师"专场演出在红线女艺术中心小剧场举行。郭凤女、琼霞、黎骏声、陈韵红、杨小秋、张雄平、崔玉梅、欧凯明、苏春梅等演出了红派经典剧目,以此缅怀老师。

29日,吴川市举办纪念红线女的专题晚会,省内外50多个粤剧团体演出"红腔""红派"剧目,纪念一代宗师红线女。在2013年第二届吴川粤剧节举行前夕,红线女曾亲笔为吴川粤剧节题词"我心中永远的吴川"。治丧期间,吴川粤剧团还专门把该题词复印件送到红线女艺术中心保存。

30日,由广东省繁荣粤剧基金会、广州市振兴粤剧基金会、广东粤剧工作者联谊会、广州红线女艺术中心主办,广东粤剧院、广州粤剧院有限公司联合承办的"永恒的艺术——广东粤剧界纪念一代宗师红线女"专题晚会在广州中山纪念堂举行,陈建华、方健宏、邵忠、李仙花等领导出席并观看了演出。当晚,中山纪念堂内座无虚席,3000多名观众齐聚一堂。晚会云集了广东粤剧院、广州粤剧院有限公司旗下的5个演出团,深圳市粤剧团、佛山市粤剧院、珠海市粤剧团、江门市粤剧团等9个演出团,约300名演职人员。主要演员包括丁凡、陈韵红、麦玉清、李淑勤、李秋元、余阳丽、苏春梅、欧凯明、林家宝、倪惠英、郭凤女、姚志强、曹秀琴、梁耀安、崔玉梅、蒋文端、琼霞、彭炽权、彭庆华、曾慧、曾小敏、黎骏声等22位当今活跃在粤剧舞台上的著名演员,其中有13位梅花奖演员,这是粤剧界近年来最大型的联合演出。

晚会以纪录片《永恒的舞台》作为整体连接,以红线女名曲《红烛泪》为开篇。全省粤剧界同人联袂献演红派艺术经典名曲《昭君出塞》《思凡》《刁蛮公主》《搜书院》《李香君》《关汉卿》《山乡风云》《天之娇女》《白燕迎春》《昭君公主》等。晚会由红线女的学生郭凤女、欧凯明领衔首唱红线女撰词的新曲《粤曲响遏尘寰》,歌颂红线女热爱广州、情系粤剧的赤子情怀。由50多名演员合演的传统排场《六国大封相》成为晚会的最大亮点。红线女生前曾多次呼吁,希望粤剧界同人联合起来多演此戏。最后,全体演职人员与观众在红线女演唱的《荔枝颂》主题曲引领下,与红线女隔空对唱。

红线女担任粤剧《碉楼》北京演出场嘉宾,并献唱《关汉卿·沉醉东风》

红线女担任首届世界广府人恳亲大会演唱会嘉宾,并献唱《荔枝颂》

红线女在广州粤剧团(院)成立60周年志庆晚会上,献唱《荔枝颂》

主要参考书目

[1] 沈纪. 马师曾的戏剧生涯 [M]. 广州：广东人民出版社.1957.

[2] 古冈. 红线女与马师曾 [M]. 中华戏剧图书社.1982.

[3] 红线女（邝健廉）. 红线女小传·日记·文选 [M]. 香港：香港影视出版社.1982.

[4] 广西壮族自治区戏剧研究室，中国戏剧家协会广西分会编. 广西戏剧史料集 [M]. 南宁：广西壮族自治区戏剧研究室中国戏剧家协会广西分会.1982.

[5] 中国大百科全书总编辑委员会戏曲·曲艺编辑委员会，中国大百科全书出版社编辑部. 中国大百科全书·戏曲、曲艺 [M]. 北京：中国大百科全书出版社.1983.

[6] 红线女（邝健廉）. 红线女自传：1927—1956[M]. 香港：星辰出版社.1986.

[7] 赖伯疆，黄镜明. 粤剧史 [M]. 北京：中国戏剧出版社.1988.

[8] 中国戏曲志编辑委员会，中国戏曲志·广东卷编辑委员会编. 中国戏曲志·广东卷 [M]. 北京：中国 ISBN 中心.1993.

[9] 中国戏曲志编辑委员会，中国戏曲志·广西卷编辑委员会编. 中国戏曲志·广西卷 [M]. 北京：中国 ISBN 中心.1995.

[10] 红线女艺术丛书编委会编. 论红线女舞台艺术 [M]. 北京：奥林匹克出版社.1996.

[11] 徐城北. 红线女速写 [M]. 北京：奥林匹克出版社.1996.

[12] 红线女.红豆英彩：我与粤剧表演艺术及其他[M].广州：广东人民出版社.1998.

[13] 谭志湘.南天一抹嫣红：红线女的艺术生活[M].北京：作家出版社.1998.

[14] 红线女艺术丛书编委会编.红线女演出剧本选集[M].广州：广州出版社.1998.

[15] 谢彬筹.岭南戏剧观赏集[M].北京：中国戏剧出版社.2004.

[16] 谢彬筹.红线女[M].广东人民出版社.2004.

[17] 安志强.徜徉在红腔乐海中[M].北京：中国文联出版社.2005.

[18] 谢彬筹，谢友良主编.红线女粤剧艺术[M].北京：中国戏剧出版社.2006.

[19] 曾石龙主编.粤剧大辞典[M].广州：广州出版社.2008.

[20] 谢彬筹，谢友良主编.红线女创作·生活[M].北京：中国戏剧出版社.2008.

[21] 谢友良，谢彬筹主编.红线女电影艺术[M].北京：中国戏剧出版社.2008.

[22] 莫汝城.红派艺术浅探[M].广州：广东人民出版社.2009.

[23] 红线女艺术中心编.红线女从艺七十年访谈录[M].广州：广州出版社.2009.

[24] 赖伯疆主编.广东粤剧院著.粤剧艺术大师马师曾[M].北京：中国戏剧出版社.2000.

[25] 仲立斌.红线女唱腔艺术研究[M].广州：暨南大学出版社.2011.

[26] 马鼎盛.马鼎盛自述：我和母亲红线女[M].广州：花城出版社.2015.

[27] 谢彬筹.永远的红线女[M].广州：花城出版社.2016.

[28] 红线女艺术中心编.怀念艺术大师红线女[M].广州：花城出版社.2016.

后 记

我接受红线女艺术中心委托,编纂红线女大师年谱,这并不是一件轻松的事。大师影剧双栖,经历丰富,其个人经历从某种程度上讲也是一部粤剧的编年史,需要爬梳剔抉、查实考证诸多史料。好在红线女艺术中心成立以来,在资料搜集整理以及图片保存方面做了大量认真细致的工作,特别是对大师在中心成立后的点点滴滴,基本上能够事无巨细做了详尽的记录,这为年谱的编纂提供了方便,这本书是集体成果,也是笔者不敢掠美的。

我主要是在史料的准确方面做了订正,并且有新的发现,限于篇幅,无法全部使用。我的博士研究生马旭苒协助我做了资料的蒐集,和我赴广州、香港查阅报章旧闻,对大师的行踪、交游和艺术成就均有更深的认识。年谱虽然是编年体的平铺直叙,但也不乏细节与可读性。总之,读者可以从中全面了解舞台内外的大师全貌,了解她在氍毹影海泛舟双楫的历程。

百岁老人、恩师郭汉城先生为本书赐序,成就了一段佳话。先生与红线女有过不少交集,特别是红线女在中国戏曲研究院的学习,为她登上艺术巅峰、赢得无上荣耀奠定了基础,而先生为包括红线女在内的一批戏曲界的大师们授课,使他们在戏曲改革发展的道路上收获了掌声与鲜花,这与他们在北京的进修是分不开的。先生能热情洋溢地为年谱作序,是亲历者的点评与褒奖,具有载入戏曲史册的意义。

最后感谢红线女艺术中心的抬爱，让我有机会自帮助粤、港、澳三地向联合国教科文组织申报粤剧为非物质文化遗产代表作后，再续写一段与粤剧的情缘与故事！

2017年12月5日
北京